杜甫在陇右

DU FU ZAI LONG YOU

卜进善 著

敦煌文艺出版社
甘肃·兰州

图书在版编目（C I P）数据

杜甫在陇右 / 卜进善著. -- 兰州：敦煌文艺出版社，2010. 8（2024.1 重印）
ISBN 978-7-5468-0123-0

Ⅰ. ①杜… Ⅱ. ①卜… Ⅲ. ①杜甫（712~770）—生平事迹 Ⅳ. ①K825. 6

中国版本图书馆 CIP 数据核字（2010）第155218号

杜甫在陇右
DUFU ZAI LONGYOU
卜进善　著
责任编辑：张　桐
封面设计：马吉庆

出版发行：敦煌文艺出版社
地　　址：（730030）兰州市南滨河东路 520 号
电　　话：0931-8773276（编辑部）
　　　　　0931-8773235（发行部）
投稿信箱：dunhuangwenyi1958@126.com
印　　刷：三河市嵩川印刷有限公司
开　　本：720 毫米×1020 毫米　1/16
印　　张：17.25
字　　数：400 千
版　　次：2010 年 9 月第 1 版
印　　次：2024 年 1 月第 2 次印刷

书　　号：ISBN 978-7-5468-0123-0
定　　价：68.00 元

序一

黄奕珍

有好长一段时间，我教大一的学生读杜甫“异乡诗”，也就是离开关中西越陇阪后的诗歌；接下来，我写了几篇有关杜甫由秦入蜀诗作的论文，出了一本书。虽然我至今仍未到过秦州与同谷，但透过向导杜甫、严耕望的地图和持续的教学与写作，它们却显得这么熟悉，像是多年的老友，一直陪伴着我。

应该是一年多以前吧！我收到一封来自天水的电子邮件，是任职天水电视台的卜进善先生，他想引用我书中的意见，并寄来了一些实地照片，原本想象中的山水，刹那间变得立体具象了起来，那时，我才发现，对于这些老友，其实我还有重新认识他们的必要。而卜先生最近完成的大作《杜甫在陇右》提供了这样一个绝佳的机会。

作为读者与研究者的双重身份，让我一直思考要怎么把声望隆崇的诗人引介给一般的读者，同时也能葆有严谨的学术性。这本著作从几个方向展现了这样的远见与可能：

首先是从普遍的人性入手。作者详尽地交代杜甫所处的时空环境，分析各种影响诗人思考的原因，而后便诉诸一般读者的判断，而使杜甫的抉择变得理所当然，甚至还不禁给予更深的同情与赞许。这样的做法远比指出杜甫是“诗圣”来树立其权威性来得更切合实际。

其次是用别出心裁的叙事手法。杜甫在陇右前后仅只半年，依照平常的传记写法，不易勾勒并阐述其所蕴含的复杂意脉。作者似乎把杜甫陇右诗作看成一块奇石，先以旅途的一段为焦点描述其大概的形貌，此为第一章“役”，而后四章技巧性地采用了四个切面，由不同的角度探讨其心灵的各个层次：地方风物的感发、儒道佛的判析、人际关系与肉体的困顿。这四个切面依其脉络不免有相互重迭之处，可是其整体效果依然让人惊艳。

其三是揉合扎实的学术成果与隽永的文学笔法。书中处处可见丰富的考证、详赡的资料，可是作者也不为前人所囿，而勇于提出己见，例如杜甫离开华州非因饥荒而是未通过考课之说。他诠释诗篇也处处可见学术手法，如列出秦州杂诗二十首的物象与主题，以凸显第二首的统摄地位；以分期模式清楚呈现杜甫在秦州的心情转变；排列诗作完成时间并指出其异常处等。他还常以鲜活的比喻适切地呈现了诗人的处境，说官场深似海，泳技欠佳又无船舶的杜甫最终只能沉入海底。他揣想杜甫经过凤翔时，内心一定有着深深的依恋与感叹；或是在月亮初升的夜晚，隗嚣、安禄山、杜甫三人，“就这样出奇地汇聚在秦州城北的半山腰上，进行了一次跨越历史、跨越时空的碰撞与审视”。

以上的努力让一般读者既能吸取学术研究的成果，又可享受亲近一流诗人与诗作的乐趣；对学者而言，亦能暂时摆脱书斋生活的枯寂，轻松惬意地与杜甫同游陇右。

另外值得一提的还有选题的巧思，作者选取少为人所注目的陇右时期，作深入的阐释，并把握其关键性，不时地扣回之前的事件或指出其对之后的影响，使陇右经验成为促成杜甫蜕变的重要养分。

本书虽以在陇右的杜甫为主角，然而，作者善用其作为所在地人的优势，成功地以杜诗为媒介导览了这个地区，达到古今兼有、主客相融的境界。秦州的悠久历史、各地的风物与土特产的描述实在令人大开眼界。我自己印象特别深刻的是，以探访阮姓同学住家的经验映衬杜甫拜访阮昉的千年旧事以及作者有一年春节到西枝村见到赞公当年所住的土窑兴起的感思，这两件亲身访查与杜诗情境一同一异，使人感触良多。

这本著作的问世，纯粹出于对杜诗与乡土的热爱，不涉及工作的需要，也不求现实的利益，这和杜甫于颠沛流离之际，“遣兴莫过诗”的坚持毋宁是相通的。

—— 作者系台湾大学中文系教授

语文中心主任

序二

王若冰

我和本书作者卜一既是同龄人，又是老乡。我们的老家，都在东柯谷。

卜一本名卜进善，当年写小说和散文时用过的笔名，还有卜楠。

在已经过去的二三十年间，卜一和所有上世纪八十年代初从农村出来的同龄人一样，经受了不可谓不多的生活上的艰辛与波折。但对文学的热爱，却始终是他内心最温暖也最难以割舍的情怀。前几年，面对市场经济重压，曾经在八九十年代狂热追求文学的文学圈内朋友发生裂变，不少人放下文学，向金钱和生活缴械投降。又让我始料不及的是，在别人要么弃文从政，要么弃文从商的时候，卜一却走了一条逆行之道：将老婆经营的药店打理出去，一心一意埋首写作了。

2008 年某一天，卜一抱着一厚沓书稿来到我家，说这些年，他就做了这么一件事：写了一本关于杜甫流寓陇右的书。

说到杜甫在陇右的艰难岁月，诚实善良的卜一，脸上就有了悲戚的表情。他告诉我，早在上中学的时候听了王俊仁老师的介绍和镇子上老人们口碑相传的关于杜甫在街子的事，他就对杜甫这段历史非常感兴趣了。这几年，他翻阅了不少资料，写成了这本书，希望我能提些意见。

杜甫在陇右的时间虽然短暂，但无论对于杜甫个人的生活经历，还是杜甫一生的诗歌创作来说，都是不可缺少的。生活的困窘、内心的郁闷、颠簸的辛劳，几乎贯穿了杜甫在陇右的每一个日子。但一直让我百思不解的是，在那样一种贫病交加的生活境地，杜甫怎么会创作出数量如此众多，思想深度和艺术水平达到前所未有高度的诗歌作品呢？

朱东润先生在《杜甫叙论》里说：“乾元二年是一座大关，在这以前，杜甫的诗还没有超过唐代其他诗人，在这年以后，唐代诗人便很少有超过杜甫的了。”由此可见杜甫在陇右期间对其诗歌创作的影响和意义。所以卜一选择从杜甫在陇右的生活经历和创作状态进入诗人内心，应该说是解读杜甫之所以在公元759年能够朝着名垂千古的大诗人走去的最佳路径。

我一直固执地认为，经院式研究只有理性判断，缺乏精神和情感照应，因而很难对一位饱含激情生活的诗人精神世界作出鞭辟入里的准确理解。卜一早年的散文诗、小说和散文创作，本来就是作者内心情感的自觉呈现。而这种创作经历决定了他即便是进行单纯的文本研究，也会尽量寻找能够最真切地进入研究对象精神和内心的最佳切入口。在《杜甫在陇右》里，作者没有全貌式呈现杜甫在陇右近半年时间的全部经历，而是试图通过对杜甫生活、创作、情感、精神影响最为直接，也最为深刻的生活细节、生活事件，以及生活环境的感性观照和进入，解读杜甫一生这短暂而凄苦的时间，对他精神世界和诗歌创作的根本性改变和影响。尤其是由于作者是以一种直觉接近的方式触摸杜甫内心世界，以自己的想象和杜甫作品所透露出的生活情境还原杜甫生活的现实场景，以作者本人和杜甫的情感交流沟通古今文人共有的内心景象，所以卜一在这本书里，既真切又具体，既充满事情想象，又客观真实地为我们再现了1250多年前杜甫在陇右的生存现实。而且当我们通过卜一的述说，将杜甫当年的生活碎片重新弥合整理之后，我们既能真切地看到当年杜甫在陇右的踽踽身影，也能窥视到杜甫在秋雨绵绵的秦州城以及风雪茫茫的同谷县暗淡艰辛的内心世界。有了这一切，我们不仅能够理解公元759年的杜甫，更能深刻地理会公元759年以后杜甫诗歌犀利逼人的艺术光芒了。

卜一出生书香门第，从小受其祖父传统文化滋养，将一位为人类文化史带来持续不断的璀璨光芒的大诗人杜甫，在自己家门口、自己故乡的生活经历公诸于世，也许就是他这些年最想做的一件事情吧？

1250多年前，杜甫在陇右经历了太多的艰辛与苦难；1250多年后，还有那么多陇右百姓在思念、怀想、慨叹他在陇右度过的每一个日子。

这也许就是杜甫与陇右之间一种注定的宿命吧？

—→ 作者系中国作家协会会员
甘肃文学院特约评论家

目　录

mu lu

DU FU
ZAI
LONGYOU

役

卷一

役

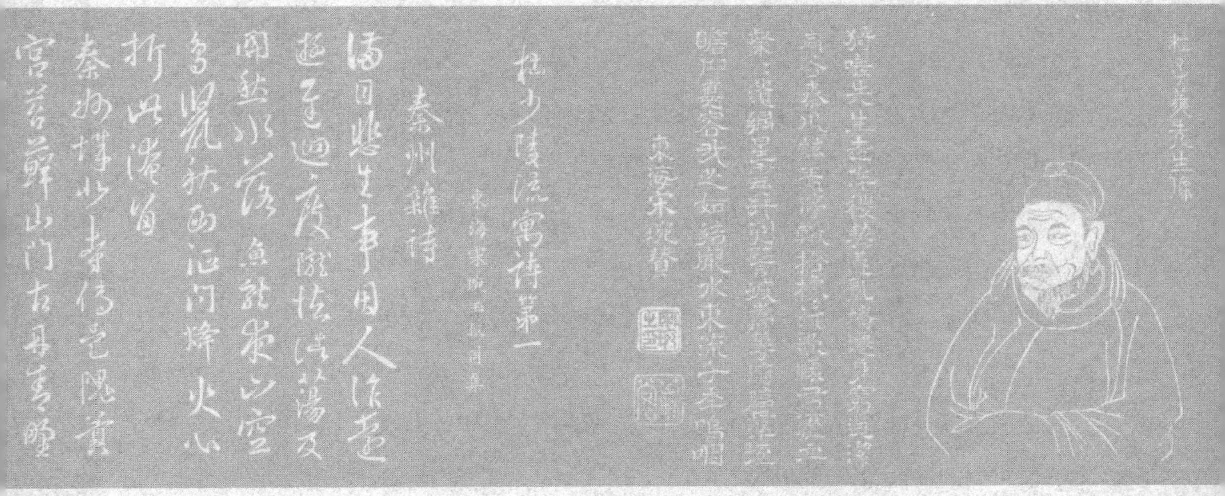

诗圣杜甫的一生中，陇右的经历，冰火相溶，最为特殊，也最不应该忽视。

这不仅因为杜甫在陇右的诗歌理应受到重视，更因为通过这些诗歌的外壳，从某种程度上可以抵达他的心灵。同时当我们用“杜甫——诗歌”这一形式，来审视陇右时期的杜甫时，纵横交织的杜甫的思想亦会见山见水地表现出来。

问题是多少年以来，杜甫生生被后人模糊了陇右这段脉络，或者脉络被割裂。

为此，首先要弄清的问题是，杜甫来陇右的缘由，亦即与杜甫来陇右相符合的可能性。

华州之前他在做什么？华州任上，他又在做什么？他真的是主动罢官的吗？

应该看到，杜甫刚离任时，一时在个体与社会、抱负与幻灭、创作与生活、自由与秩序的矛盾中，还寻找不到一个最佳的适应点来调整“罢官”后的生活。

我们与其说是追忆诗人，倒不如说是追忆那些历史，捡拾那些碎片……

陇右，透明地存在于唐朝的历史中。但对于现在的大众来说，陇右并非鲜明地存在于我们的视野范围。

所幸有了杜甫，有了杜甫的陇右诗。陇右才得以从蒙蔽中走出来，给我们某些鲜活的记忆印象。

这里所说的陇右图经，基本上为杜甫在陇右行迹的大体轮廓。

记录或探究杜甫在陇右的时间、行踪与诗作，是困难、费力的事。但勾勒大致，总有必要。

于是，我们看到杜甫艰难地走进了秦州城，走进了东柯谷；意外地遇到了阮昉、赞公，又意外接到汉源县令的邀请……一切都在意外之中。意外的结果是，寓居同谷后的杜甫又走向了成都。

第一章

涅槃初始——一岁四行役

一、驻马望千门：当过去唤醒了现在

杜甫流寓之前的一些事

在唐朝，士人多以考取进士、当官，为民、为朝、为己任。诗人杜甫几次科考，均未考取进士。但他经过十年努力，最终还是谋得一官半职。

公元759年秋，曾以“修身、齐家、治国”为远大理想的杜甫，突然离开华州司功参军的位置，辗转奔向陇右道的秦州。

好生生做官的杜甫为什么突然不当官了呢？这是千古一谜！

后世人们常说，杜甫是自己“弃官”的，“弃官”的定论写在了许多书中。但这定论有如在冬天刻意营造的冰雕，外表晶莹剔透，却始终需要有那么一些人，一代代营造适宜冰雕生存的环境。

现在我们要问，难道杜甫当时真的放弃了自己当官的理想与抱负？如果不是放弃或者动摇，那么，又是什么原因促使他离开仕途生涯？

时间的长河流得太急切又太遥远了，在这长河里，杜甫那些诗歌的碎片，以特有的韧劲、特有的光芒留在时间的河床，散发着迷人的魅力。

假若我们被这些魅力所吸引，假若我们能透过诗歌的语言来洞彻事理，假若我们缘诗歌的血脉能触摸杜甫心的脉搏，那么，就让我们先回溯到唐朝乾元年间，即公元758年前后，看看那些年的那些事。

天门日射黄金榜，春殿晴曛赤羽旗。
宫草霏霏承委佩，炉烟细细驻游丝。
云近蓬莱常五色，雪残鳷鹊亦多时。
侍臣缓步归青琐，退食从容出每迟。

——《宣政殿退朝晚出左掖》（本书所引杜诗均以仇兆鳌《杜诗详注》为准。下同）

诗中的盛景，不要说作为皇帝侍臣的杜甫，就是普通的人，也会感到如意与安宁。华美的宫殿，流光溢彩；良好的环境，怡情悦性。杜甫沉浸在这样的氛围里，从容地上朝、退朝。早出晚归，虽然辛苦，但也很得意。

初看这首诗，诗中的华丽、惬意，与杜甫的《自京赴奉先县咏怀五百字》《北征》、“三吏”“三别”、《乾元中寓居同谷县作歌七首》《秋兴八首》等有明显的区别。

当时，和《宣政殿退朝晚出左掖》类似的诗还有《奉和贾至舍人早朝大明宫》《紫宸殿退朝口号》《春宿左省》《晚出左掖》等等。读这些诗，有时让人心生怀疑，怀疑这不是杜甫的诗作，倒是后人的伪作。有时候，也让那些对杜甫没有深入研究的人吃惊：忧国忧民的杜甫还能写这样的诗?

其实，“醉里眉攒万国愁”的杜甫，也有他的另一面，这就是刚当左拾遗以后春风得意的一面。

杜甫初入长安时曾有“自谓颇挺出，立登要路津”的雄心壮志。特别是至德二年（757）十月后，“安史之乱”初步平定，46岁的杜甫经历种种挫折，最后在左拾遗的位置上，好像做稳了朝官，实现了曾经的夙愿，真正得到了身为近臣的荣宠。春风得意，心里高兴，他笔下也就多了一些华丽的宫廷诗，多了一些兴致颇高的荣幸诗。踌躇满志，身心愉快，他的生活也就有可能一改先前的贫穷和愁苦而变得滋润起来。

我有时想，如果这样所谓歌舞升平的景象一直持续下去，如果杜甫依然这般得宠，当他的近臣。那么，中国的历史上，只能多一个相对平庸的官员，而少一个杰出的、真正意义上的诗人。平庸的官员在过去的历史上，如黑芝麻撒落在人间的角落旮旯。而一个杰出或者被称为诗圣的诗人，在一个时代，几个时代，成百上千年里尽管只出一个，但其光辉可耀九州，可洞彻世间事理，可涤净世世代代有缘人的心灵。

我还想，其实，杜甫同我们一样是一个普通的人。他的七情六欲里无不打上那个时代或者那个时期的一些烙印。他的诗，首先是普通人作的诗，其次才是“诗圣”或者“诗史”的诗。他的人格上的完善，也是经过诸多的磨砺才得以形成的。

你别看杜甫和贾至他们在那些时日春风得意，风光无限。可万事都有度，也许，一个人在享受舒适的同时，危机就潜伏在舒适的背后。特别是士人或者文人，意识里的四平八稳、舒适享受，往往会扼杀难得的才情。

事实上，当左拾遗后，杜甫春风得意的时间并不长。因为，内乱之后唐王朝的初步安定，玄宗、肃宗二帝粉饰太平，君临万方的景象并没有持续多久。杜甫踌躇满志的心情，也并没有持续多久。

乾元元年六月，也就是公元758年六月，唐肃宗表面上听从贺兰进明、李辅国等人的谗言，实质上是为了清除父皇旧臣，巩固自己地位，以“率情自任，怙气恃权”、“潜为交结，轻肆言谈”等理由，下诏将重臣房琯、刘秩、严武等人驱出京城，贬官外任。当左拾遗的杜甫也被贬出京城，到华州充任司功参军。

朝廷贬的这些官员，与杜甫有什么联系？杜甫又为何遭贬？这里，有必要交代一下杜甫当时的人际关系。

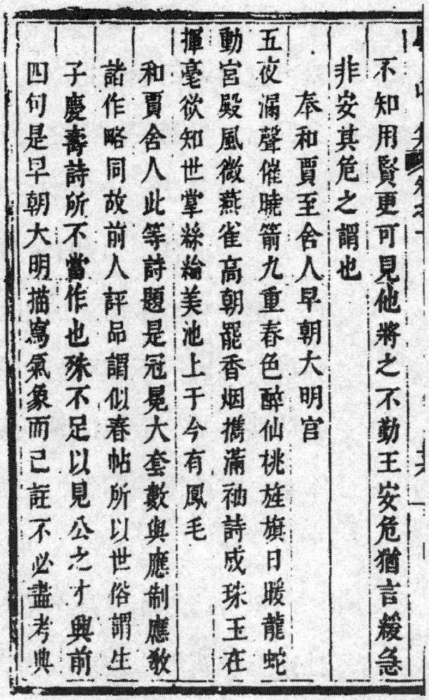
不知用賢更可見他將之不勤王安危猶言緩急
非安其危之謂也
奉和賈至舍人早朝大明宮
五夜漏聲催曉箭九重春色醉仙桃旌旗日暖龍蛇
動宮殿風微燕雀高朝罷香烟攜滿袖詩成珠玉在
揮毫欲知世掌絲綸美池上于今有鳳毛
和賈舍人此等詩題是冠冕大套數與應制應教
諸作略同故前人評品謂似春帖所以世俗謂生
子慶壽詩所不當作也殊不足以見公之才與前
四句是早朝大明描寫氣象而已詎不必盡考典

| 明·赵统撰《杜律意注》

做官前后，杜甫交往的人物主要有李白、贾至、王维、高适、房琯、严武、薛琚、毕四曜等人。在仕途上，杜甫与房琯、贾至、严武、董延兰、张镐等人交好，属于房琯政治集团。杜甫到秦州后所写《寄岳州贾司马六丈巴州严八使君两阁老五十韵》一诗，谈到了他们之间政治生涯中休戚与共的关系。

杜甫与贾至有比较深厚的交情。乾元元年时，贾至官至中书舍人，专门负责起草唐肃宗的诏书，在朝廷里的位置比较显赫。这一年春天，贾至的兴致格外高，作《早朝大明宫呈两省僚友》诗，王维、岑参、杜甫都有诗相和。然而，也就在这年春天，他被初步安定下来的唐肃宗贬为汝州刺史。杜甫作《送贾阁老出汝州》相送。乾元二年（759）秋，贾至又因九节度之师溃于滏水而逃奔襄、邓获罪，贬为岳州司马。

杜甫与房琯有深交。

安史之乱的天宝十五载（756）六月十二日，唐玄宗与杨贵妃、杨国忠等人出长安延秋门奔蜀避难。到马嵬坡时，皇帝赐杨贵妃一死，然后仓皇奔蜀。房琯追赶唐玄宗至剑州普安郡，唐玄宗大喜，当时就加封了他。“七月，至普安郡谒见，玄宗大悦，即日拜文部尚书、同中书门下平章事，赐紫金鱼袋。从幸成都，加银青光禄大夫，仍与一子官”（《旧唐书·房琯传》）。文部尚书，也称文部侍郎，是相当于副相的官。唐玄宗拜房琯为尚书，是厚待了房琯。在奔赴成都途中，唐玄宗还听从房琯的建议，下了一道由各王分置全国的制诏。其中，让太子李亨守卫黄河流域。其实，太子李亨这时业已成为自立的皇上，只是逃难中的皇帝和房琯不知而已。八月，距唐肃宗灵武自立皇帝三十天之后，房琯、韦见素、崔涣受玄宗之派，奉传国宝、玉册前往灵武，算是承认了太子李亨的皇位。“肃宗以琯素有重名，倾意待之，琯亦自负其才，以天下为己任”（《旧唐书·房琯传》）。肃宗在灵武即位取代玄宗后，鉴于各种原因，任房琯为相。从历史的角度看，房琯为相后，没有多少可彪炳史册的作为，倒是大权独揽，又因门下多引拔知名之士而轻鄙、庸俗，结怨过多，逐渐被肃宗疏远。房琯为此请兵立帅，欲想讨贼立功。但他带兵，用前国子监祭酒刘秩等不懂武略的书生参谋军事，在咸阳陈陶斜，拘泥于古车战法，被贼军大败。肃宗以此罢其相，贬他为太子少帅。

罢房琯之相，是至德二载（757）的事。那时，杜甫刚当左拾遗不久。作为谏官，杜甫上疏营救房琯。因为言辞激烈，激怒肃宗，被肃宗交由三司推问，险些罹难。

《杜工部集》收录了由杜甫所写的《奉谢口敕放三司推问状》，记录了这件事：

右臣甫，智识浅昧，向所论事，涉近激讦，违忤圣旨，既下有司，具已举劾，甘从自弃，就戮为幸。今日巳时，中书侍郎平章事张镐奉宣口敕，宜放推问。知臣愚戆，舍臣万死。曲成恩造，再赐骸骨。臣甫诚顽诚蔽，死罪死罪。

臣以陷身贼庭，愤惋成疾，实从间道，获谒龙颜。猾逆未除，悉痛难遏。猥厕衮职，愿少裨补。窃见房琯以宰相子，少自树立，晚为醇儒，有大臣体。时论许琯必位至公辅，康济元元。陛下果委以枢密，众望甚允。观琯之深念主忧，义形于色，况画一保泰，其素所蓄积者已。而琯性失于简，酷嗜鼓琴，董庭兰，其今之琴工，游琯门下有日，贫病之老，依倚为非，琯之爱惜人情，一至于玷污。臣不自度量，叹其功名未垂，而志气挫衄，觊望陛下弃细录大，所以冒死称述。何思虑始竟，阙于再三。陛下贷以仁慈，怜其恳到，不书狂狷之过，复解网罗之急，是古之深容直臣，劝勉来者之意。天下幸甚！天下幸甚！岂小臣独蒙全躯，就列待罪而已。无任先惧后喜之至，谨诣阁门进状、奉谢以闻。谨进。

至德　二载六月一日。宣议郎、行左拾遗臣杜甫状奏。

由这个奉谢状可以看出，杜甫的文人骨子还是比较硬的。

杜甫从五月十六日出任左拾遗，到疏救房琯遭难，三司推问，宰相张镐出面营救，六月初一了结此事，先后仅仅半月时间，谏官或者说政治生涯可谓出师不利。后来，肃宗给杜甫放了长假，让他回家省亲。

《册府元龟》对这件事有如下记载：

韦陟为御史大夫，拾遗杜甫上表，论："房琯有大臣度，真宰相器，圣朝不容。"词旨迂诞。肃宗令崔光远与陟及宪部尚书颜真卿同讯之。陟因入奏曰："杜甫所论房琯事，虽被贬黜，不失谏臣大体。"上由此疏陟。

杜甫在这次政治事件里冤不冤枉？依我看，冤枉是肯定的。但冤枉里稍为有些不冤枉。

按照杜甫之前种种"再使风俗淳"思想理念，再加之"麻鞋见天子，衣袖露两肘"的冒险行为，他在左拾遗的位置上，对唐肃宗的皇权根本没有威胁。后来贬他到华州，是最大的冤枉。可是，仔细分析，就会有疑惑。杜甫当初为什么在皇帝罢房琯之相时冒死谏言，说房琯"罪细不宜免大臣"呢？从常人的角度出发，房琯当时为朝廷重臣，杜甫与他交好，还多少有些"朋党"之嫌。房琯带兵惨败，杜甫很伤心，他写《悲陈陶》言"四万义军同日死"说的就是这件事。可在关键时刻，杜甫还要替房琯说话，并差点丢了性命，这就是杜甫做官时的不老到之处。要知道，韦陟替才当了十几天左拾遗的杜甫说了好话，唐肃宗由此还疏远了韦陟。乾元元年，因宗人伐墓柏，韦陟又被贬为绛州刺史。这样，等到处置房琯一干人马的时候，唐肃宗他们就没有忘了处置杜甫。用现代一些人的眼光看，杜甫从事政治活动，显得很嫩，是不识时务，站错了队，才导致贬官的。人生无常，仕途无常，正是这个道理。

杜甫求官的主要历程

为了能有一个一官半职当当，杜甫先后在长安呆了十年之久的时间。

简单回忆一下杜甫入长安求官的过程，更容易理解杜甫追求仕途的痴迷程度。

早在开元二十三年（735）杜甫上京应考，但赶考失败。

天宝六载（747年）正月，唐玄宗欲广求天下之士，诏告天下，凡有一技之长者皆可入京应试。杜甫自然应诏，但宰相李林甫从中作梗，对应试者一个不取，且向唐玄宗上表“野无遗贤”。

此后，已入盛年，仍希望踏入仕途之门的杜甫，居住在长安，生活不济时，也卖药于都市，换取零碎小钱。当零碎小钱换不来时，他只有寄人篱下，贫病交加，含垢忍辱。为了争取进入仕途，他还把希望寄托在结交权贵上，期望能通过社交活动使自己的才能得到当权者的赏识。看看他的一些诗，可知杜甫当时委曲求全的情况。

交合丹青地，恩倾雨露辰。
有儒愁饿死，早晚报平津。

——《奉赠鲜于京兆二十韵》节选

才杰俱登用，愚蒙但隐沦。
长卿多病久，子夏索居频。
回首驱流俗，生涯似众人。
巫咸不可问，邹鲁莫容身。
感激时将晚，苍茫兴有神。
为公歌此曲，涕泪在衣巾。

——《上韦左相二十韵》节选

朝扣富儿门，暮随肥马尘。
残杯与冷炙，到处潜悲辛。
——《奉赠韦左丞丈二十二韵》节选

鲜于仲通是京兆尹，相当于长安市的市长。他是当时红人杨国忠的党羽，杜甫有求于他，就是为了自己的仕途。韦见素是当时的武部尚书、同中书门下平章事；韦济在天宝七载时是尚书左丞；杜甫有求于他俩，和曾有求于唐玄宗的女婿张垍一样，目的就是能得到一官半职。

杜甫曾三次向皇帝陈情求仕。

第一次是在天宝九年，杜甫三十九岁，先献《雕赋》，没有反应。

第二次在天宝十载（751），又献《朝献太清宫赋》《朝享太庙赋》《有事于南郊赋》三大礼赋。杜甫在《进雕赋表》中诚心表述，“臣幸敕先臣绪业，自七岁所缀诗笔，向四十载矣，约千有馀篇。今贾、马之徒，得排金门上玉堂者甚众矣。惟臣衣不盖体，尝寄食于人，奔走不暇，只恐转死沟壑，安敢望仕进乎？伏惟天子哀怜之”。这次所献，让唐玄宗注意到了他，命待诏集贤院，等待选拔。第二年，又召试文章送隶有司，参列选序。可这次选序，因李林甫上言“野无遗贤”而夭亡。

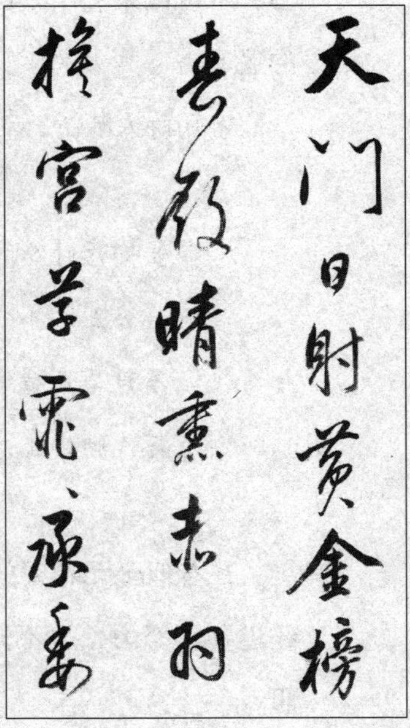
明·董其昌书杜诗

第三次是天宝十三载（754），杜甫当时已经四十三岁了，再献《封西岳赋》。这次所献，也没有效果。杜甫投延礼赋恩匦，想让皇帝知道自己一片报国忠心。可谓不说的话说了，不走的路走了，也可谓碧海无涯，青云难上。

杜甫长安求仕期间，生活贫困、艰难。

守岁阿戎家，椒盘已颂花。

盍簪喧枥马，列炬散林鸦。

四十明朝过，飞腾暮景斜。

谁能更拘束，烂醉是生涯。

——《杜位宅守岁》

看看杜甫的穷困，穷困到了连人格都要丢掉的地步。

唐朝有一个风俗是每到元旦日，要秉烛守岁。而四十岁的杜甫，这年年底守岁，却是在自己的从弟杜位家里喝酒守岁。杜甫住在长安，为什么不在自己的家里守岁？为什么要陪杜位？杜位是自己的从弟，也是当朝红人李林甫的女婿。四十岁的人，这里面的难堪境地，唯有当事人杜甫自己知道。

清朝的仇兆鳌在注解杜甫《奉赠鲜于京兆二十韵》时曾说“少陵之投诗京兆，邻于饿死，昌黎之上书宰相，迫于饥寒，当时不得已而姑为权宜之计，后世宜谅其苦心，不可以宋儒出处深责唐人也”，杜甫之所以委曲干谒求人，是当时自己所处环境的逼迫。

宋朝诗人陆游，对杜甫长安期间的遭遇十分同情。他有一首《题少陵画像》诗：

长安落叶纷可扫，九陌北风吹马倒。

杜公四十不成名，袖里空余三赋草。

车声马声喧客枕，三百青铜市楼饮。

杯残胾冷正悲辛，仗内斗鸡催赐锦。

在看似毫无希望的时候，希望终于来了。时间到了天宝十四载（754）秋，杜甫经过种种努力，也不知道哪一个努力起了作用，朝廷终于授给他一个河西县尉的官职。

奇怪的是，杜甫对这个来之不易的任命，却没有接受。

所谓县尉，即“分判众曹，收率课调”者，也就是专管催收租、调、庸三项实物和有关庸的劳役安排的公职人员。杜甫为什么没有接受河西县尉一职呢？后人多有猜测。

山东大学教授、博士生导师、著名中国古典文学专家萧涤非先生在《杜甫研究

(修订本)》中说：“有一点值得我们为杜甫指出，就是在他困守长安的最后一年（第十个年头)，统治者任命他作河西尉而他竟坚决地拒绝了。县尉这种小官虽有它坏的一面，如高适说的‘拜迎官长心欲碎，鞭挞黎庶（人民）令人悲’（《封丘作》）但从个人利害来讲，它又是一个肥缺，因为它是直接骑在人民头上的，可以通过‘鞭挞’进行敲诈勒索。杜甫在长安足足熬了九年，现在他却情愿‘饿死’也不肯作这种鞭打人民的官，这种纯洁的精神是值得我们怀念的！”萧先生的意思是说，杜甫关心百姓，不愿“鞭挞黎庶”，也就不愿做这个从九品下的芝麻官。

郭沫若先生在《李白与杜甫》中说：“事态是十分清楚的，表明着杜甫的挑肥选瘦，想做大官而不愿意做小官，留恋都门生活而不愿意去穷乡僻境与民众接近。”郭沫若先生还认为河西县属于四川，“在宜宾附近”。

河西县的归属问题，闻一多先生在《少陵先生年谱会笺》中说在云南的宗州。宗州县就是现在云南楚雄自治州姚安县。

南京大学教授、博士生导师莫砺锋先生觉得，郭沫若和闻一多先生对河西县的归属所说都不正确。他考证，天宝十四载时，河西县在陕西境内，为今天的合阳县。这个县在唐武德三年（620）所设，到乾元三年始改名为夏阳。

天宝十四载（755）十月后，因为杜甫不愿当河西尉，朝廷改授他为右卫率府兵曹参军。也就是在太子的卫戍、仪仗部队当参军。这个从八品下的官职，具体说是替太子管理东宫卫兵名单，以及马匹、兵器的后勤官或总务长。属于朝廷公职人员。

> 不作河西尉，凄凉为折腰。
> 老夫怕趋走，率府且逍遥。
> 耽酒须微禄，狂歌托圣朝。
> 故山归兴尽，回首向风飙。
>
> ——《官定后戏赠》

杜甫的《官定后戏赠》半真半戏，戏谑之中露酸楚，藏隐情。如若为官得俸禄养家而言，河西县尉足矣。况且，远离政治斗争纷争的朝廷，当县尉，闲情赋诗，未免不是坏事。

依我看，奋斗十多年，热望跻身于治理天下的统治者行列，实现致君尧舜远大抱负的杜甫，对远离朝廷的河西县尉不屑一顾。“县尉”与“兵曹参军”同为小官，同为公职，但一个在朝，一个在野。杜甫自然选择在朝的小官而为之，以便等待升迁的机会。这是杜甫“不作河西县尉”的真意所在。

在兵曹参军的官位上，杜甫遇到来了唐王朝的动乱。

天宝十五载（756），“安史之乱”正处在最为严重的时期。唐玄宗奔蜀避难后的七月十三日，当了十三年太子的李亨认为天子奔蜀，群龙无首，便在灵武宣布即位。在右卫率府兵曹参军职位上探亲的杜甫听到李亨在灵武即位的消息，满以为肃宗能重整旗鼓，扭转乾坤，便从羌村启程投奔灵武。不料中途陷于安史叛军之中，八月被押送到沦陷后的长安。“安史之乱”暴发后，尚未出逃的唐玄宗下令把在长安城居住的安禄山的儿子安庆宗杀了。安禄山攻陷长安城后，采取报复行为，大肆屠杀无辜。沦陷下的长安城里，叛军无恶不作，百姓民不聊生。杜甫能躲过一劫，也属万幸。

第二年，也就是至德（757）二载四月，当唐军收复西京洛阳，肃宗已从彭原迁至凤翔时，杜甫才伺机出长安金光门，躲过叛军的重重防守，仓皇奔赴凤翔“麻鞋见天子”，希望在平定“安史之乱”中建功立业。即位不久，正需人才的肃宗感念杜甫的忠义而授官左拾遗。

左拾遗，对杜甫来说是至关重要的官职，也是他政治生涯里最为辉煌、光彩的一页。这个官，在皇帝左右，“天颜有喜近臣知”。这个官在朝廷序列，虽处一室，却纵知天下。又因为这个官，还能进入到当时的统治集团，杜甫觉得格外重要。

如果说，杜甫任左拾遗，是需要依靠在朝廷做“近臣”的天然优势，依托自己尽忠谏言的本职，图谋实现他个人政治理想的话，那么，被贬到华州当司功参军，心理上失重失衡不说，本质上也发生了根本变化。就任华州司功参军一职，远离了他“致君尧舜上，再使风俗淳”的仕途初衷。

以上杜甫争取做官的经历，可谓荆棘塞途。如果不晓这些，我们难以理解杜甫“罢官”后的失望；不晓这些，难以理解杜甫在华州做官时的抑郁；不晓这些，难以理解杜甫在华州罢官后为什么要选择西行到陇右的初衷。

贬官华州任上的一些作为

乐极伤头白，更长爱烛红。

相逢难衮衮，告别莫匆匆。

但恐天河落，宁辞酒盏空。

明朝牵世务，挥泪各西东。

——《酬孟云卿》

贬官华州，杜甫很失意，但没有办法。在赴华州上任前，诗人孟云卿来看望他。两人浊酒相伴，慨叹世事。悲戚也就浇灌在了上述诗作的字里行间，生长出无可奈何的悲苦。

杜甫在朝廷当近臣，做左拾遗，按照唐朝的官吏制度，其品秩，为从八品上。华州司功为正八品下。从官位级别上讲，不是贬低而是升迁。但无论从当时唐朝重视内官轻视外官的现实看，还是从杜甫在仕途生涯中特别重视做近侍之臣的思想来看，移官华州，对杜甫的政治前途来说无异于当头一棒。

客观地说，贬官这一棒，并没有断送杜甫的仕途。

在华州的前期，杜甫的生活过得也不算不错。他把家眷带到了华州，也在华州接待过自己的亲朋好友。

当年五月端午节时，杜甫在长安当左拾遗时得到皇帝赏赐的一领细葛衣服。六月以后，他就被贬到了华州。在华州，他还兴许就穿着这件“细葛含风软，香罗迭雪轻”的衣服办公。

刚一开始，华州的一些官员跟杜甫的关系还算不错。那位郭使君，也许就是那时的华州刺史，知道杜甫来自京城，也比他有些文墨，还讨好杜甫或者命令杜甫为他代写东西。

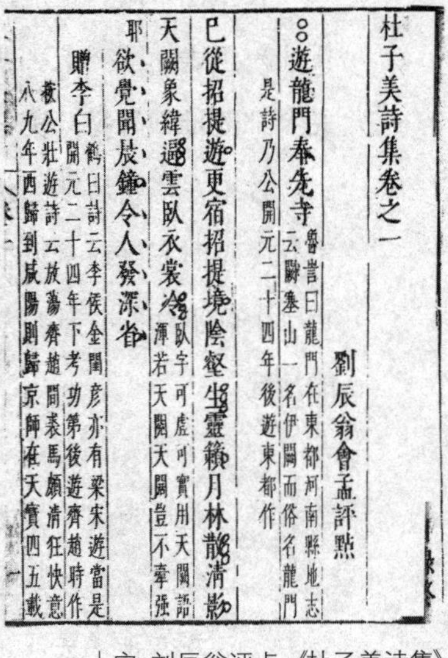
杜子美詩集卷之一
劉辰翁會孟評點
遊龍門奉先寺 魯訔曰龍門在東都河南縣地志云闕塞山一名伊闕而俗名龍門是詩乃公開元二十四年後遊東都作
已從招提遊，更宿招提境。陰壑生靈籟，月林散清影。天闕象緯逼，雲臥衣裳冷。臥字可虛可實用天闕語渾若天闕天闕豈不牽强耶 欲覺聞晨鐘，令人發深省。
贈李白 鶴曰詩云李侯金閨彥亦有梁宋遊當是開元二十四年下考功第後遊齊趙時作按公壯遊詩云放蕩齊趙間裘馬頗清狂快意八九年西歸到咸陽則歸京師在天寶四五載

| 宋·刘辰翁评点《杜子美诗集》

《为华州郭使君进灭残寇形势图状》是由杜甫代笔的上表书。杜甫在里面委婉批评了朝廷撤走河北大军宽纵逆党的行为。他还建议调遣各路人马，彻底消灭安庆绪残部。

《乾元元年华州试进士策问五首》便是杜甫代郭使君拟就的五条考试策问。这五条，涉及如何解决赋税、驿马供应、水陆交通、军队给养、币制改革等问题。

到了秋天，杜甫初步感到在华州做官的不如意来。

七月六日苦炎蒸，对食暂餐还不能。
常愁夜来皆是蝎，况乃秋后转多蝇。
束带发狂欲大叫，簿书何急来相仍。
南望青松架短壑，安得赤脚踏层冰。
——《早秋苦热堆案相仍》

杜甫担任华州司功参军，按当时唐朝的规定，也为华州领导班子成员。他主管选举、祭祀、佛道、学校及表疏、书启等涉及社会管理制度、民俗宗教制度、文化教育制度的一些事务。刚一上任，对这些事务不甚熟悉，再加上自己多少有些壮志难酬的郁闷心情，在此发发牢骚不为过分。

在重阳节时，他应邀去离华州八十里的蓝田崔氏庄欢度重阳节。在《九日蓝田崔氏庄》里表达了“老去悲秋强自宽，兴来今日尽君欢”的愁绪，他也不尽感慨“明年此会知健谁，醉把茱萸仔细看”。

杜甫在华州后期的状况过得很不如意。秋天渐渐过去，冬天接踵而来。失意的杜甫在冬至时兴许还梦见自己仿佛又回到了长安，回到了自己当左拾遗的时代，回到了自己上朝下朝的时日。梦醒之后，他有太多的感慨，不禁给朝廷旧友写诗，回忆当时的情况：

忆昨逍遥供奉班，去年今日侍龙颜。
麒麟不动炉烟上，孔雀徐开扇影还。
玉几由来天北极，朱衣只在殿中间。
孤城此日肠堪断，愁对寒云雪满山。
——《至日遣兴奉寄北省旧阁老两院故人二首》其二

对比眼下处境，杜甫不觉怅惘伤心。在《至日遣兴奉寄北省旧阁老两院故人二首》其一中大写“何人却忆穷愁日，日日愁随一线长”的失意和忧愁。

失意和忧愁使杜甫在华州司功参军的职位上渐渐不安稳起来，再加之杜甫奉守

“诗是吾家事”的祖业，是“语不惊人死不休”式毕生追求创作的诗人，其天生的无拘无束，以及平生偏好游历的生活，在很大程度上制约了他，使他难以在官场上或者仕途上纵横驰骋。中国古代的官场，水深如海，没有多少泳技，自己又没有船舶的杜甫，想在茫茫大海纵横驰骋，只能沉入海底。

游历与作诗，在一定程度上断送了杜甫的为官前程。

乾元元年（758）冬末，杜甫从华州到洛阳。在洛阳留下了《冬末以事之东都湖城东遇孟云卿复归刘颢宅宿宴饮散因为醉歌》《戏赠阌乡秦少府短歌》等诗。诗中流露出的多是对亲情、故友的牵挂与关怀，以及对家国事的看法。

奇怪的是，这时的杜甫，好像忘记了他在华州的工作。他到洛阳，沉溺于亲情故友间，流连忘返，直到第二年，即乾元二年（759）的三月底左右才返回华州。在返回途中，特别是三月初三，他路过邺城（今河南安阳市北），恰逢九节度使兵溃败于此。唐朝的二十万大军，围攻邺城，久攻不破，反被史思明从河北魏州（今河北大名）引领的叛军，在安阳河北把唐军打了个落花流水。洛阳、安阳一带惊魂稍定的百姓又一次受到战乱的威胁，惶恐不安，流离失所，老幼从军，惨重牺牲。从邺城到华州，杜甫所见，民不聊生，满目凄惨。新安道上，石壕村里，潼关城下，杜甫一步一回头，步步血泪流。他，挥写苍天之悲情，尽洒人间之血泪，写下了名垂千古的“三吏（《新安吏》《石壕吏》《潼关吏》）”“三别（《新婚别》《垂老别》《无家别》）”诗。

府帖昨夜下，次选中男行。
中男绝短小，何以守王城。
肥男有母送，瘦男独伶俜。
白水暮东流，青山犹哭声。

——《新安吏》节选

暮投石壕村，有吏夜捉人。
老翁逾墙走，老妇出看门。

——《石壕吏》节选

哀哉桃林战，百万化为鱼。

请嘱防关将，慎勿学哥舒。

——《潼关吏》节选

暮婚晨告别，无乃太匆忙。

——《新婚别》节选

子孙阵亡尽，焉用身独完。

——《垂老别》节选

人生无家别，何以为蒸黎。

——《无家别》节选

面对如此人间惨剧，不但杜甫闻泣幽咽，而且山哭水亦哭！哭泣之中，杜甫心绪蹒跚，伤痛难耐。唐王朝平定叛乱，杜甫十分拥护；百姓为此付出惨重牺牲，杜甫伤心至极。安史叛乱，杜甫切齿痛恨；唐军平叛不力，杜甫爱恨交加，愤慨难平。

历史善于遗忘好多事，也善于选择并保留好多事。历史可以忽略杜甫当年爱恨交加的细节，但不会湮灭他爱恨交加之后的诗篇。

莫砺锋先生曾在《杜甫传：仁者在苦难里的追求》一书中对杜甫、对杜甫从洛阳返回华州途中所写的诗，有过这样的评定：

对只有杜甫这样忧国忧民的诗人，亲眼目睹了那样的乱离景象、才能写出这组催人泪下的诗来。中国古代史籍异常丰富，浩如烟海，但是其中记载多是帝王将相的生平、宫闱政变、会盟征伐、郊庙祭祀等，对于各个时期普通百姓的生活、情感绝少有记录，然而杜甫却真实而生动地描写这一时期普通百姓惨痛的生活状况和情感经历，使得无数身处于动荡、困苦之中的百姓的实际情状有了真切具体的记录，从这点上讲，杜甫“三吏”“三别”等诗享有“诗史”称号是当之无愧的。

二、罢官亦由人：他的泪珠等在眼边

杜甫罢官浅说

杜甫从华州到洛阳，再从洛阳辗转到华州的行程，无疑成就了他的诗歌，成就了他的“千秋万岁名”。然而，这次漫长的洛阳之行，却又给杜甫的仕途埋下了重大隐患，并导致华州司功参军一职丢失。

“罢官亦由人，何事拘形役”，杜甫在华州慷慨写完这句诗，或许把毛笔扔在了一边，或许还有其他更为慷慨、激奋的行为表现。现在，这一切早已湮灭在历史的角落里。但杜甫留在纸上的墨迹里，欲说还休的欲望不愿凝结。它，穿过历史的烟云，湿漉漉地萦绕在后人面前。

三百年后，欧阳修等人解读杜甫当初的行为时用了“关辅饥，辄弃官去，客秦州”（《新唐书·杜甫传》）这10个字。

此后，“关辅饥，辄弃官去”成了杜甫“罢官亦由人”的注解。也就是说，在华州当官的杜甫，因为饥荒，因为一家人的温饱问题，突然辞职不干公事了。

现代杜甫研究者基本上都采纳了杜甫“弃官”的说法。

北京大学教授、博士生导师、著名文学史家陈贻焮先生在《杜甫评传》（北京大学出版社）里解读《立秋后题》时说：“这简直是老杜《归去来兮辞》，是他弃官的宣言书。可见他采取这一行动是经过深思熟虑的，是对污浊时政痛心疾首的鄙弃，所传因‘关辅饥’而弃官，只不过是托辞而已。”

莫砺锋先生在《杜甫评传》（南京大学出版社）里说：“诗人弃官西去的原因是什么？《旧唐书》本传说是‘关畿乱离，谷食踊贵’，这当然是事实。但是也还有另外的原因，那就是杜甫对于朝廷政治越来越失望了。诗人就是怀着‘唐尧真自圣，野老复何知’（《秦州杂诗二十首》其二十）的满腹牢骚，永远离开了疮痍满目的关辅地区，也永远离开了漩涡险恶的政治中心。”

杜甫真的是自己主动辞官的吗？历史，真的就在“关辅饥，辄弃官去”上凝固了吗？岁月为这个事件所堆积的厚重锈斑，真的就不会被清风拂去吗？在我看来，尊重或者还原一个人，比拷问历史重要得多。

十分有必要考论一下杜甫的“罢官”说。

先看“罢官”的字面意义。

杜甫在《立秋后题》诗中的“罢官亦由人”之句里，“罢”的解释一般为：会意。从网，从能。表示用网捕住贤能的人。罢的本义为罢官，义免去；解除。“罢官”有两解，一为辞官弃职。鲍照《拟行路难》诗“弃置罢官去，还家自休息”中为主动罢弃。二为免除官职。《淮南子》中“罢官之无事、器之无用者，涂阙庭门间，筑囹圄，所以助天地之闭”所说为被动免除官职后之事。清袁枚《随园诗话》中“王孟亭箴舆守怀庆时，与卢中丞焯同寅。王被劾罢官”是说被弹劾罢官。与杜甫相好的岑参在《阻戎泸间群盗》中“罢官自南蜀，假道来兹川”句所说的是任满暂时停职罢官后的郁闷心情。

杜甫是主动弃官还是被动丢官，他本人最清楚不过。

其实，“弃官”和“丢官”分别反映着杜甫本人所经历此“事件”前后不同的心境，不同的思想。在人的一生中，一个时期的心境和思想，往往影响着他在此时期以后的行动、作为。

现在，让我们追随历史的烟云，沿着杜甫思想的脉络，去看看他当时的那些事，看看他是怎样“罢官”的。

如果说是主动罢官，那么，杜甫从思想上就否定了他之前的仕途追求。

从杜甫之前对仕途的态度来说，他千辛万苦得来的官职，自己怎么会轻易辞去呢？杜甫在流寓秦州之前，特别在长安期间，主要的时间和精力都用在争取入仕上。他为争取入仕，几乎用尽了各种手段。其争取入仕的心路，以及对政治、社会、现实的见证与思考基本上都记录在他的诗作里。如果说他对仕途没有兴趣，那么他的兴趣又放在什么地方呢？

从人的心理情绪上来说，普遍的人在仕途或者其他方面受到一定打击或者挫折，情绪低落，无心做事是最常见的表现。就杜甫而言，如果说是主动罢官，他的心绪会处在因自己的作为而激动、亢奋状态。他的诗歌里也很有可能更多地提及自己主动罢官的“光彩”之事。杜甫在华州的最后两首诗是《夏夜叹》和《立秋后题》。前者总体“乃夜触所闻，而伤叹世事也”，后者叙立秋次日离开仕途之因。两首诗之后，从写作时间上看，接下来的应该是《秦州杂诗》其一。这三首诗从时序上说，跨度最长。写《夏夜叹》时，杜甫做华州司功参军。写《立秋后题》，杜甫已经不是华州司功参军了。两首诗之间时间不算短，杜甫没有再写其他诗的原因可能有很多，但能不能说，此阶段他没有心思写诗，只面对仕途去留的“考课”问题呢？这值得思考。

《立秋后题》之后到《秦州杂诗》其一，有半个月以上的时间。从华州到秦州一路而来，沿途的事，沿途的风物均没有记载在杜甫“图经”般的诗里，并非正常。

如果说“何事拘形役”是主动“罢官”的话，那么，杜甫可能对西行做了充分准备，对沿途的事及风物就不可能不说。而之所以不说的原因，很可能是主动罢官的另一面：被动罢官。

前人论及杜甫罢官的原因，也多在杜甫对朝廷或者唐肃宗的失望上去找原因。但这一点，也正好否定了杜甫“奉儒守官”的儒家的根基。

杜甫一生在儒家门内苦苦求索、奋斗。儒家的根本是“内圣外王”式的努力，是“节制私欲”“求认识大己而已”式的追求。是正如后世范仲淹所言“先天下之忧而忧，后天下之乐而乐”，是“居庙堂之高则忧其民，处江湖之远则忧其君”式的“修身齐家”的忘我精神。

杜甫对朝廷的不满，主要集中在安史之乱后的短暂时期，以及肃宗朝还没有收回长安、洛阳两京的时期。这时期，杜甫并没有主动罢官，只发发牢骚，说些怨怼之言。他的不满，显然没有到用放弃仕途来进行对抗的程度。《秦州见敕目薛三璩授司议郎毕四曜除监察与二子有故远喜迁官兼述索居凡三十韵》说明了他对仕途的关心。他在同谷所作《万丈潭》与《凤凰台》两诗，从某种程度上说，就是对肃宗及手下一些士人官员的厚望所在。而“青溪含冥寞，神物有显晦”、“再光中兴业，一洗苍生忧”式的诗句，不是对抗朝廷，而是替朝廷着想。

历史上对杜甫弃官，也从“关畿乱离，谷物踊贵”或“关辅饥”上做文章。关畿乱离，谷物昂贵是事实。“安史之乱”那么大的动乱，处在动乱区域边缘的华州，岂能不受影响。乾元元年至乾元二年，华州地区久旱无雨，造成“关辅饥”“谷物踊贵”也极有可能。如果主动辞官，没有俸禄，靠“逃荒”来应对“谷物踊贵”的现状，我想杜甫当时也不会这么做。在官位上多少还有俸禄抵挡，而要弃官，他又有什么收入来源呢？

杜甫面对的考课

杜甫一生连续当官的时间，从天宝十四载（755）十月任右卫率府兵曹参军算起，到乾元二年（759）七月，先后共四年。在这四年里，除他被叛军押到长安，胆战心惊度过半年时间外，其余时间里，则有三次较长的时间不在自己的岗位上。

第一次是任右卫率府兵曹参军期间。天宝十四载十月任命，十一月，杜甫就前往奉先（今陕西蒲城）省亲。期间作著名的《自京赴奉先县咏怀五百字》等诗。这次省亲，直到第二年的二月结束返回长安。

第二次是至德二载（757）左拾遗任上。因谏房琯一事，得罪肃宗，险些丧失了性命。事后，肃宗“墨制”批准他回鄜州（今陕西富县）探亲。期间作《羌村三首》《北征》等诗。从闰八月起到十一月止，他才携家返回长安。

第三次，就是在华州任上。年底赴洛阳，直到次年三月底四月初，杜甫才回到华州。这次洛阳之行，超过了三个月时间。

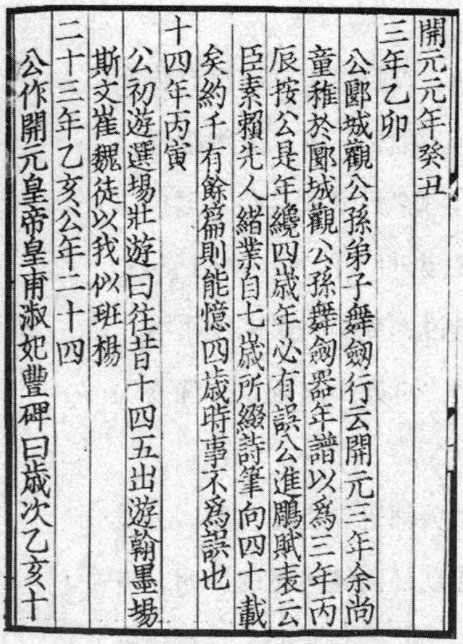
開元元年癸丑
三年乙卯
公郾城觀公孫弟子舞劍行云開元三年余尚
童稚於郾城觀公孫舞劍器年譜以爲三年丙
辰按公是年纔四歲年必有誤公進鵰賦表云
臣素賴先人緒業自七歲所綴詩筆向四十載
矣約千有餘篇則能憶四歲時事不爲誤也
十四年丙寅
公初遊選場壯遊曰往昔十四五出遊翰墨場
斯文崔魏徒以我似班揚
二十三年乙亥公年二十四
公作開元皇帝皇甫淑妃豐碑曰歲次乙亥十

宋·蔡梦弼辑《杜工部草堂诗话》

乾元二年三月底四月初，杜甫回到华州，继续当他的司功参军。“安史之乱”，大唐危难，但相对于战乱频仍的洛阳、长安一带，华州相对稳定，朝纲仍在。五六月份，按规定，杜甫应该面临与仕途攸关的“考课”了。

“考课”，是古代中国依照法令和行政规则，在一定的年限内，对各级官吏进行考核，并依其不同表现，区别不同等级，予以升降赏罚的制度。考课旨在达到贤者在位，能者在职的目标。到唐朝，考课已经形成一个比较完整的制度。

唐朝对各级官员的考课有比较严格的分工。三品以上官员，由皇帝亲考。四品以下的官员由尚书省吏部考核。但在“安史之乱”后，州刺史亦由皇帝亲考。吏部考核，也主要由考功司来负责（“安史之乱”后，尚书省各部的职权更普遍地被剥夺、分割与转移。譬如：吏部所掌的铨选、考课之权，上为君主、权相所侵夺，下为诸司、诸使、诸道州府所分割）。当然，在实际运作的过程中，特别是天宝后，“安史之乱”时，州、县职事官（有职位的为官员，有阶无职的称散官）的考课，除州刺史外，其他由刺史负责。也正是美国普林斯顿大学历史学博士、中国台湾玄奘大学历史系教授黄清连先生所说的“所有官阶正四品上以下的官僚，都由他的本司（指中央政府的分支机构）或本州岛（指地方政府的州）长官来评定考绩”（《唐代的文官考课制度》）。

唐朝的考课为每年一小考，累积各年考绩后，才行一大考。在乾元时，大考实行的时间为三年或四、五年。需要说明，这种大考，是在各级职事官任满以后所进行的。职事官任职，一般为三到五年。

唐朝官僚的功过行能是考课的主要内容。根据《唐会要》《唐令拾遗》《册府元龟》等史料记载，考课的规定与程序一般有：按照各地距离长安的远近，分别在每年不同时期，对所属官员进行考课。考课的结果记载在“考簿”（也有叫“考状”或“考解”的）上，考课的结果必须公开宣布。地方官的考簿由刺史或其主要次官担任“朝集使”解送到京，呈尚书省吏部。再由吏部考功司的官员及胥吏审查、核对，最后形成一个叫“单名”的奏本，呈送到负责督导考课工作的监外官考使和校外官考使手中，进行批示处理（这种监校考课制度，在“安史之乱”后，曾一度中止）。每一位应考的官员，都会得到一个叫“牒”或“考牒”的证明文档，作为将来升迁、黜降的主要依据。

考课主要根据“四善”和“二十七最”来进行。四善包括德义有闻，清慎明著，公平可称，恪勤匪懈。“二十七最”指二十七种不同类别的官僚，在其所属机构中执行公务的“最佳”表现。这种“最佳”表现，根据开元七年（719）的《考课令》，主要有“献可替否，拾遗补阙，为近侍之最”，“功课皆充，丁匠无怨，为役使之最”等。可以说，“四善”所考，偏重于“德行”方面，“二十七最”偏重于“行政能力”。

“安史之乱”，从一定程度上影响了部分地区考课制度的正常执行，但“在形势稍有转机的至德二年至乾元元年间，唐肃宗采取一定措施，力图恢复正常的统治秩序。《刺史县令委中书门下精加访诏》《县令等官准故事选拟敕》等正是针对战乱以来州县官任用不经中央铨选的现状而发的”（陈志坚《唐代州郡制度研究》），杜甫恰好赶上了严肃朝纲的时候。

杜甫从任右卫率府兵曹参军开始，到乾元二年夏天，做官虽然做了近四年的时间。但无论做右卫率府兵曹参军，还是做左拾遗，以及做华州司功参军，从时间上算，哪一个官也没有做到“任满”的地步。特别是没有“恪勤匪懈”，没有勤恳地在华州工作，而多有懈怠，停务不止近四个月的时间。因此不可能做到其他“德义有闻，清慎明著，公平可称”三善。也不可能做到“二十七最”之一的“一最”。

黄清连先生在《唐代的文官考课制度》里有《唐代流内官的九等考第》表如下：

等第	资格
1.上上	一最以上+4 善
2.上中	一最以上+3 善；或，无最+4 善
3.上下	一最以上+2 善；或，无最+3 善
4.中上	一最以上+1 善；或，无最+2 善
5.中中	一最以上；或，无最+1 善
6.中下	职事粗理，善最弗闻。
7.下上	爱憎任情，处断乖理。
8.下中	背公向私，职事废阙。
9.下下	居官谄诈，贪浊有状。

如果对照上面九等考第，杜甫的考第基本是“下中”，属于第八等之“背公向私，职事废阙”。

按照唐律，如果官员考第在第八等（下中）以下，则要解除现任职位，夺回当年官禄，追回担任官职的正式证明文档（告身）。即《唐六典》里所言“诸食禄之官，考在中上已上，每进一等，加禄一季，中下已下，每退一等，夺禄一季。若私罪，下中已下；公罪，下下；并解见任，夺当年禄，追告身。同年听依本品叙”。根据杜甫受到祖荫照顾的情况，他被“免官”处理，即解除官位，保留爵号，免除赋役与杂徭。当然，解除官位，不是终身解除，而是要等过一年以后，依照官员的本品铨叙，再进行吏部任职的考试。

从情理上讲，我特别不愿意对杜甫的官职问题做上面考论。但有些事情蹊跷得出奇，使人不得不翻捡唐朝当时的官吏考课制度。

按照当时的考课制度，地方官员考课后的考簿，必须由当地的重要官员在一定的时日内解送到吏部。《唐六典》卷二“考功郎中”条规定考状“京官九月三十日已前校定，外官去京一千五百里内，八月三十日已前校定，……七千里内，三月三十日已前校定。……外官朝集使送簿，限十月二十五日已前到京”。华州属“去京一千五百里内”，属八月三十日前校定的范围。八月三十日前的时间概念可以说在七月以后。而乾元二年的七月以后，杜甫正好离开了华州。这，也许是时间的巧合，但事实却是杜甫在当时“罢官”了。

杜甫在华州的顶头上司张惟一

杜甫在华州任上曾有两个顶头上司：郭使君和张惟一。

初到华州任上的上司是郭使君。杜甫所写《为华州郭使君进灭残寇形势图状》里的郭使君是谁，无从查考。《为华州郭使君进灭残寇形势图状》，是上奏朝廷的一个建议。这个建议，显然是杜甫拟就，却要以郭使君的名分上呈皇帝。郭使君驱役杜甫苦身文案，要么是郭使君奴役下属奴役惯了，要么是郭使君人懒成性，要么是郭使君肚里的墨水没有多少，总而言之，他需要做的事，却让杜甫做了。杜甫代上司做事，除上司无能之外，还有一个可能便是当时杜甫与这位上司的关系处理得还不错。至于郭使君以后的去向，无从考究。

乾元二年“关辅饥”，饥的原因是旱灾。

杜甫在《夏日叹》里有诗句描写旱灾情况：“上苍久无雷，无乃号令乖。雨降不濡物，良田起黄埃。飞鸟苦热死，池鱼固其泥。万人尚流冗，举目惟蒿莱。”

当时大旱，史上有所记录。《旧唐书·本纪》里载，在乾元二年四月“癸亥（二十七日），以久旱徙市，雩祈雨”，久旱惊动了皇帝。

当时华州大旱，在一般的史料上没有记载。《全唐文》中有一篇《金天王庙祈雨记》小文，现录如下：

> 大唐中兴，克复两京后，后乾元元年，自十月不雨，至于明年春。朝散大夫使持节华州诸军事检校华州刺史平原郡开国公赐紫金鱼袋张惟一，与华阴县令刘□（阙一字）丞岣丞员外郎置同正员李缓、主簿郑镇、尉王禁、尉高佩、尉崔季阳，于西狱金天王庙祈请。初发言云兴，倏登车雨降，盖精意所感，致明神应期。庶以颍川之能，不惭方伯之事。时二月十日题纪。

这篇祈雨记的作者为张惟一。《全唐文》称："（张）惟一，天宝朝官侍御史知杂事，历户部郎中，乾元二年出为华州刺史，封平原郡开国公。"可见，杜甫华州当司功参军时，在乾元二年二月，他的顶头上司，又换成了张惟一刺史。按理说，司功参军一职，有负责祭祀的职责。华州将近十个月大旱，求雨祭祀，理当有杜甫参加。这篇祈雨记里，除刺史张惟一外，还有其他一干人马，唯独没有杜甫。杜甫到哪儿去了呢？当时，他去了洛阳。

再有一点，不能不说杜甫面对的考课在具体实施过程中的一些人为因素。

可以说，唐代的考课制度，是经过精心设计而成的，在考绩评定方面，有其理性与客观的地方。考课，对于当时的官员来说有有利的方面，也有不利的方面。优良的考绩，可以使相应官员升迁、加禄。低劣的考绩，也使得相应的官员被减禄、贬官、除名、免官、免所居官等。同时，随着唐代官员人数的不断扩充，出现了职少官多的现象。在这种状况下，考课制度也随之有所变化。开元十八年（730）唐玄宗为了解决"职少官多"的问题，以宰相裴光庭为吏部尚书，有意进行铨选与考课制度的改革。这次改革，有一个结果：凡是官吏在某一官职任满离职，必须等待一定的时限以后，再集于吏部，参加再任的铨试。也就是说，当这位官员任满离职，持有考牒证明其考绩及官资，他也就成了"待选"或"循资格制"下的官吏。与杜甫同时期的岑参最后官至嘉州刺史，任满（也可称罢官）进入待选的官员序列后，郁郁不乐，郁悒而死。

当然，唐朝的考课制度在实际运作过程中有失真、不公之处。考官与被考官员之间存在着间接或直接的社会关系。那些掌握权力的考官，往往也会因个人成见、人际关系、政治需要等滥用职权。

根据地方官的考课由当地州长官来主考的规定，乾元二年华州刺史张惟一为当年华州的主考官。

按照《全唐文》的说法，张惟一在乾元二年任华州刺史一职。那么，他上任的时间，最晚在乾元二年二月头上。因为他的那篇《金天王庙宇祈雨记》落款时间为"时二月十日题纪"。可见，张惟一在华州最初上任时没有见到杜甫，去华山金天王庙祈雨时亦没有见到主管祭祀工作的杜甫。为此，张惟一记恨杜甫是有可能的事。记恨了，将来有机会就会狠狠报复一番。

张惟一是什么样的人呢？

新旧唐书虽然没有张惟一的列传，但在吕諲传中提到张惟一。《旧唐书·吕諲》如是说："（上元元年七月）先是，张惟一为荆州长史，己（指吕諲）为防御使，陈希昂为司马。希昂，衡州酋帅，家兵千人在部下，自为籓卫。有牟遂金仕至将军，为惟一亲将，与希昂积憾。率兵入惟一衙，索遂金之首，惟一惧，即令斩首与之。"看来，张惟一的仕途并不多么坏。华州祈雨后的第二年（760），他又到荆州做长史。从《旧唐书》中的这段文字看，张惟一是欺软怕硬的人。由此可想，在华州任上，他根据考课的一些法律规定，说杜甫"停务不至""职事废阙"，没有"格勤匪懈"是有可能的。给相对软弱的杜甫 "下中"的考绩，也不是没有可能。

至此，我们可以看出，无论从唐朝当时的考课制度，还是从考课中的人为因素来说，杜甫是在当初的考课中没有过关，得到"下中"的考绩后被"免官"的。

考课没有过关，杜甫深知自己政治仕途终结的大限已到，不可抗拒。他懊悔、失望，精神颓败。当过去唤醒现在，作为深受儒学传统教育，又刚直不阿、不善权术的他，为自己仕途上几次长期外出而深深懊恼过。懊恼之后的他，只有老老实实地面对现实，只有将郁闷掺入考课的结果，留给那时的朝阳与晚霞，留给岁月深处，留给自己记忆深处。多年以后，哪怕是再回首往事，他都不愿触摸这记忆之痛。

那个炎热的夏天，华州府里，杜甫的郁悒、伤痛与考课相关。

郁闷，对政治家来说是一根无形的锁链。

郁闷，对诗人来说是一种无形的扼杀。

在当时，杜甫没有摆脱郁闷对诗人扼杀的套路。从洛阳回到华州，再从华州到秦州，在这长达半年多的时间，他仅仅给后人留下了《夏日叹》《夏夜叹》《立秋后题》三首诗作。这，不能不说是一种遗憾。

三、因人作远游：他顺从于崇高的追寻

杜甫被免官后的选择

被免了官的杜甫到秦州，属于一种无奈的选择。但这种无奈选择的结果，一是让他的生活在一段时间内处于困窘状态，二是给中国诗歌宝库增添了无与伦比的光辉诗

篇，也最终成就了杜甫，使他成为中国最优秀的诗人之一。

也许，包括秦州在内的陇右冥冥之中有其一种天然的引力，也许这块大地之上冥冥游荡着无数诗性的幽灵，只需要一个智者的灵魂将这些幽灵集聚、统帅，并点化成既能惊天地泣鬼神，又能深入人间骨髓的诗魂，最后呈现在这块大地之上，呈现在所有智者、善者的情感世界。杜甫就是这样一位肩负使命的智者。

像所有肩负使命的使者，必要经历苦痛与磨难一样，杜甫在完成其使命的过程中，也经受了种种磨难，包括期望与失望之间的撕扯与打击。

杜甫“考课”没有过关，得到“免官”的处分。按照当时律令制度，自然就停止了俸禄供给。

杜甫是一位孝悌有余，仁爱有加的人。在朝做官，他忘不了家小，多次奔赴家中，看望乱世之中的爱妻杨氏与儿女。在华州任官，他力所能及，把家又带到了华州。在华州失去官职，也就失去了朝廷俸禄，全家老小七八口人的生活没了保障，杜甫心里郁闷。

杜甫出生在河南巩县瑶湾村，四岁的时候寄养于洛阳姑母家，六岁又寄居河南郾师，以后又多年在洛阳居住。华州被停职后，清高的他显然不能继续在华州待下去了。他及家人的出路大体上有三个选择，一是回洛阳他的第二故乡，二是到河南偃师，三是再居长安等待仕途变化。

洛阳建春门仁风里，是杜甫二姑母居住的地方。杜甫自幼丧母，小时候曾寄居到姑母家里。有一年，杜甫与二姑母的儿子同时患病，有一女巫言，卧房柱东南隅者吉利。于是二姑母把本来睡在东南的儿子与杜甫调换了过来，让杜甫睡在东南的位置。结果，事有凑巧，杜甫病愈，而二姑母的儿子却死去了。杜甫对二姑母一直感恩不忘，可天宝元年（742），二姑母就已辞世。当然，洛阳还有他的一些亲朋好友，可洛阳一带，仍然战火纷飞，百姓遭殃，他不能再度回到洛阳。

河南偃师陆浑庄，是杜氏家族的故园所在。但杜甫的父亲杜闲，出门做官，一直在外，大概在天宝十四载的时候已经去世。陆浑庄所留下的弟弟杜观，当时也许已经投奔在山东临邑县任主簿的哥哥杜颖去了。杜氏故园，杜家人也许并不多了。再说，“安史之乱”尚未平息，战火殃及偃师也是不可能不发生的事。

回首长安，这让杜甫曾经激动、张狂、困厄、落魄的都城，现在，又给他艰难的选择：是亲近还是疏远？

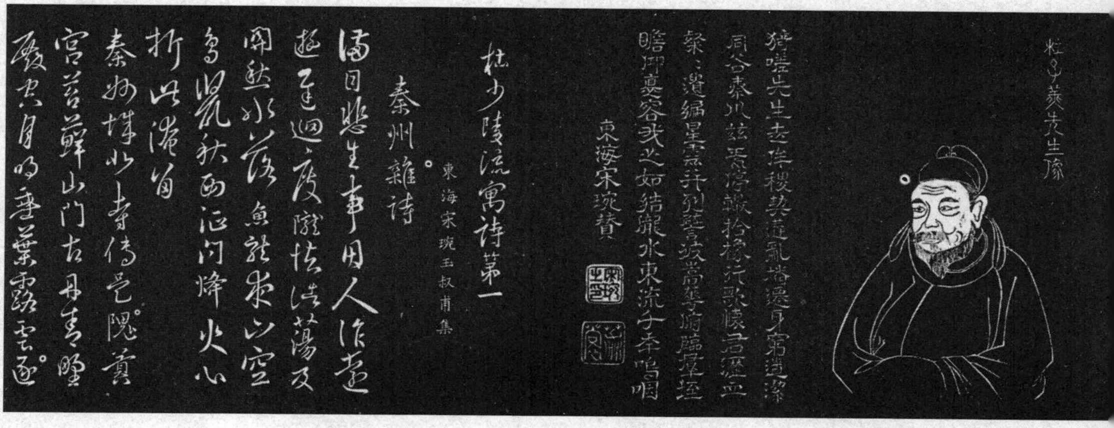

| 清·宋琬集“二王书”杜甫诗

长安，有过他太多的梦想与苦难，有过他太多的辉煌与酸楚。作为一个没有政治手腕却极力追求政治仕途、忧国忧民的儒生来说，杜甫回望长安，两眼迷茫。政治仕途几乎耗尽了他的精力，但他仍然心存余念。这种复杂的矛盾心理状态，让杜甫处在一种悲哀里。是退还是隐，是调整心态，准备再度走上比蜀道还要艰难百倍的仕途，还是从此远离长安，远离政治仕途呢？杜甫一筹莫展。

日月不相饶，节序昨夜隔。
玄蝉无停号，秋燕已如客。
平生独往愿，惆怅年半百。
罢官亦由人，何事拘形役。
——《立秋后题》

这是在天地之间，在人世之间弥漫着淡淡哀愁的一首诗。

茫茫宇宙，日月运转。如梭岁月不曾理睬人间之事，昨夜已过了立秋时节。夏日里那些苦热、烦躁连同自己劳神奔忙的仕途，也在秋天到来的时候偃旗息鼓。秋高气爽之时，人近半百，一切该清明、透彻、安逸了，但是为什么那些蝉儿、燕儿还要来打扰。是它们不知，还是自己在时序的变化中，有诸多的忧愁呢。想自己这辈子，特别是成年以后，生性就好游历，在游历与怅然间年岁已近五十。现在，因为朝廷，因为社会动荡的秩序，更因为自己这种平生无拘无束、生性耿直的性格，华州司功参军的仕途也就要终止了。终止，就终止了，有什么事情能够束缚自己平生的秉性呢？

浩瀚宇宙、时序变化，自然虫鸟，人生如寄。宇宙、自然、生性、年岁、仕途、行役，多种意象交替更迭。深究、宣泄、嘲讽，复杂多变的心理矛盾交织在一起。

从诗的意象走出来，杜甫知道，不当华州司功参军，就意味着离开华州。那么，离开华州，洛阳、陆浑庄都去不成，又能去哪儿呢？

也许，这时杜甫的夫人杨氏起了关键作用。杜甫30岁时才与书农少卿怡19岁的女儿杨氏结婚。婚后，杜甫给予杨氏的，是孤独与艰难，杨氏给予杜甫的是理解与支持。从杜甫《客夜》诗“老妻书数纸，应悉未归情”的诗句看，杨氏是一个识文断字、知情达理之人。杨氏的理解与支持，使杜甫对杨氏感恩不尽。在杜甫一生的诗歌里，涉及杨氏及子女的诗句不少。特别是《述怀》诗之“自寄一封书，今已十月后。反畏消息来，寸心亦何有。汉运初中兴，生平老耽酒。沉思欢会处，恐作穷独叟”，由衷地道出了杜甫与杨氏、与家的重要关系。面对贫困、战乱、奔波、疾病以及仕途坎坷等多重艰难，杨氏和杜甫风雨同舟，生死与共。兴许，杨氏给杜甫出了主意：走吧，我们离开华州，向西而去。

我有时候也想，杜甫到秦州来，也可能是接受了朝廷的命令。他毕竟是被免了官的人。在当时的唐朝，免了官的人也要受朝廷的指派，左降到更边远的地方去。杜甫是不是被左降到了秦州或者要被流放到秦州以西更遥远的地方呢？但愿这些属于不着边际的臆想。

召唤杜甫到陇右的人

事实上，陇右秦州确有召唤杜甫的人。

“满目悲生事，因人作远游”，《秦州杂诗》其二里的“因人”二字，蕴含丰富，是杜甫无奈选择秦州的依据。

宋朝蔡梦弼《草堂诗笺》里，对有关“因人作远游”的会笺是这样的：

> 因论房琯有此游也。

清浦起龙在《读杜心解》解读《示侄佐》时说：

> 此拟卜居东柯谷时所示。观此及后三首（指《佐还山后寄三首》），知予

“生事”“因人”之解，即指侄佐，非无据也。

清张溍在《读书堂杜工部诗集注解》云：

因人二字或征途相伴，或地主相依，皆是写尽乱世旅人情景。

依我看，“因人”，是“因”两个层面上的“人”。

第一层面，即主体主人的人。这包括杜甫及夫人杨氏。杜甫觉得，之所以要“作远游”责任在己，而离开华州，远离仕途，作为普通人的规劝之人是夫人杨氏。

第二层面，即客体他人。这里说得世俗一点他人指华州刺史张惟一。说得现实一点他人指杜甫的侄儿杜佐，以及隐隐出现的郭英乂、韦十六。

当年考课时，作为刺史的张惟一，有着生杀大权。他与杜甫的关系，前边已有涉及，在此不必再说。

稍说杜佐。

天宝四载（745）春，诗人岑参作《送杜佐下弟归陆浑别业》一诗：

正月今欲半，陆浑花未开。
出关见青草，春色正东来。
夫子且归去，明时方爱才。
还须及秋赋，莫即隐蒿莱。

从岑参诗里大体可以看出，杜佐是个读书之人，且对隐逸有着自己深刻的理解与痴迷。而这种深刻的理解与痴迷不为族叔杜甫所了解。杜甫对杜佐较多的了解，很可能在天宝四载前。杜佐住陆浑庄，杜甫也曾住在陆浑庄，两人互相往来，有些了解。至于以后，可能因为“安史之乱”，再加上有归隐思想，杜佐就在秦州过起半耕半隐的生活。半耕半隐时，杜佐也许与杜氏家族的人有书信往来。这样杜甫就知道，杜佐住在秦州物产丰富、世外桃源般的东柯谷。

于是，在华州迷途难卜的时候，兴许是杜夫人杨氏提醒，杜甫一时想到远在长安以西的秦州，还有个年少时就勤奋好学、孝悌忠信、且生活过得不错的侄儿。他们才权衡左右，最终不得不投奔秦州。杜甫到了秦州以后，如何和侄儿来往，这是后话。《旧唐书》有“杜佐终大理正”的记载，但此“杜佐”是不是彼“杜佐”，亦是后话。

次说另一个人郭英乂。

郭英乂为郭知运的儿子。郭知运曾任鄯州都督、陇右诸军节度大使，开元九年，卒于西陲军中。唐肃宗灵武即位，旋即收罗将士展开一系列平叛部署。同时，为了解决西部边境后患，在至德二载八月将郭知运的儿子郭英乂以出自将门之名，任命为陇右节度使兼任御史中丞、太仆卿之职。郭英乂可谓重任在身。

当时，唐肃宗身边汇聚了一些精忠爱国的人士，杜甫列为其一。物以类聚，人以群分。这些人士因为政治抱负以及天下形势所迫，汇聚一起谈论救国救民大事。杜甫自然也就和郭英乂成了道义之交。至德二年八月，当朝廷给郭英乂赋予重任，郭英乂即将赴任时，杜甫有诗相送。

诏发山西将，秋屯陇右兵。
凄凉余部曲，燀赫旧家声。
雕鹗乘时去，骅骝顾主鸣。
艰难须上策，容易即前程。
斜日当轩盖，高风卷旆旌。
悲松天水冷，沙乱雪山清。
和虏犹怀惠，防边讵敢惊。
古来于异域，镇静示专征。
……
圭窦三千士，云梯七十城。
耻非齐说客，只似鲁诸生。
通籍微班忝，周行独坐荣。
随肩趋漏刻，短发寄簪缨。
径欲依刘表，还疑厌祢衡。
渐衰那此别，忍泪独含情。

——《奉送郭中丞兼太仆卿充陇右节度使三十韵》节选

这首诗既显示了杜甫在时局、军事、边防等方面忧国爱国的才能，又很明确地表述了杜甫与郭英乂“忍泪独含情”的家国友情。

杜甫在离开华州时，也许想到了与郭英乂的家国友情，最后才横下心启程。

唐朝时，全国行政区域曾为分十道。西北为陇右道，辖地极广。唐史所谓“自(长安) 安远门西尽唐境万二千里”，指的大抵都是陇右道之地。陇右道治地在鄯州。鄯州在今青海乐都，而陇右军政重心则在今甘肃省区域内。陇右与京都所在的关中接壤，唇齿相依，实为辅卫首都的肘腋，是唐王朝维护版图统一、稳定政局的要害之地。陇右的安危，对唐王朝的盛衰兴亡具有举足轻重的影响。“安史之乱”后，按当时的形势，虽然陇右道节度驻地在鄯州，但唐朝已将西陲防御的重心东移。郭英乂在当时驻守秦州一带也极有可能。

杜甫抉择秦州，说不定在秦州会遇到郭英乂。若遇到，事情就会有许多可能。

遗憾的是，当郭英乂赴秦州上任后，唐肃宗意识到“安史之乱”使得当时中央与地方权力分配格局陡然变化，中央难以集中或难以指挥。于是下令在全国藩道内设立观察处置使。观察处置使集军事、财政、行政权于一身。郭英乂在这种大的变革中，是否充任陇右道观察处置使，是否离开陇右并不确定。即便没有离开，但由于当时边事吃紧，郭英乂在忙碌的戍边之中，并没有见到在秦州的杜甫。

杜甫在《秦州杂诗》其三有“州图领同谷”之句。可见，杜甫知道当时的同谷隶属秦州管辖。而在离开华州时，他也可能想到在同谷充任防御判官的韦十六。

杜甫诗中的韦十六，可能在家排行十六。他的具体名字目前尚未确定。陈冠明、孙愫婷在《杜甫亲眷交游行年考》一书中说“韦评事，排行第十六，名未详”。高天佑先生在《杜甫陇蜀纪行诗注析》一书中，将韦十六的名字定为“韦充”。他说“韦十六：人名，即韦充，其排行为十六”。我想，高先生之所以将韦十六的名字定为“韦充”，可能是由杜甫的《送韦十六评事充同谷判官》诗名中有“充”字而来。其实，这里的“充”只当“充任、担当”讲，与《奉送郭中丞兼太仆卿充陇右节度使三十韵》中的“充”相同。

至德二载，唐肃宗在调配各地防务官吏的时候，将韦十六调遣到“郡当贼冲者”的同谷当防御判官，以掌管文书事务，佐理政事。韦十六到同谷时，杜甫又作诗相送，其中有以下句：

昔没贼中时，潜与子同游。

今归行在所，王事有去留。

……

伤哉文儒士，愤激驰林丘。

中原正格斗，后会何缘由。

百年赋命定，岂料沉与浮。

且夫恋良友，握手步道周。

论兵远壑静，亦可纵冥搜。

题诗得秀句，札翰时相投。

——《送韦十六评事充同谷判官》节选

看来，韦十六与杜甫的交情比前面提到的郭英乂还要亲密一些。最起码在动乱时期，他与韦十六同甘共苦，曾一同奔赴、云集在肃宗所在的凤翔。韦十六要去属于“咽喉”之地的同谷担任重任，杜甫当时有太多的感触。

杜甫的《送韦十六评事充同谷判官》写得可谓情景交融，叙述、议论、抒情，真切感人。特别是最后，将一个儒士在战争中激昂慷慨、悲痛伤感、倜傥多情、纯真儒雅的风貌全盘托出。杜甫还在诗中相约，但愿在以后，还有好的诗作寄去，以得知信息，同歌和唱。

杜甫兴许在华州翻看他的旧作时，看到了这一首诗。于是，他慨然长叹：终于和韦十六有相会的日期了。百年赋命，很遗憾，韦十六并没有给他带来好运。

历史就这样无情。在平时没有什么大事，人们相互往来的时候，它总是那么宽容、善良。当现实即将板起面孔，表现出严峻的时候，它又最先板起面孔，最先表现出严峻来。

杜甫当初给郭英乂、韦十六写诗的行为，是对对方信任、钟情的表现。而对方对杜甫来说，只是一种遥远的记忆而已。这种记忆或许本身不会产生行为上的某种承诺。

总之，杜佐，郭英乂，韦十六，这三位与杜甫有牵连的人，因为种种原因，将杜甫呼唤到了秦州，却又因时间的变化、时局的变化、人生的变化而给了杜甫事与愿违的遗憾。

第二章

陇右图径——州图领同谷

一、浩荡及关愁：诗歌被疲惫强迫止息

前往陇右时的惆怅之路（上）

乾元二年（759）七月，陇右秦州隔着陇山，眼巴巴地看着杜甫一行朝她而来。

杜甫最终决定西行秦州以后，用当官时积攒的一些银钱，购置了一辆马车，载了他的书籍、诗稿、必备的一些家当，携夫人杨氏、小弟杜占、儿子宗文、宗武，两个女儿，一个家仆，一行八人，出华州城，一路慢慢腾腾朝秦州驶来。

宋代林亦之曾说“杜甫诗卷是图经”。事实上，自长安十年以后，杜甫但凡出门，基本上都有不少的杰作，而偏偏从华州到秦州却是一个例外。

华州距离长安180里，长安距秦州780里。华州到秦州将近有一千里的路程。从七月初九（台湾师范学院教授李辰冬先生在《杜甫作品系年》中考证）离开华州，杜甫他们至少得用半个月的时间才能走到秦州。

因为被免了官，因为是不情愿地被免了官，因为是要远离他曾跻身的统治阶层，远离他的政治理想，远离他曾悲愁又如意的长安，杜甫这一路的心情不好，情绪也十分低落。

“用舍由时，行藏在我”。杜甫一行路过长安，车未停，人未歇。马却有嘶鸣，人更有伤痛。长安道上，杜甫的伤痛至今犹在。

车到马嵬驿，马该加料，人要歇息。当年，唐玄宗就是在此割舍了他的宠爱，也割舍了他的政治历史。杜甫也许在这里停了下来，像他曾经有过的哀叹一样哀叹了一番。不过这次哀叹没有变成诗句。

车过凤翔府，这儿曾是唐肃宗“行在”所在。杜甫曾从沦陷的长安逃出，“麻鞋见天子，衣袖露两肘”，而拜受左拾遗，实现了做近臣的愿望，让他的政治仕途达到辉煌的顶峰。那次投奔凤翔，对杜甫来说是一次历史性的转折。而这一次又路过凤翔，情况却恰恰相反。这次凤翔见证的是杜甫政治上的失意与破落，见证的是如同当年孔子周游列国时一样失落的杜甫。凤翔也许忽视了这位被后世列入世界文化名人的诗人，可杜甫一定深深地依恋着这个地方。他也许在这儿住了一夜，把无限惆怅遗放在了客栈，遗放在了黑咕隆咚的凤翔的长夜。也许，他路过这儿时，让马儿放缓了步伐，让回忆停留在了过去而已。他有太多的感叹，可感叹却没有裂变成诗句。

关山古道（赵建平摄）

秦州与长安，隔着绵延的陇山。

陇山亦曰陇坻，绵延于陕西的宝鸡、陇县，甘肃的张家川、清水县等县，为六盘山的支脉。在唐朝，从长安往西抵秦州，主要通道是从长安沿渭水西行，经今天陕西的武功、岐山、凤翔、陇县，翻越陇山，经甘肃的张家川、清水境地到秦州。这条道，也称陇坻道。陇坻道开辟较早。三国后，陇坻道因战事而逐渐成为关中至陇右的主要通道。诗人岑参曾两次出塞，往返沿陇坻而行。《三秦记》载：“陇坻九回，不知高几里，欲上者七日乃得越”，杜甫一行老小八口，翻越陇山，艰难可见。然而，对于诗人来说，翻越陇山，肯定会有诸多感触，但杜甫仅仅在他诗歌的辉煌图卷里为此只留下了一首诗。

满目悲生事，因人作远游。
迟回度陇怯，浩荡及关愁。
水落鱼龙夜，山空鸟鼠秋。
西征问烽火，心折此淹留。
——《秦州杂诗》其一

香港中文大学教授、史学名家、台湾中央研究院院士严耕望先生在《唐代交通图考》中说：“陇即陇阪，在陇州西境。鱼龙川即汧水，发源陇坻而为陇州所濒。鸟鼠山在渭州西，大道经其北麓……杜翁西行亦取道陇州。度陇阪至秦州。本欲再西行经鸟鼠山，但烽火不宁，故心折而淹留秦州耳。”历史学者此说，也可一存。

西行秦州，“迟回度陇怯”里的“迟回”与“怯”，“浩荡及关愁”里的“浩荡”与“愁”，寓涵万千，道出了杜甫面对陇山、面对西部秦州理不清的万端思绪。

杜甫被免官后，对西行秦州本来是迟疑徘徊、犹豫不决的。西行不知是福是祸，他没有把握。因此，当他行至陇西的大震关时，不禁迟疑徘徊、愁肠九回。

大震关，在陇州西六十里处，后称故关（约今固关）。大震关为汉时旧关，周武帝时又复置此关。地居陇山重冈，为陇山东西交通之要道。旧时记载，此关隘外仅为二百余步，为唐朝时六个上关之一。该关置使，其使大体上由秦州刺史兼任。如此，郭英乂为大震关使。《资治通鉴》载“安禄山遣其将高嵩以敕书、缯彩诱河、陇将士，大震关使郭英乂擒斩之”可为证。

诗人岑参曾有《初过陇山途中呈宇文判官》诗：

一驿过一驿，驿骑如星流。平明发咸阳，暮及陇山头。陇水不可听，呜咽令人愁。沙尘扑马汗，雾露凝貂裘。西来谁家子，自道新封侯。前月发安西，路上无停留。都护犹未到，来时在西州。十日过沙碛，终朝风不休。马走碎石中，四蹄皆血流。万里奉王事，一身无所求。也知塞垣苦，岂为妻子谋。山口月欲出，先照关城楼。溪流与松风，静夜相飕飗。别家赖归梦，山塞多离忧。

与子且携手，不愁前路修。

诗中对大震关的描述，至为清楚。同时，诗中透露了亦有自安西而来的“西来”者，在此歇足。可见大震关亦有驿站。

王维当年赴张掖时，路过大震关，亦作《陇头吟》：

长安少年游侠客，夜上戍楼看太白。陇头明月迥临关，陇上行人夜吹笛。关西老将不胜愁，驻马听之双泪流。身经大小百余战，麾下偏裨万户侯。苏武才为典属国，节旄落尽海西头。

杜甫一行，在大震关歇息是肯定无疑的事。当然，由于杜甫和王维、岑参在大震关的心境不同，对大震关的认识也就不同。杜甫基本上没有写这个历史上比较有名的关，只是提到此关而已。当年，杜甫、岑参、高适他们同登大雁塔时，可是铆足了劲比着写诗。而现在，杜甫懒得写诗。这里排除诗作遗失的原因外，杜甫为什么没有专门写大震关的诗，有一个理由便是，当时他的心情并不好。

杜甫诗中的鱼龙夜，指鱼龙川。《水经注》说：“汧水出汧县西山，其水东北流，历涧注以成渊，潭深不可测，出五色鱼，俗以为龙莫敢采捕，因为鱼龙水，亦通谓之鱼龙川。”在这么美好的传说面前，杜甫此时可真谓是惜墨如金，舍不得再写一句。

同样是旅途，从华州到秦州的旅途，与从秦州到同谷、同谷到成都的旅途相比却大相径庭。后者杜甫“一重一掩吾肺腑，山鸟山花吾友于”，写了二十四首纪行诗。而从华州到秦州，杜甫显然对沿途山水没有兴趣，也就没有更多的诗作留与后人。

大震关也好，鱼龙川也好，此时在杜甫眼里，只是秋日凄凉，水落山空啊。

翻越陇山，杜甫一行到了清水地界。清水，是秦始皇先祖养马之地，亦有汉朝一代名将赵充国之故里之陵园。熟知史籍，知晓地理的杜甫，不可能不知这些。然而，当时的杜甫却还是没有停留，没有诗句传世。

从华州到秦州的漫漫路途上，杜甫没有写多少诗的原因，追究起来，除杜甫郁闷以外，时局动荡又影响了他的心境。

前往陇右时的惆怅之路（下）

乾元以降，京都以东，“安史之乱”尚未平息，战火纷飞。而京都以西，吐蕃又乘机骚扰，日蹴边城，掳掠伤杀。秦州是否在吐蕃的威胁之下呢？

那时，凡为要道，相距三四十里便会有烽火报信。据《唐六典》记载：“凡烽候所置，大率相去三十里，其放烽有一炬、二炬、三炬、四炬者，随贼多少而差焉。近畿封二百七十所。按唐镇戍，每日初夜放烟一炬，谓之平安火。”

“西征问烽火”，西行路上，杜甫遥看那初夜燃放起的烽火，极力分辨冉冉上升的是平安之火呢，还是战事之火？杜甫心里实在恐慌。他慌的是，一旦是战火的信息，那一家老少，身家性命将如何保证。他惧的是，现在京都以西的一些官军都被调遣到京都以东去讨伐叛军了，而一旦西边吐蕃乘虚而入，西边的一些州城又要沦陷。

两年前的至德二载，杜甫在“安史之乱”中北征前往羌村，“怵惕久未出”，于动乱中“苍茫问家室”“道途犹恍惚”，惶恐的是家室是百姓是“煌煌太宗业”。现在“西征”，杜甫又眼望烽燧，心问烽火。前途边塞平安与否，烽燧烟火是多是少，担惊受怕，慌恐难安。世事艰难，民生凋敝，“西征问烽火，心折此淹留”，杜甫为他的秦州之行定下了意浮于辞，情弥于意的基调。

《秦州杂诗》其一是杜甫从华州至秦州漫漫路途的上唯一一首诗。

整个西行之路，杜甫除了担惊受怕以外，很可能老是郁闷地缩在马车内，任马车颠簸。这一路，他思前想后，过滤着自己这些年来一幕又一幕的经历而踽踽前行。

德国人莫芝宜佳论说杜甫时曾说过：“他是一位伟大的艺术语言家，他‘挣扎’在使人如此着迷的风格中，这风格又使他的读者感受到高雅。再者，他的自我表现如此丰富多彩，才导致了各种不同的人物愿意以他自比。没有一个中国诗人像杜甫那样从各个方面表现过自己：他是金眼银爪的鹰，他是潜在人类‘精神海洋’最深处的巨鲸，他是孔子和庄子，是长蛇和巨龙，但也是饥饿的灰雁，是被蛀空了的老树，是酒徒，是给人类带来喜悦的人，是昆虫和星斗。”

如果诚如莫芝宜佳所说，杜甫还是一只“昆虫”的话，从华州往西的杜甫，正是一只人类的“萤火虫”。他将以自己的微小带给人类精神的阔大，他将以自己的艰难带给人类奋斗中的不屈，他将以自己的荧光带给人类行进中许多思考与光亮。

多少年以后，杜甫在巫山秋夜中见到萤火时，也再一次为我们阐述了作为人间

“萤火”的光明而复杂的感受。

巫山秋夜萤火飞，疏帘巧入坐人衣。
忽惊屋里琴书冷，复乱檐前星宿稀。
却绕井栏添个个，偶经花蕊弄辉辉。
沧江白发愁看汝，来岁如今归未归。
——《见萤火》

应该说，在那些时代，许多的志士仁人和杜甫一样，都以中国最朴素，但蕴涵丰富的“人溺己溺，人饥己饥”的态度来追求仕途，实现自己的抱负。从自我出发，进而关照他人；修自我之本，进而修治社会之本。将人间、社会的困苦，视为自己本身的困苦，并切身根治之。这种大同的、朴素的修身、治世观点，像生生不息的火把，映照着我们精神的和社会的漫漫天空。做官为政，“再光中兴业”是杜甫的最高理想。他始终把从政佐君视为自己的责任和义务。

然而，从本质上说，杜甫是一个彻头彻尾的文人，更是一位先天与后天都绽放着奇光异彩的诗人。用诗人的才情，用诗人的激情来实现他的政治理想完全可以，并能做到极致；但若要以此铺就政治仕途通畅的台阶，显然不是那么容易的。这，也是历来中国文人、中国诗人的困惑所在。现在，这个困惑就落在了失去官职的杜甫身上，让他在前往西来秦州的路上惆怅无比。

岱宗夫如何，齐鲁青未了。
造化钟神秀，阴阳割昏晓。
荡胸生曾云，决眦入归鸟。
会当凌绝顶，一览众山小。
——《望岳》

龙门横野断，驿树出城来。
气色皇居近，金银佛寺开。
往来时屡改，川陆日悠哉。

相阅征途上，生涯尽几回。

——《龙门》

这些是杜甫年轻游历时的作品，从中我们完全可以体会出他把握住旅游时机，对途中景物及其它所见的关注与抒情。亦可以看出他是一个生性不羁、无所不惧的人。虽然说长安十年，他的干谒求仕生涯与他的不羁情怀相互碰撞，所产生的尖锐矛盾也从一定程度上磨砺了他不羁的性格，但同时又从一定程度上激励和放大了他一旦入仕，一旦佐君从政后的责任与义务。

问题是，杜甫活人、做人，活得累、做得累，活得认真，做得认真。虽然这种累、这种认真，带给他的是坦诚，却限制了他宦海生涯的遨游。在官场的大海里，他所会的一丁点儿“狗刨”泳技，只能让他沉入海底。再加之他天生的为人朴讷，倔外而慧中，以及他的自由与不羁，正如他在《寄题江外草堂》里的诗句“我生性放诞，雅欲逃自然”一样，他就更不适应官场生活了，他的政治抱负也就难以实现。

华州罢官，杜甫受到了重要的一击。他极为丰富的内心世界又多了一些政治上抽筋断骨般的磨砺；他锦绣澄明的天地又增添了一抹不愿张望的阴云；他极为敏感的心灵又一次遭受了雷霆般的撞击。如此这般，即便杜甫再生性放诞、雅欲自然，作为现实生活里立志在仕途上有所作为，而又遭受重创的他，在从华州至秦州的漫漫旅途上没有留下更多的诗篇也在情理之中。

那么，杜甫最终到了秦州，是什么唤醒了永远属于他的笔，唤醒了他笔下超越古人的新颖、惊警、完美、独树一帜的诗艺。是什么唤醒了他为陇右山水树碑立传，为陇右风光泼墨写意，创作出那些镂尘吹影的诗歌呢。又是什么让他永不放弃曾经沧海难为水的政治责任、社会良知与善心慈怀呢？

二、闻道寻源使：这块大地永远等着他

在秦州由郁闷转入欣喜的前期生活

国家不幸诗家幸，华州不幸秦州幸。

陇右怀着平静又躁动的心情等候着杜甫，等候着他在这块大地上写下不灭的光辉

历程。

翻越陇山，从地理意义上说是从开阔平坦走向迂回起伏，进入了一种异峰突起、峰回路转、云雾迷蒙的“异域”感的清新地界。

而陇山更宏大的象征对杜甫来说，则更有意义。这就是，陇山之东的长安，属于唐王朝的政治中心。那里的许多地区仍然处于对唐王朝政治、经济秩序带来重创的“安史之乱”之中。陇山之西，虽然忧患重重，但还处于非战时期的相对安宁之中。“遥望秦川，心肝断绝。”当时对于杜甫心肝断绝的，除了战火之下满目疮痍的关中大地之外，就是他曾魂牵梦绕的政治仕途。

自东向西翻越陇山之后，杜甫从社会、国家整体的秩序范畴退出，重新回到个体秩序的重新构建之中。他的心智在陇山之西的土地上萌生出更大的力量，他复杂而真实的心理困惑、矛盾拷问，也就生发在陇右的山山水水、一物一情之中。他的诗人的灵光与“异域”环境碰撞的结果就会更加灿烂、迷人，大有“一佛出世，二佛涅槃”之境地。冯至先生曾说“秦州就用这座山来迎接杜甫，杜甫也以这座山起始他另一个段落的别开生面的新诗”也正是此意。

杜甫翻越陇山，念吾一身，飘然旷野，开始了他的陇右之行。

记录或考究杜甫在陇右的时间、行踪与诗作，是困难的事。但勾勒大致，总有必要。

杜甫在秦州的活动行迹以时间划分，可分为前、中、后三期。前期时间最短，中后期时间较长。前期始于七月底，终于八月中秋时。中期始于中秋之时，终于九月底。后期始于十月初，终于十月底或十一月初。前期为由郁闷转入欣喜期，中期为由欣喜转为失落期，后期是由失落转变为贫苦期。三个时期，杜甫在秦州的游历各有不同，其抒写各有侧重。

由郁闷转入欣喜的前期生活。

这一时期的主要行迹为从陇山入秦州界，过社棠，住秦州，游秦州城内外主要景点。

杜甫在华州当司功参军，官职为八品，多少也算一个正科级干部。一旦华州待不下去，决定要到秦州，总得有些家当有些书籍要整理，总得雇辆马车吧。而要料理这些，得用上四五天的时间。从华州一路到秦州，近一千里路程，再加上要翻越唐僧玄奘当年取经所走的陇坻之道，这一路上需要十天半月的时间。如此算下来，杜甫到秦州，时间也快到七月底了。

翻过陇山，穿峡过沟，杜甫一行到现在的天水市麦积区社棠镇。人困马乏，住宿一夜后，从社棠逆渭河而上，西行一段路程，过了渭河，奔向藉河之滨的上邽城。

天宝元年（742），唐朝在行政管理上重新实行郡县制，把当时统辖有上邽、成纪、伏羌、清水、陇城五县的秦州，改称天水郡。郡治在上邽城。到乾元元年（758），杜甫来秦州的前一年，唐朝又恢复了州县制，天水郡再次改称秦州，州治仍然在上邽城内。确切地表述，杜甫当年所到的地方应该是上邽城。后人之所以将杜甫到上邽城说成秦州城，是因上邽作为县名后来不再沿用，而秦州的名气越来越大的缘故。好大喜功、好高骛远，历来为世人所捧。杜甫离开秦州 90 年后，秦州州治上邽城因备受劫掠，民生凋敝，垣城废圮，一时复兴无望，州治迁移至成纪县治的敬亲川（今秦安县中部显亲川）。130 多年后，秦州州治才南迁回了旧上邽城（今天水市市区）。历史之城，百年更变，岁月烟尘里能镌刻下杜甫的踪迹、诗篇、遗魂，实属万幸。

杜甫初到秦州城，因为没有什么亲戚，族侄杜佐也不在秦州城住，只能在秦州城内寻找一家客栈暂时住下来。杜甫拖家带口选择到秦州，身上也有一定的银两盘缠垫底。再加上初到异域，独特的风光给初来乍到的杜甫许多新奇。作为游客，他先在秦州城内城外游转是很自然的事。

这时期，重要的游历为：秦州城北隗嚣宫，秦州城南南郭寺，秦州之西赤谷亭，秦州之东东楼门等。

重要的怀想为：舍弟、李白、郑虔、杜佐等。

重要的忧郁为：鼓角边郡、孤城临关等。

重要的一件事情为：给族侄杜佐写信告知自己到了秦州，下榻在秦州城某某客栈。

这一时期的诗歌分别是：《秦州杂诗》其一至其十二，《天河》《雨晴》《即事》《留花门》《赤谷西崦人家》《东楼》《有怀台州郑十八司户》《梦李白二首》、《寄岳州贾司马六丈巴州严八使君两阁老五十韵》等诗。

从他这一时期所作的诗来看，杜甫很快从华州的阴影及路途上的郁闷中走了出来。究其原因，一是杜甫经过沿途的思考，很可能认识到自己仕途不顺，也确实怪自己。怪自己的无拘无束，怪自己不能处理好人际关系，怪自己常常出门旅游。而这次华州一别，也许与仕途做了彻底了断。既然如此，那么他就要彻底断掉仕途念想。不再考虑其他一切，只走好眼下的路，过好眼下的日子。二是处于中原文明边缘地带的边塞秦州，山簇孤城，羌汉杂居。其独特地域的物质文化、民风习俗、山水风光，让杜甫感慨。从华州一路走来时的郁闷也随之烟消云散，取而代之的是新鲜、欣喜。他在《寄岳州贾司马六丈巴州严八使君两阁老五十韵》诗中基本上肯定了自己的秦州之旅，这就是“去去才难得，苍苍理又玄。古人称逝矣，吾道卜终焉。”

在秦州由欣喜转为失落的中期生活

杜甫在秦州由欣喜转为失落的时间短，但过程比较缓慢。

这时候，杜甫的族侄杜佐接到杜甫的来信，从东柯谷赶来看望杜甫。落难族亲，客栈相见，愉悦而又凄惶。

东柯谷对于杜甫来说，是源头上的一个地域概念：秦州因东柯谷而起，东柯谷因杜佐而起。

杜甫到秦州“因人作远游”，因的人之一是杜佐。可杜甫为什么一到秦州后不立即去东柯谷投奔杜佐?

显然，杜甫刚到秦州，一是对东柯谷的地理位置不太了解，二是对秦州城的情况有必要进行了解。杜甫是一个不善于经营生计，却善解人意的人。他拖家带口七八个人，一下子到东柯谷去投奔杜佐，在不了解杜佐家境如何的情况下，自然不会贸然行动。再说，杜甫一到秦州就被秦州异于关中大地的山水风物、人情风俗所吸引，他游历创作的兴趣被重新点燃。另外，他所积攒的银钱还足以住客栈并维持生活。这样，杜甫到了秦州，也就不急于去东柯谷找杜佐，不急于到不熟悉的东柯谷去卜宅定居。但有可能是，杜甫到秦州后不久便写信给杜佐。杜佐接到信后到秦州城的客栈来看望杜甫。叔侄相见，嘘寒问暖，各述情怀。之后的一二天内，杜甫就跟着杜佐前往东柯谷。

这是八月中旬以后的事。

东柯谷在杜甫的后半生是一个重要的地理概念。杜甫因为地理意义上的东柯谷而到秦州，而有秦州之遭际，有诗之重大转变。

东柯谷于秦州在一定的程度上起着原始溯源与引申发微的作用。1986 年，甘肃天水党川放马滩发现秦汉墓葬群，其中一处秦墓出土的木板地图中，标明了战国后期秦在陇右的建置政区。图中用方框圈围的地名，标记“邽丘”二字的外边所加方框稍大，为当时邽县治地。据潘守正先生所考“东柯谷设上邽县治，约始于西汉景帝刘启在位时期（前157年至141年）。又按《水经注》中北魏时上邽县治在今秦州区市区的史实，当为北魏统治秦州后已迁往新治地。期间，历经西汉、东汉、三国和两晋，或为设治东柯谷时期”（《天水地方史略记》）。可见东柯谷的历史地位在某一些时期还尤为重要。

从秦州城到东柯谷有两条路线可以到达。一条从秦州东行四十多里路，经马跑泉、什字坪，顺颖川河东南逆行到屈家坪附近，翻山下沟，行三五里便到。这条路线大约七十里，要翻越一座不大不小的山。另一条是经马跑泉继续东行十里路，过潘集寨，到石嘴子东柯河与渭河的交汇处，逆东柯河而行十余里就到东柯谷。这条路线相对平坦，路程不足七十里路。杜佐带着他的族叔，无疑走经石嘴子这条路线。

东柯谷之街亭古镇

杜甫随族侄杜佐一大清早从秦州城出发，到马跑泉稍事休息，下午赶到石嘴子，沿东柯河逆行，不到傍晚时分就到了杜佐所住的东柯谷。

东柯河谷，两山逶迤，田连阡陌，秋花映水，是幻想，也是现实。杜甫通过《秦州杂诗》其十三亦梦亦幻亦真亦切的语言组合，给后人留下了他的东柯谷之旅。

东柯谷之旅大体有三部分，包括在东柯谷住，在附近游览，在麦积山和西枝村与赞公交往，前后大约超过十天时间。

杜甫在东柯谷结识了阮隐居阮昉，与他谈古论今，追忆阮籍、庞德公的风貌，抒发现世的感慨。他们还到东柯谷附近的神龙山一带游玩。东柯谷及附近的山山水水，让杜甫迷恋。“采药吾将老，儿童未遗闻”，是当时他真实的想法，而“足明箕颖客，荣贵如粪土”是他当时真切的心声。

陈留风俗衰，人物世不数。
塞上得阮生，迥继先父祖。
贫知静者性，白益毛发古。
车马入邻家，蓬蒿翳环堵。
清诗近道要，识子用心苦。
寻我草径微，褰裳踏寒雨。
更议居远村，避喧甘猛虎。
足明箕颍客，荣贵如粪土。

——《贻阮隐居》

空山足音，杜甫在东柯谷何以看重清贫隐居的阮昉？有多方面的原因。看重其诗是次，看重“车马入邻家”“贫知静者性”才是首要的。再者，阮昉为晋代阮籍之后裔。虽然阮昉与阮籍隔了好多代，但阮籍之遗风在阮昉身上仍然清晰可见，甚至是独异于先祖。而只有在此基础上，阮昉才能在寒雨里撩起衣裳，穿过野草丛生的小路来到杜甫寄居的地方和杜甫叙谈。杜甫也才给以阮昉“迥继先父祖”的较高评价。阮昉还在与杜甫的叙谈中，提议杜甫干脆就居住在他住的柳家河或柳家河附近。杜甫推己及人，由此对世人发出感叹：看来，古代的许由、巢父这些高士逸人，确实能将荣华富贵视为粪土。

名不见虚传的东柯谷，因为有了隐居柴门、心朴貌古的阮昉，因为有了杜甫与阮昉的相互来往、倾心叙谈而显得非同小可、名垂竹帛。千百年之后，我到东柯谷柳家河村去找一位阮姓同学。他家的院落，一派典雅。鹅卵石铺就的小路、花径，翠竹黄花遮掩的墙壁、门庭，曾给我经久不衰的清雅记忆，以至于现在我怀疑那位阮姓同学确有阮氏遗风。最近，我再次去东柯谷柳家河村那曾给我典雅、清静记忆的院落，看到的却是人去房空，残垣破壁。他们阮家人丁兴旺，放弃过去，追求现代的住所，又有何不可？岁月不居，山水长流。人世的一些事，哪有像东柯谷的八股槐树一样苍劲有力地呈现给后人呢。

杜甫在东柯谷听说离此不远的麦积山石窟值得一看，那儿瑞应寺的香火也很旺盛。于是，在一个早晨，他暂时辞别族侄杜佐，抄当地人走的近路，沿东柯河上行三四里路，到街亭镇，又朝南，通过倒悔沟，抵刘家坪、陈家山，就到形似麦垛状的麦积山石窟了。从这条路上走，路途也不过二十多里。

麦积山石窟始建于十六国北魏时期。到隋唐时，有了相当规模。唐开元二十二年(734) 二月，秦州一带发生大地震，麦积山石窟也遭受了严重破坏。杜甫到麦积山时，麦积山石窟及瑞应寺，都还在恢复之时。要恢复修建，自然要有人员，附近小寺院的僧人与季节性临时香客有可能参与修建。杜甫游麦积山，恰好遇到了来麦积山修建寺院的僧人赞公。

历史上，人们研究杜甫在秦州与赞公的相识时语焉不详，或云赞公相邀杜甫，或云杜甫看望赞公。依我之见，杜甫在秦州与赞公相遇，实属偶然。偶然相遇地点，就在山寺，即麦积山。

在麦积山相遇赞公后的当天夜里，杜甫住在麦积山临时让赞公居住的房屋，两人促膝长谈。第二天，赞公继续做他该做的事，杜甫则在石窟附近游转。傍晚，杜甫与赞公沿颖川河而下，出峡口，至元店，到赞公所住的西枝村居住。

赞公为京师大云寺和尚。杜甫在长安，特别是在陷贼之时，赞公给予杜甫极大的安慰与帮助。杜甫有《大云寺赞公房四首》记述他们之间的事。赞公或许因为与房琯他们有牵连而被贬到了秦州，或许还有其他什么原因，从京师大云寺到边塞西枝村的响灵寺。风云际会，世事难料，但毕竟是梗泛萍飘，乱世会合。杜甫与赞公在西枝村响灵寺旁的土室有更加深切的叙谈。

杜甫在赞公土室小住一日后，动了要在这里安家居住的念头。赞公欣喜，热情做向导，在附近寻找向阳的地方。

那天的寻找，没有得到理想的回报。从《西枝村寻置草堂夜宿赞公土室》其二之“晨光稍朦胧，更越西南顶”诗句看，杜甫那天和赞公从西枝土室出发，登上西南方向土室之上的一块土原，再从这土原向西，走约六里多的路程到现今的甘泉镇一带寻找地方。途中在甘泉游览了太平寺，到了傍晚，杜甫和赞公又回到了西枝村土室。

翌日，他俩再次寻找适合安家的地方，但没有结果。

此后，杜甫在西枝村牵挂起了秦州城内的妻小，便辞别赞公，从西枝村朝西，经甘泉、大柳树、吴家崖、马跑泉又回到了秦州城。

至此，杜甫结束了在东柯谷及麦积山、西枝村的行程。这次行程，大概有十五天左右的时间，而在东柯谷的时间最长。

此期间作《秦州杂诗》其十三、十四、十五、十六 4 首，《示侄佐》《贻阮隐居昉》《遣兴五首》(蛰龙三冬卧)、《山寺》《宿赞公房》《西枝村寻置草堂夜宿赞公土室二首》《太平寺泉眼》《所思》等诗。

在秦州由失落转为贫困的后期生活

九月初，杜甫从西枝村回到秦州城。到十月底，近两个月的时间，基本上再没有远离过暂时栖身的秦州城。这主要是因为渐次而来的贫困、多病、天凉多雨等原因，以及对族侄杜佐由最初的赞许、推崇，到后来的失望变化所致。

杜甫从甘泉太平寺回到秦州，见寄居客栈的妻小安然无恙，又动了在秦州城外寻地置屋的念头。置屋的兴趣，不但是他在东柯谷受阮昉、杜佐的影响，在西枝村受赞公的影响，决意居住在秦州，而且也是现实生计的需要。只不过，这时他还有一定的资费在秦州的客栈里暂时居住。他在客栈，也许跟客栈的其他客人或客栈前后的住户们提及过到东柯谷和西枝村寻地置屋的事。有人告诉他，距西枝村不远的龟凤山下，有一个风水尚好、土地肥沃，向阳暖和的地方。从西枝村到那里也就有二十多里路。于是杜甫便写了《寄赞上人》一诗给西枝村的赞公。

这次诗简卜居，没有后文，有多种猜测。

赞公接到杜甫从秦州寄出来的诗简，很可能去了龟凤山一带，为杜甫认真寻找过安家的地方。可兴许因为当时土地权属问题，兴许是当地人不了解赞公及杜甫，对外来客存有拒绝心理。赞公把所寻找的结果写信告知了杜甫，或亲自到秦州城里给杜甫说明了情况，杜甫也不再提及在那里卜居的事。还有可能是，当时的信使，把杜甫的诗简给弄丢了，赞公并未收到杜甫的书信。或者信使把赞公给杜甫的信件弄丢了，杜甫并未得到赞公的音讯。

杜甫从东柯谷到麦积山，没有回到东柯谷。住在东柯谷的杜佐毕竟挂念着他的族叔，等了一些日子不见杜甫的身影，便从东柯谷到秦州城探望。这时的杜甫，在秦州城的日子开始拮据起来。他兴许已从客栈搬出来，到客栈附近租了一间房子住下。族侄杜佐回东柯谷时很可能说了一些回去以后要接济杜甫一家人的话。杜佐回到东柯谷以后，也许把曾经的承诺忘了，也许压根就不再考虑族叔的事。杜甫见杜佐好长时间没什么接济的动作，便以诗人特有的方式向杜佐委婉乞讨。

“旧谙疏懒叔，须汝故相携”（《佐还山后寄三首》其一），“白露黄粱熟，分张素有期。已应春得细，颇觉寄来迟”（《佐还山后寄三首》其二），杜甫向族侄儿的乞讨诗发出以后，好像没有得到响应。千年之前的事，且是千年之前的一件关于普通百姓之间的一些细节，现在难以辨清是是非非。世间人情，冷暖自知。杜甫是一个心慈面软，细心有加的人。族侄杜佐为什么没有给他送来自己所求的黄粱（谷子），没有送来所求的薤白（小蒜），不管有什么主客观的原因，他隐隐感到自己曾经向往的并让自己的灵魂能够歇息的那份情感、那块土地已向他伸出了拒绝之手。

此后，杜甫的生活越来越艰涩、苦焦。为了维护一家人必要的生活，身染疾病的杜甫在身体稍好时，不得不在晴好的日子里干起卖药的营生。好在秦州城外的山野、田埂有许多野生药材，像秋天就可挖掘、采收的柴胡、五味子、野枸杞、黄精等。杜甫将这些药材挖掘、采收回来，在妻子杨氏和儿女们的帮助下，晾晒好以后拿到市面去卖。

那一年的秋天，秦州多雨。杜甫刚到秦州时，就已感受到了“云气接昆仑，泠泠塞雨繁”以及“萧萧古塞冷，漠漠秋云低。黄鹄翅垂雨，苍鹰饥啄泥”的景象。而后来连绵不断的秋雨，给他带来的是出门的不便与营生的萧条，以至“车马何萧索，门前百草长”。

也就是在这期间，因困生病，杜甫身上的一些老毛病又开始复发了。长安十年后期，杜甫身体一直不是太好。华州官场变故，他长途跋涉到秦州，过了一段安稳的生活后，又立即遭到长期贫困和连续风雨的浸洗，身患重病，到了“难招病客魂”的地步。

根据杜甫《进封西岳赋表》中“少小多病，贫穷好学”以及他后来的诗句“疟疠三秋孰可忍，寒热百日相交战。头白眼暗坐有胝，肉黄皮皱命如线”（《病后过王倚饮赠歌》），“峡中一卧病，疟疠终冬春。春后加肺气，此病盖有因”（《寄薛三郎中》），“我多长卿病，肺枯渴太甚”（《同元君春陵行》等来看，杜甫患的主要是现在所说的疟疾、肺心病、糖尿病和风痹病。特别是疟疾病，杜甫在秦州后期所作《寄彭州高三十五使君适虢州岑二十七长史参三十韵》一诗的原注中就有“时患疟病”说明。在这首诗里，诗人所写的病情，从所写的那一天开始，一路走来，走了 1250 多年，仍然让人肝肠欲裂，呜咽不止。

三年犹疟疾，一鬼不销亡。

隔日搜脂髓，增寒抱雪霜。

心微傍鱼鸟，肉瘦怯豺狼。

陇草萧萧白，洮云片片黄。

——《寄彭州高三十五使君适虢州岑二十七长史参三十韵》节选

当“隔日搜脂髓”的疟疾发生，没有好医好药医治时，无奈之下，杜甫也只有相信传说、相信迷信，在脸上涂上难看的面膜，用以驱除鬼邪。然而，当这些都无济于事，身体瘦弱得连豺狼都感到可怕的时候，自己只有像秦州深秋枯黄的小草，渐渐泛白而亡，其魂魄在天，也如阴霾之下的片片黄云，难以飘然而升。

然而，杜甫之所以成为杜甫，成为“诗圣”，成为“情圣”，成为“集大成者”，成为世界文化名人，就在于他苦难深重中的坚韧不拔，就在于他虽不在仕，却仍然怀有忧国忧民的仁者情怀。在秦州后期，他虽然看到秦州“此邦今尚武”，虽然自己“多病加淹泊，长吟阻静便”，但仍然寄语朋友“如公尽雄俊，志在必腾骞”，仍然感叹“故老思飞将，何时议筑坛”。此情此景，哀哀欲绝，真挚动人。

杜甫在困苦和思考中度过了秦州后期的生活。虽然困苦，但他宛若盛开在秋天的苦菊，苦香之味为他自己，也为中国文化延续了特有的气息。他在《佳人》里曾写“在山泉水清，出山泉水浊”，而他亦是“在山泉水清，出山泉水明”，他在秦州所作所为，亦是“采柏动盈掬”，“日暮倚修竹”一般高洁、感人。

这期间，作《寄赞上人》《佐还山后寄》《秋日阮隐居致薤三十束》《秦州杂诗》其十七、其十八、其十九、其二十 4 首，《遣兴二首》《遣兴五首（朔风飘胡雁）》《雨晴》《遣怀》《初月》《萤火》《蒹葭》《苦竹》《除架》《废畦》《夕烽》《秋笛》《日暮》《野望》《空囊》《蕃剑》《铜瓶》《送远》《送人从军》《秦州见敕目薛三璩授司议郎毕四曜除监察与二子有故远喜迁官兼述索居凡三十韵》《寄彭州高三十五使君适虢州岑二十七长史参三十韵》《寄张十二山人彪三十韵》《所思》《别赞上人》《发秦州》等诗。这些诗，几乎首首都是连城璧，字字均为赤黄金。

三、旅泊吾道穷：他的黑夜比白天漫长

那时杜甫离开秦州

杜甫离开秦州，住在同谷时的生活最为凄苦，他内心的伤痛也最为明显、深重。

“我衰更懒拙，生事不自谋。无食问乐土，无衣思南州。”饥、贫、病、愁，生事难谋。十月底十一月初，杜甫接到汉源县县令（详见第九章）的来信后，喜出望外，开始收拾行李，带着妻小和弟弟，投赴汉源县。

汉源县由上禄县更名而来。其治所在今陇南市西和县西北约二三十里的地方（详见第九章）。

汉源、同谷在秦州南，当时属于秦州管辖，是西域从南面入长安下四川的咽喉之地，其军事地位虽比不上秦州，但也相当重要。这里虽然与秦州相邻，但境内多属于长江流域，少黄土而多山石，气候比秦州暖和一些。

当时的汉源县令，即杜甫在《积草岭》所写到的佳主人，把他所在之地汉源以及栗亭的山水、良田、特产等说得十分美好。于是，杜甫在十月底“磊落星月高”的夜深人静之时，悄然离开租住的房屋，赶着马车离开了秦州。

那辆马车，兴许还是从华州来时用过的关中马车。车内，杜夫人杨氏抱着熟睡的小儿子宗武。两个女儿与尚已懂事的宗文和杜占，在车内迷迷糊糊坐着。孩子们也许跟随大人已经习惯了这种候鸟般迁徙的生活。在悬挂于中天的月亮与星星的辉映下，杜甫牵马慨叹着“大哉乾坤内，吾道长悠悠”一路颠簸前行。

我衰更懒拙，生事不自谋。
无食问乐土，无衣思南州。
汉源十月交，天气如凉秋。
草木未黄落，况闻山水幽。
栗亭名更嘉，下有良田畴。
充肠多薯蓣，崖蜜亦易求。
密竹复冬笋，清池可方舟。

虽伤旅寓远，庶遂平生游。
此邦俯要冲，实恐人事稠。
应接非本性，登临未销忧。
溪谷无异石，塞田始微收。
岂复慰老夫，惘然难久留。
日色隐孤戍，乌啼满城头。
中宵驱车去，饮马寒塘流。
磊落星月高，苍茫云雾浮。
大哉乾坤内，吾道长悠悠。

——《发秦州》

这是杜甫告别秦州的诗。诗中交代之所以要离开秦州而奔赴汉源的九个原因：

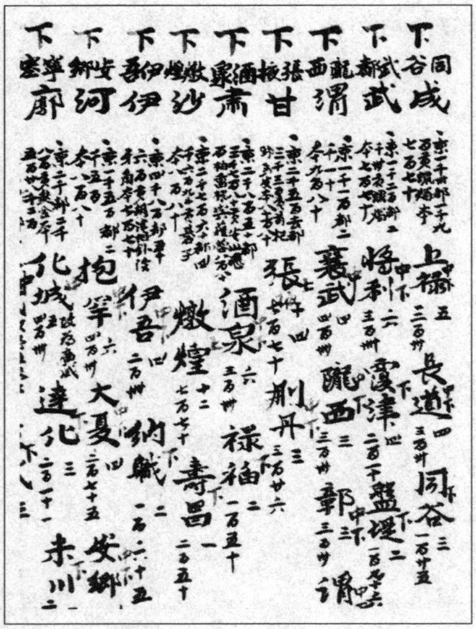

敦煌莫高窟出土残卷

一为“我衰更懒拙”；

二为汉源、栗亭一带的物产丰富；

三为汉源、栗亭一带的气候和暖；

四为栗亭一带的风景优美；

五为秦州处在战略要冲位置；

六为秦州的人事原因；

七为秦州气候寒冷；

八为秦州衣食不足；

九为“邑有佳主人”。

九个原因互相交叠，互为因果。历来注家或杜诗的研究者更为看重第二、三、四、五原因，而轻“我衰更懒拙”、“邑有佳主人”两个原因，更是曲解第六、七、八之原因。鉴于本节的旨意，九个原因中不关本节旨意者，他处再究。

有必要说明，在许多人眼里，杜甫诗中的“汉源十月交”似乎成了杜甫“十月”离开秦州的证据。

如冯至先生在《杜甫传》里言及到发秦州时说：“杜甫在秦

州居住不满四月，觅居不成，衣食不能自给，正在走投无路时，同谷县有位‘佳主人’来信说同谷可居，辞意恳切，好像曾经相识一般。”

如闻一多先生在《少陵先生年谱会笺》中言“置草堂，未成，会同谷宰来书言同谷可居，遂以十月，赴同谷”。

如陈贻焮在《杜甫评传》（北京大学版）里有“据原注（指杜甫《发秦州》诗）与‘汉源十月交’，知此行在乾元二年十月”。

如李辰冬在《杜甫作品系年》（台湾东大图书公司）中有“‘汉源十月交’是他离开的月份”。

如莫砺锋在《杜甫评传》（南京大学版）里有“所以在十月的一天，杜甫带着家人离开秦州向南出发了。他们历经千难万险，终于到达了同谷。”

如陈冠明、孙愫婷在《杜甫亲眷交游行年考》（上海古籍出版社）里有“（乾元二年）十月，流寓秦州、同谷，途经吴郁空宅，而作《两当县吴十侍御江上宅》诗，回顾当年郁被谪经过”。

其实，杜甫离开秦州的时间，最早在十月底，最晚在十一初。

古人和今人所言杜甫离开秦州为十月的时间，是一个比较笼统的概念。是十月之初，还是十月之末。以岁月长河来衡量，这一月的时间，只为银河沙数，不计也罢。但对一个地域，对于考究杜甫这样一个重要人物的出行、交游来说，能考究出出行在十月的哪一个阶段还是十分有必要的。

《发秦州》诗中首句，虽是自谦之辞，但根据杜甫自身情况以及当时的环境，说“生事不自谋”也是很现实的事。在“走投无路”的情况下，汉源县的“佳主人”闻知杜甫在秦州，便来信问好并“谁不说俺家乡好”般地将所处之地和栗亭介绍了一番：“汉源十月交，天气如凉秋。草木未黄落，况闻山水幽。”这是杜甫复述佳主人的介绍。同样，栗亭的好气候与富饶，亦是复述佳主人信中内容。“佳主人”给杜甫写信的时间估计是十月中下旬。

从杜甫诗里可以看出，虽然已是十月底交十一月的时间，可因为天气暖和，草木尚未如秦州一样黄落。特别是栗亭，有良田，有特产，有密竹，有冬笋，有清池。这些正是“走投无路”的杜甫所迫切希望的。“风土之暖，得于无衣”，“物产之佳，利于无食”。栗亭如此好，杜甫把厚望寄托在“佳主人”身上，寄托在汉源与栗亭之地。显然，杜甫在未到汉源和栗亭前，对这两个地方的情况是不了解的。而之所以在诗中对两个地方的气候等情况有所交代，是通过佳主人来信的内容说的。杜甫诗中的“十月”，也就不可能是指在十月离开秦州，而是指佳主人来信的时间及佳主人所述十月汉源、栗亭的气候。

“以杜证杜”，我们在杜甫的诗里亦可以找到离开秦州的时间。

天寒霜雪繁，游子有所之。

杜甫离开秦州时所写《赤谷》首句就交代了气候状况。天气寒冷霜雪厚重啊，游子将驱车奔赴前程。仇兆鳌注这句时引庄子之“天寒既至，霜雪既降”作解。此，可以说是进入冬天之景象。

修纤无垠竹，嵌空太始雪。

水寒长冰横，我马骨正折。

以上为《铁堂峡》里的诗句。“嵌空太始雪”，形容铁堂峡山顶之高，山顶的积雪之多，正如李济阻先生所言是“以青竹白雪写壮景之久远”。而“水寒长冰横，我马正骨折”便是寒冷的水面浮着大块的冰，马的骨头都快要冻折了。此，山顶雪，河中冰，可谓是进入冬天以后的景象。

寒硖不可度，我实衣裳单。
况当仲冬交，泝沿增波澜。

在《寒峡》一诗里，杜甫交代得更为清楚。衣物单薄，寒峡寒冷，何况仲冬来临，北风急剧，河水增波。对于《寒峡》诗，浦起龙曾说：“全从‘寒’字落想……本说硖寒，反将衣单、冬半翻转来说，涉笔便活。”而宋朝的赵次公注解《寒峡》一诗时言：“今寒峡尚为秦地，而已交十一月，则去秦在十月之末，无疑也。”

“仲冬”者，冬季的第二个月，即农历十一月。

艰难的南行之路

杜甫从中宵月高之时出发，到第二天落日之时，才勉强走出秦州西南的赤谷。赤谷，即现在天水市城区的暖和湾一带。从《赤谷》诗来看，这一带山深风厉，乱石布道，马车难行。杜甫在日暮儿饥，村墟遥远，烟火难追的情况下才到现在的皂角镇或店镇一带，找到村舍，结束了第一天的行程。

天寒霜雪繁，游子有所之。
岂但岁月暮，重来未有期。
晨发赤谷亭，险艰方自兹。
乱石无改辙，我车已载脂。
山深苦多风，落日童稚饥。
悄然村墟迥，烟火何由追。
贫病转零落，故乡不可思。
常恐死道路，永为高人嗤。
——《赤谷》

真正要离开秦州，想到此生此世，再也不能来秦州了，杜甫不禁对赤谷，对秦州产生眷恋之情。同时，他面对一开始就这么艰难的路程，多少也产生了一丝悔恨。他怕遥远、艰难的路途，他怕自己的身体经受不住这些艰难的折磨。他担心，自己如果死在这路途上，恐怕永远就要被那些儒生、隐者们嗤笑。

此后，杜甫一行出赤谷，过铁堂峡、盐井、寒峡、法镜寺、石龛、用去近十天的时间到汉源县，每到一地，都经历了艰难险阻。

杜甫到汉源县，没有见到汉源县的县令。汉源县的县令或其他与杜甫有关的重要人物，或许当时在栗亭，杜甫这才转身东南，过青阳峡、积草岭、龙门镇、泥功山，去了栗亭。

然而，杜甫到了栗亭，那位“佳主人”和同僚们并没有给他帮助。也许是看到杜甫外表笨拙，根本没有什么诗人的气质，也许是看到杜甫一家七八口对他们来说是极大的拖累，总之，时过境迁，就决然忘了邀请杜甫一事。对此，施鸿保曾说：“宰既‘佳主人’，且先曾致书，即不能如严武、裴冕之厚待，或亦如高使君之供禄米，柏中丞之数赐金；又不然，亦当如王司马之助修草堂资，萧、韦明府之遗桃栽桤木；乃任其旅居穷谷，短衣长镵，拾橡栗、掘黄精，男呻女吟，几皆馁死，而此所谓‘佳主人’者，竟不一顾；想是狡情薄分一流，慕公之名而寄书，假为语妙，以尽世情，初不料公信之，竟挈妻子舍秦州而来也。度公至后，其人或避匿不见，故同谷诗无一篇及之。此等人，吾生生世世所不愿见者。”施鸿保之说，相信大多数人认为是真知灼见。

在栗亭受到极大的打击，杜甫自然住不了几日。栗亭小住后，他返回到离同谷五里多路的飞龙峡旁的凤凰村，寻找了一间房子暂时住下。这大概是十一月上旬的事，此后二十多天时间，杜甫在陇右度过了最为艰难的时期。白头乱发，岁拾橡栗，手脚冻皴，采掘黄精，男呻女吟等，其凄苦为中国诗人之最。《乾元中寓居同谷县作歌七首》道出了杜甫惨不忍睹的困境以及“我生何为在山谷，中夜起坐万感集”、“男儿生不成名身已老，三年饥走荒山道”的感伤之怀。

乾元二年（759）十二月初一，天寒地冻之时，杜甫决计离开同谷，奔赴成都。临行时，杜甫与左邻右舍新近结识的穷人告别。其情真切，其景感人。《发同谷县》一诗，除借古叹己，抒发“去住与愿违”之情外，写与穷老的告别，如年初所写《无家别》《新婚别》《垂老别》一样，异曲同工，别情旷世。

贤有不黔突，圣有不暖席。
况我饥愚人，焉能尚安宅。
始来兹山中，休驾喜地僻。
奈何迫物累，一岁四行役。
忡忡去绝境，杳杳更远适。
停骖龙潭云，回首虎崖石。
临歧别数子，握手泪再滴。
交情无旧深，穷老多惨戚。
平生懒拙意，偶值栖遁迹。
去住与愿违，仰惭林间翮。

——《发同谷县》

春天从洛阳至华州，秋天从华州至秦州，冬天从秦州到同谷，此为杜甫乾元二年“三行役”。现在，尚在寒冬季节，杜甫又不得不开始一年中的第四次“行役”生活。

由同谷往成都的路途是迂回、漫长的。

杜甫从凤凰村出发，“当日经宝井堡，宿栗亭之西，次日又首路木皮岭也。”（严耕望《唐代交通图考》），从木皮岭到河池（旧徽县县治，今徽县银杏）小住，只身过两当（今两当县杨店），前往琵琶洲（今两当县西坡镇琵琶洲）看望故友吴郁，表达了一番“于公负明义，惆怅头更白”的歉意，然后返回河池。从河池到两当，严耕望先生在《唐代交通图考》中说“杜翁至河池未即南循驿道入蜀，而东北循驿道至两当（今县东三十五里），盖因事枉道也，有两当县吴十侍御江上宅诗，然后再西返河池，取道南行”。南行的路线为去大河堡，向东越青泥岭，过水会渡，再绕一个弯子，过白沙渡，经飞仙阁、五盘、龙门阁、石柜阁、桔柏渡、剑门、鹿头山，于次年元月到达目的地成都府。

杜甫之所以绕大弯子，才过白沙渡，正如王德全先生在《杜甫陇右行踪考略》一文中所言：“但在唐代，白水峡河深流急，峡谷险峻，两岸石壁峭立，无法通过。自古入蜀，都是从大河店向东翻越、攀登青泥岭，至水会渡，过嘉陵江、再沿江而下到现在陕西略阳县白水江铺，即白水江与嘉陵江会合处。”这一点，宋代雷简夫的石壁刻文《新开白水路记》中关于“自凤州河池驿至长举驿，五十里有半，以便公私之行。……减旧路三十三里，废青泥一驿”可足以证明。

杜甫不得已到同谷并身陷同谷前后历时不足一月，留有《病马》《赤谷》《铁堂峡》《盐井》《寒峡》《法镜寺》《石龛》《青阳峡》《积草岭》《龙门镇》《泥功山》《凤凰台》《乾元中寓居同谷县作歌七首》《万丈潭》《两当县吴十侍御江上宅》等诗。

由同谷入蜀的纪行诗还包括《发同谷县》《木皮岭》《白沙渡》《水会渡》《飞仙阁》《五盘》《龙门阁》《石柜阁》《桔柏渡》《剑门》《鹿头山》《成都府》诗。

杜甫由秦州通往同谷，再由同谷入蜀途中所作两组纪行诗，诚如林家英先生所说“以地名作诗，分则独立成篇，合则成为一组完整的纪行诗，记行程，写山川，抒感慨。杜甫在陇右创作的两组纪行诗，别开生面，独具认识价值和审美价值”，“非亲历其景者不能状之，非杜甫笔力难以状之”。而《乾元中寓居同谷县作歌七首》如宋代朱熹所云“此七章豪宕奇崛，兼取《九歌》《四愁》《十八拍》诸调而变化出之，遂成创体。”七歌歌歌悲风四起，字字浸润辛酸之泪、饱濡离乱之根。全诗环环紧扣穷老做客主题，一唱三叹，一气呵成，满怀愤激，语调凄楚沉痛、哀婉动人，又悲而不柔，哀而不俗。言尽贴身，得以洞见襟怀；语无矫饰，终致感人肺腑。精湛纯熟的技巧，豪宕雄浑的风骨于此诗显得淋漓尽致。

乾元三年（760）正月，杜甫到成都，被裴冕安置到城西七里浣花溪畔的草堂寺。那又是另一番风景。

DU FU
ZAI
LONGYOU

风

卷二

风

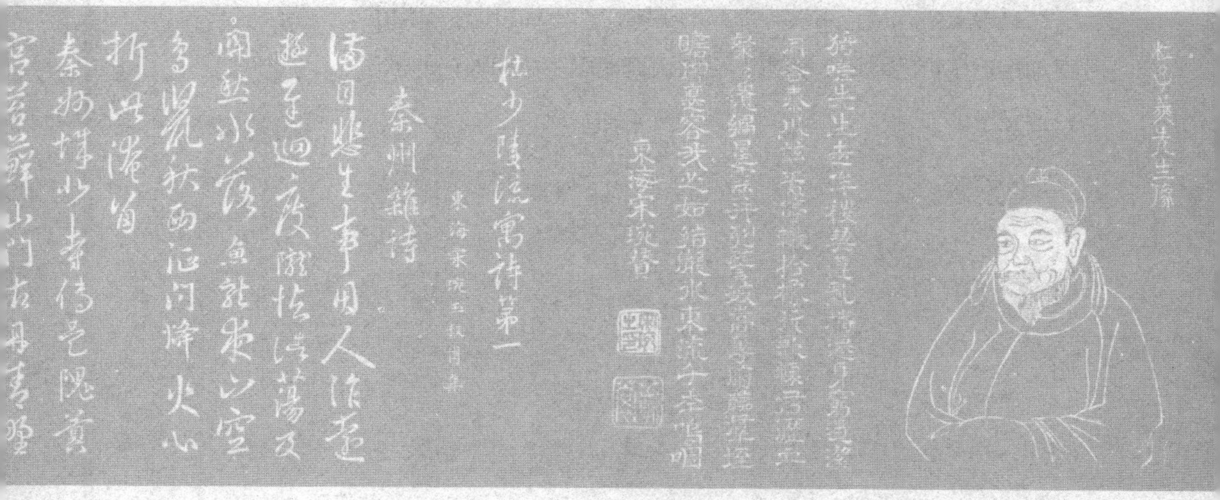

在正统的历史史料里，公元 759 年秋冬之际的陇右，是呆板、生冷而又简略的。杜甫的到来，为揭示陇右的整体性存在，提供了一种可能。

命运多舛又多愁善感的杜甫，将羁旅情思汩汩流涌在秦州的一些奇山异水、风物风情、人文古迹上，又诗意地镌刻在了历史的天空，显得光灿夺目，弥足珍贵。

那年的秦州阴冷多变、雨荒庭院、霜雪交替，无意中暗合了杜甫沉郁多思的性格。也在无奈中沟通、启动了杜甫生命中的悲怆与忧患神经，使他借风云变幻之力、直冲霄汉之气，泼墨写意又精雕细镂地写出许多意象环生、风采多姿且沉郁顿挫的陇右诗。

相对于秦州而言，成州（同谷一带）给杜甫更多的是自然意义上的感发。同谷一带不断变化的山山水水，以及独特的风物，像盐井，像竹箭，像猿猴等，所有这些，给既劳累苦楚、伤心孤独，又尚存希望的杜甫诗的启示。

更为重要的是，当这些外在的事物作用于杜甫时，让杜甫更加接近了诗的本源。他也许更加认真地思考“诗人”的神圣或意义了。

第三章

边塞孤城——旅泊穷清渭

一、孤城隐雾深：秦州意若大地港湾

杜甫初次见到的秦州城

公元759年秋冬，是杜甫最为艰难的时期。除生活几濒绝境之外，在人心叵测之中，又疾病缠身。然而正是在这种绝境下，“再光中兴业，一洗苍生忧”（《凤凰台》），他的人生理想和非凡抱负不曾泯灭；“天台隔三江，风浪无晨暮。郑公纵得归，老病不识途”（《有怀台州郑十八司户》），他的推己及人的仁爱精神得以弘扬；“群凶犹索战，回首意多违”（《即事》），“胡为倾国至，出入暗金阙。中原有驱除，隐忍用此物”（《留花门》），他的知本察隐的政治器识也得以继续表现；“多病加淹泊，长吟阻静便。如公尽雄俊，志在必腾骞”（《寄岳州贾司马六丈巴州严八使君两阁老五十韵》），他的沉重深广的忧患意识依然故我；“千秋万岁名，寂寞身后事”（《梦李白二首》），他的平正朴实的哲学观点熠熠生辉。凡此等等，在秦州、同谷都得到了应有的发挥。

杜甫在陇右，不但完善了其诗歌创作的基本风格，而且还创作了一些空前绝后的经典之作。同样，他对历史事件的客观反应、对秦州、同谷风土人情、山川地貌、宗庙社稷的阐述、抒写也是前所未有的。秦州、同谷经杜甫之手，亦在 1250 多年前就已彪炳于世。

诚如美国著名汉学家宇文所安在《盛唐诗》一书中所说，杜甫“奔赴无把握的秦州，是一个重大的、富于戏剧性的决定。这种严肃的生活决定，对于以‘诗言志’的诗歌观念为背景的作家，必然要产生影响，这样的作家所表现的是个人对历史世界的反应”。与秦州之前相比，秦州时杜甫的作品，所呈现的“内心传记”多于对社会秩序的“外部传记”。而在秦州初期，杜甫的“内心传记”和“外部传记”基本并列。秦州自身的因素对杜甫影响极大。

秦州是一座有着悠久历史的文化名城，因秦人发祥于此而得名。在以其为中心的周边地区，曾经出现过不少影响中国历史的风云人物。秦朝始祖非子就牧马于此，替周室保守西陲。西汉末年隗嚣的“汉复”政权。十六国时期的成汉、前秦、后凉、西凉以及被人们遗忘的氐杨仇池五国均发迹于此。尹喜、李广、赵充国、姜维、权德舆、王仁裕、张俊、安维峻、胡缵宗等则是群星中的佼佼者。

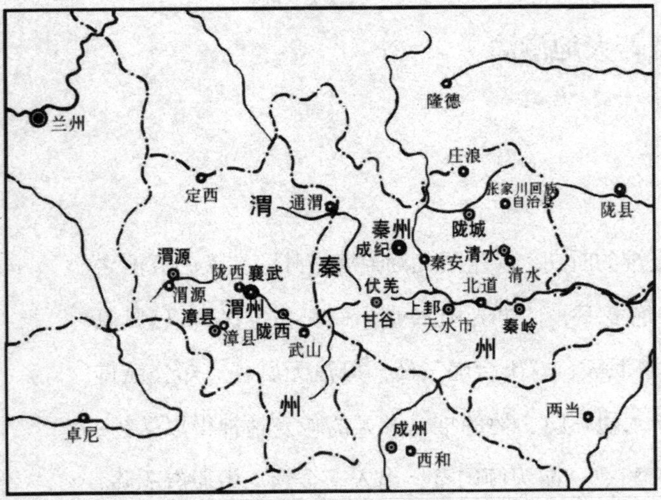

| 唐陇右道秦州、渭州行政区图（开元二十九年）

从该地七千多年前的大地湾文化到东方第一雕塑馆的麦积山石窟，从诸葛亮的六出祁山马谡失街亭到魏晋的确立，从杜甫客居秦州到同谷入蜀，所有这些都构成秦州（包括同谷）的历史地位，从而吸引着人们去寻幽探古。

回到一千二百多年前，仅当了四年皇帝的唐睿宗在他最后的任期（713 年）内，将原来的陇右道分置为陇右、河西两道。这次行政上重新划分的陇右道管辖秦州、渭州、成州等二十一个州。

地理位置相当于今天的陇山以西、黄河之东的甘肃中南部及宁夏南部、青海以东地区。

秦州在唐天宝年时管领五县，即上邽、成纪、伏羌、陇城、清水。天宝时的人口，据《旧唐书》记载，“户二万四千八百二十七，口十万九千七百”。“安史之乱”时，因调往东西两面兵丁的需求，秦州的人口，低于天宝时的统计，实有可能。根据《资治通鉴》上的统计，唐天宝十三载统计的全国人口为 5288 万。经过“安史之乱”，十年后的广德二年，唐朝的总人口锐减到了 1690 万。全国三分之二的人口没有了，当时秦州的人口也应该减少了不少。

秦州的文化，诚如国学大师陈寅恪在《隋唐制度渊源略论稿》中所言，“若就地域言之，乃关陇区内保存之旧时汉族文化，以适应鲜卑六镇势力之环境，而产生混合品”，是以汉族文化为主体，浸润了一些少数民族文化、风俗的成分。杜诗“降虏兼千帐，居人有万家。马骄朱汗落，胡舞白题斜”可资佐证。

从史料记载看，当时的秦州，其龙须席是上好的特产，上贡于长安。有银、铜、铁、盐而闻名于世。

“(开元二十二年）二月壬寅，秦州地震，廨宇及居人庐舍崩坏殆尽，压死官吏以下四十余人，殷殷有声，仍连震不止。命尚书右丞相萧嵩往祭山川，并遣使存问赈恤之，压死之家给复一年，一家三人已上死者给复二年。”

发生在公元 734 年的灾难，想象起来，十分惨痛。秦州当年劫难的记载，来源于《旧唐书》。

《唐会要》补充这段史料时说：“先是，秦州百姓闻州西北地下殷殷有声。俄而地震。廨宇及居人庐舍悉崩毁，地裂而复合，经时不定。压死官吏及百姓四千余人。”

地震之后，秦州的州治所不得不搬迁到了当时的成纪县敬亲川。八年后，秦州的州治所又回到了原地，即当时的上邽县。

杜甫来秦州时，估计秦州已经从那次大地震的阴影中走出来，秦州城也建设得差不多了。

莽莽万重山，孤城石谷间。
无风云出塞，不夜月临关。
属国归何晚，楼兰斩未还。

烟尘一长望，衰飒正摧颜。

——《秦州杂诗》其七

陇右秦州，山岭重叠，峰峦叠嶂。秦州城坐落在莽莽南山和巍巍北山之间的藉河河谷。高山，低谷，城郭兀立，这样的山脉气象，这样临山傍水的古城初次展现给杜甫，杜甫为之震撼。这山如奔马，这城若巨玺，金戈铁马，匝地而来。然而，这样的山，这样的城，却处在边塞之中，那前去交涉的和平使者还未归来，那和平、祥和的景象仍是渴望。杜甫烟尘长望，哀婉长叹，衰飒摧颜。

奇思壮采，合沓呈现在诗句里的秦州城，令人神往心折。

《秦州杂诗》其七把秦州城的地理地貌，天象气候活灵活现展现出来。两山高矗，一河带川，孤城兀立。高山有风，风动云浮；低谷无风，孤城日暖；日隐西山，月临东关。

天空、高山、河谷、孤城，这阔大的全景之下，杜甫分别在其他诗里又介绍了秦州城的一些具体情况。

州图领同谷，驿道出流沙。

降虏兼千帐，居人有万家。

马骄朱汗落，胡舞白题斜。

年少临洮子，西来亦自夸。

——《秦州杂诗》其三

杜甫一句“州图领同谷”概括之后，又从宏观上叙说了秦州有驿道通往更西的地方，一直到沙漠边缘。“驿道出流沙”，驿道自然也通往长安。由此可见，当时的秦州，既为边防要城，又为通往东西的要塞。其经济、战略意义十分重大。

当时秦州的地理位置比较重要，和现在一样，也是交通枢纽。西可经过伏羌（今甘谷）、陇西至金城（今兰州）、到鄯州（今青海乐都）；北可经今清水县至华亭过泾原，再向西亦可到金城；西南可由铁堂峡到上禄县（今西和县北偏西二三十里处，唐至德初更名汉源县），南又可经同谷（今成县）后再折东北向到凤州，过略阳进入蜀道。

秦州当年好风景

秦州在古代，林木繁茂，木材资源丰富。《汉书·地理志》记载："天水、陇西，山多林木，民以板为室屋。及安定、北地、上郡、西河，皆迫近戎狄，修习战备，高上气力，以射猎为先。故《秦诗》曰'在其板屋'。"至唐朝，官宦人家，造房修院已很有讲究，"盖所以庇寒暑燥湿，备风雨晦明，其后象类滋繁，拟义殊广，错之以乾坤震兑，体之以征羽宫商，推彼阴阳，运其刑德"（《全唐文·杜光庭》）。一般人家，板屋瓦房，热炕锅灶。穷苦人家，箍窑洞建草房。

杜甫当年在秦州时，看到的"居人有万家"里，多的是板屋板房，自然与那些少数民族随时就可以搬运的帐篷形成鲜明对比。"千帐""万家"，《杜诗详注》谓："今降卒多而居民少，势可危矣。""安史之乱"，除在军事和经济上大大削弱了唐王朝的实力之外，造成了当朝不得不借"花门"（回纥）军事力量来加强平叛的能力，唐朝边防要塞的防护也一时薄弱，出现了真空地带。主要居住汉人的城里，现在举目可见的，是那些西部少数民族的帐篷。城内，这些少数民族尽兴地跳着他们的舞蹈，尽情欢乐。城内街市上，奔走的是传说从大宛国输送来的汗血宝马。而从西南临洮那边过来的少数民族的年轻人，自夸有余，强悍骄横。杜甫在《寓目》里写过"羌女轻烽燧，胡儿掣骆驼"之句，由此可知，骆驼也是秦州的常见之物。往来骆驼，或许因商，或许因战。在这些看似祥和、团结的表象背后，杜甫看到了秦州的危急。"千少于万，曰兼千帐，则降人多矣；万多于千，曰有万家，则居民少矣。"明代赵汸可谓是杜甫的知音。

这样，我们可以从杜甫的诗句里知道，自乾元二年（759）以来，陇右秦州，除有汉民族以外，还有不少的少数民族居住。秦州的驿道，将长安与西部广大地区连接在一起。秦州当时的交通发达，当时的邮差，也许就是骑着从大宛等西部贩运来的胡马，在东西南北的驿道上传递杜甫这样的文人墨客们的书简、信函。当然，当时使者或驿卒的任务，重点还不在涉及百姓官吏的家书上，而在国家的战事上。

有一天，杜甫出秦州城，于登高之处回望秦州，突然发现阴暗已逐渐笼罩了秋天萧瑟荒莽的山野，远处的渭水或藉河水留有一线清亮与天际相拥，而秦州城就隐陷在秋天的烟雾里。日暮天暗，远水与天际的清亮以及身边落叶树隙的清亮也渐渐暗去，取而代之的是那不祥的满林昏鸦。而自己犹如独鹤，又将在哪里栖息？他把自己的疑问写在下面的诗里：

清秋望不极，迢递起层阴。
远水兼天净，孤城隐雾深。
叶稀风更落，山迥日初沉。
独鹤归何晚，昏鸦已满林。
——《野望》

愁苦的杜甫，最终还是回到秦州城里。黄昏时分，寂寞无绪的杜甫听到秦州城头的军旅鼓角如雷大作，殷殷动地而来，以至在山谷中又回响直冲云霄。

鼓角缘边郡，川原欲夜时。
秋听殷地发，风散入云悲。
抱叶寒蝉静，归山独鸟迟。
万方声一概，吾道竟何之。
——《秦州杂诗》其四

寒蝉抱叶，独鸟归林，天地悲怆，州城悲凉，大国逢乱，小城凄惶。从东到西，边事难靖。此时杜甫没有回家，而在秦州城徘徊。待鼓角响过，胡舞歇息，汉人踏着鹅卵石铺就的小径去掩上院门，胡人放下帐篷的毡门，一切都归于寂静，一切都归于生活的常态时，徘徊的杜甫仍然是这个州城的寄居者。国难、身困、心忧，他不禁感叹：吾道竟何往之？

山移景随，风动情起。随着杜甫震撼人心的至情诗句，秦州城的其他情况一一展现出来。秦州城头不时会响起少数民族管乐器——胡笳的声音。秦州城内，不时有唐朝使臣匆匆的脚步。秦州城外，烽火常因不确定的战事情况而常常燃放；州城内外的驿道上飞马狂奔，传递着官府往来文书。而秦州城外，那些来自秦王朝始祖们牧马之地的良马，成群结队，驰骋奔走，出没山野，犹如天上浮云。从西边远处边防调遣的部队，不时从秦州城经过向东而去。那位与回纥和亲的宁国公主，因为夫君可汗的死，回纥人要她陪葬。宁国公主不依，付出了被毁容（剺面）的代价，才得以生还。

她也从西面的驿道上来，路过秦州，杜甫看到她时，她“秋思抛云髻，腰支剩宝衣”，实在让人叹惋……当年的秦州，还见证了什么，又因杜甫留给我们了什么？

> 万里流沙道，西行过此门。
> 但添新战骨，不返旧征魂。
> 楼角凌风迥，城阴带水昏。
> 传声看驿使，送节向河源。
> ——《东楼》

当年的秦州城，城墙高耸。古典城楼，凌空迎风，巍峨壮观。城楼下、城墙外的河水被罩得阴影长住，昏暗长留。虽然这秦州城东楼的城门下有过往的军人，无返回的阴魂，但它镇守于此，也希望于此。

当然，除了鼓角的响动与烽火的燃放外，杜甫笔下的秦州城内外还有如诗如画的风景。虽然那风景在雨中，但雨中之景更有一番景致。联想杜甫“天外秋云薄，从西万里风。今朝好晴景，久雨不妨农。塞柳行疏翠，山梨结小红。胡笳楼上发，一雁入高空”的描述，秦州城虽然处在战乱年代，但也不免给人诱惑。

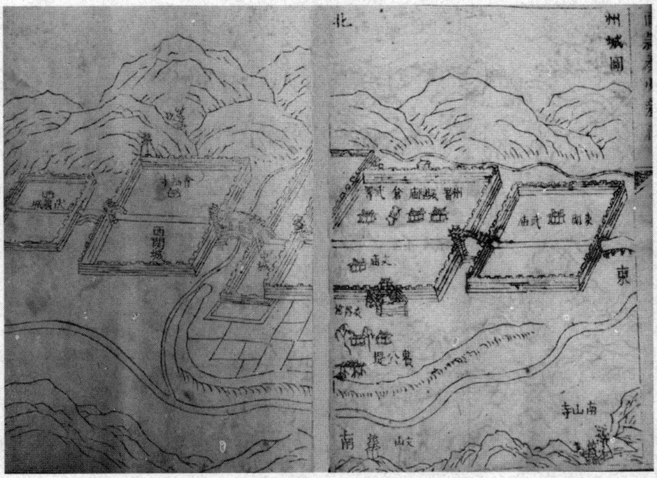

| 清·乾隆版《直隶秦州新志》秦州州城图

当鼓角稍息，万里西风送薄秋云的时候，这秦州城内，胡笳悠然而响，秦州城的天空，雁过留声。

杜甫笔下，秦州当年好风景！

二、物微意不浅：鸟儿为漂泊者歌唱

杜甫笔下的秦州风物（上）

秦州，如今最让人津津乐道的是伏羲这中华民族的人文始祖。伏羲诞生在秦州，他造书契、创八卦、制婚娶、定律历、作网罟、造乐器、取火种、平水土，肇启了古老而优秀的华夏文明。那么，以此为发端，秦州因地理自然风貌、社会历史变革、地域文化氛围等影响，自古以来就形成了绚丽多彩的社会风俗。命运多舛又多愁善感的杜甫，将羁旅情思汩汩流涌在秦州的一些奇山异水、风物风情、人文古迹上，又诗意地镌刻在了历史的天空，显得光灿夺目，弥足珍贵。

狩　猎

如前所述，早在汉朝，“天水、陇西，山多林木，民以板为室屋”。可见，当时的秦州一带林木繁茂。到唐朝，林木也一定繁茂。有了林木，正如杜甫在秦州的诗句“林茂有鸟归，水深鱼知聚”一样，山禽野兽就有了天然的生活场所，人们经常狩猎也就有了可能。而狩猎，于百姓来说，则是生活的需要。

长陵锐头儿，出猎待明发。
骍弓金爪镝，白马蹴微雪。
未知所驰逐，但见暮光灭。
归来悬两狼，门户有旌节。

——《遣兴五首》其二

杜甫诗中的狩猎青年，早早出城，骑马踏雪去狩猎，暮归之时悬挂猎物。他们像长安那些豪门子弟一样狩猎，怡然自得。

秦州的狩猎活动，古来有之，且大多在冬季空闲季节进行。

1982 年，天水石马坪出土的“隋唐贴金彩绘屏风石棺床”中，第一块屏风画的内容，就是狩猎图。墓主人在山林沟壑中骑马寻找猎物，还有一人拉弓射箭追赶山下出来的猛虎。这件文物中墓主人狩猎及其他高贵、奢侈的生活图景，从另一个方面证明杜甫诗中的内容。

捕猎也有许多讲究，至今在秦州境内的小陇山林区，捕猎者在捕猎前要进行祭“翻坛爷”一类的祭祀。秦州一带捕猎对象多为熊、野猪、麂、麝鹿、狐、獾、雉鸡等。所捕之猎，或取其肉食用，或取其皮用于御寒、装饰，或取其物如熊胆、麝香、獾油、鹿茸等以备药用。只不过杜甫诗里，这位并非出自“长陵”的青年，那天所打之猎物，仅仅为两只狼而已。

送　葬

朝逢富家葬，前后皆辉光。
共指亲戚大，缌麻百夫行。
送者各有死，不须羡其强。
君看束缚去，亦得归山冈。

——《遣兴五首》其五

此诗有两个意蕴所在，其一为厚葬，其二为贫富贵贱强弱皆同归于尽。后者意蕴，充分表达了杜甫对人世和生死的观点、态度。与陶渊明之《挽歌诗》“得失不复知，是非安能觉。千秋万岁后，谁知荣与辱”有异曲同工之妙。而厚葬意蕴在诗中前四句 20 字就有“朝”“富家”“葬”“前后”“共指”“亲戚”“缌麻”“百夫”等诸多表现。

入土为安，厚葬为孝。这是我国汉民族自古所持有的观念。唐杜佑在《通典》中曾详细记载过丧葬仪礼程序，从初终、复、设床、奠到卜葬日、启殡、赠谥、亲宾致奠等程序繁多，也充分体现了我国古代对殡葬活动的重视程度。而这些仪礼、程序中的很多部分，如初终停灵、成服入殓、开吊祭奠、出殡下葬，以及葬后撩服三、七七纸、三年纸等，从古到今，也一直在秦州延续。

杜甫诗中所涉及的只是出殡下葬时的送葬过程。为什么选择在“朝”而不在午或暮，只是选择的时辰而已。缌麻，指用细麻布制成的丧服。缌，是古代的一种丧服，为五服中最轻者（至今天水一带有“缌麻戴孝”一说，指的就是人去世以后，其亲属或其他人的一种哀思行为）。“共指亲戚大，缌麻百夫行”两句诗活灵活现地反映了当时秦州一带富裕人家或有众多亲戚朋友之人家的送葬场面。如今的天水，如遇到上述人家送葬的场面，旁边围观的一些妇女、老人也会指着送葬的人群说“你看，人家那阵势”或“看，人家孝子多不”一类的感叹。

草木之漆、葡萄、苜蓿

杜甫在陇右诗中涉及漆有两处：一为《遣兴五首》其三，一为《寄赞上人》诗。

如前所述，杜甫从赞公土室回到秦州城后，给邻人谈起到西枝村附近寻置房屋不如意的情况。这样，其他人给杜甫谈及距离西枝村不远的西枝西（今天水市麦积区甘泉镇龟凤山山谷），除风水环境好，向阳和暖，良田足收外，还特别提出杉桼稠的特点。“杉”为杉木，属杉科常绿乔木，现今天水多有其木。“桼”在古代通“漆”，指用漆树皮内的黏汁做成的涂料，亦指一种落叶乔木，其树皮内富含树脂，与空气接触后呈褐色，形成天然漆，即“生漆”。陇右秦州生漆资源丰富，漆质优良。秦州的漆艺也因生漆资源丰富而发展到很高水平。天水境内放马滩秦汉墓葬群出土的秦汉漆器，以及在天水境内其他地方出土的唐宋明清各代彩绘漆棺残片、精美漆器，表明天水历来重视漆及漆艺。而现在在小陇山林区，秋冬割漆亦有之。

杜甫的《寄赞上人》从一个侧面反映了在唐朝时，秦州人很看重漆及漆树。

至于杜甫在《遣兴五首》其三所及“漆有用而割，膏以明自煎”中的“漆”之句，则引《庄子》“漆有用，故割之”之义，为喻指。

一县葡萄熟，秋山苜蓿多。

关云常带雨，塞水不成河。

羌女轻烽燧，胡儿掣骆驼。

自伤迟暮眼，丧乱饱经过。

——《寓目》

除了气候、民俗、诗人自伤之外，杜甫在《寓目》诗里涉及葡萄和苜蓿。《史记·大宛列传》记载，“宛左右以蒲萄为酒，富人藏酒至万余石，久者数十岁不败。俗嗜酒。马嗜苜蓿。汉使取其实来，于是天子始种苜蓿、蒲萄肥饶地”。另据《永徽图经》记载“蒲萄生陇西、五原、敦煌山谷，今处处有之，其实有紫白二种”。可见，通过丝绸之路，中外互通有无，葡萄与苜蓿在唐朝时已广为种植。葡萄除在庭院种植供食用外，还可集中种植用以酿造水酒。“葡萄美酒夜光杯”在西部业已成为高雅时尚的一种行为。兴许，杜甫当时是透过挂满葡萄的葡萄架，看到了山坡上已经开过花正在结子的苜蓿。那些苜蓿将后会被农人或牧马人收割，或立即喂马，或晾晒干了，等到冬天再给马匹当饲料。现在的天水，每到春天，人们还会采摘苜蓿芽儿当蔬菜吃，还会将苜蓿芽制作成酸菜（浆水）食用。杜甫到天水是秋天，如果能等到春天，他也会吃到苜蓿芽儿的；如果是夏天，漫山遍野的紫色苜蓿花也会愉悦他的生活，成就他的诗情。

杜甫笔下的秦州风物（下）

食之薤白、黄粱

杜甫陇右诗两次提到薤白，一者在《佐还山后寄三首》，一者在《秋日阮隐居致薤三十束》。两诗各叙其主，前寄族侄杜佐，后致隐者阮昉。但两诗对照，同因一物薤白，却生生对照出两位主人、一位作者不同境地下不同的情怀。

几道泉浇圃，交横落幔坡。
葳蕤秋叶少，隐映野云多。
隔沼连香芰，通林还女萝。
甚闻霜薤白，重惠意如何。
——《佐还山后寄三首》其三

隐者柴门内，畦蔬绕舍秋。
盈筐承露薤，不待致书求。
束比青刍色，圆齐玉箸头。
衰年关鬲冷，味暖并无忧。
——《秋日阮隐居致薤三十束》

就诗的表象而言，这两首诗，前者将杜佐所拥有的田垄写得风景优美，如入画中。秋日田畦，妙趣横生，令人神往。然而，如前所说，杜甫这时已至秦州城内，由于家小及身体的原因，不能在他曾魂牵梦绕的东柯谷建一所自己的居室，种一畦自己的田蔬了。他只能把对生活的一份乞求，寄托在薤白上，寄托在侄儿身上。而后一首致阮隐居的诗，表象专写薤白，把薤白写得如素色美人一般，令人愉悦之间不免又生怜悯恻隐之心。但，即便如此，生活所迫、病危所致，薤白饱腹暖胃是当务之急。更为重要的是，阮隐居送薤，是在“不待致书求”的情况下送上门来的。想必，那时的杜甫，面对薤白，面对阮隐居定会一番感慨，其景想来也悲凉。汉代的挽歌《薤露》言“薤上露，何易晞，露晞明朝还落复，人死一去何时归”，薤上之露有何多，人情之薄又如何？千载唱和，同音共妙。

薤，百合科葱属多年生草本，为蔬菜类植物。又名藠头或作薤头。天水人又称其为小蒜、野蒜。叶浓绿色，细长管状，三角形截面。叶梢抱合成假茎，基部形成粗鳞茎。鳞茎球形，似洋葱，白色，是主要的食用部分。秋季抽花茎，伞形花序，花小。药用有理气宽胸、通阳、祛痰功能。从杜甫诗中可以看出，当时的秦州，特别在秋天，人们很看重采集、食用薤。杜甫写诗向族侄杜佐乞求“重惠”不至，阮隐居又一下子送来三十束，为明显的例证。现在，天水的田间地头，这种薤或小蒜已不多见。农村人家，也时常采集，用以炝锅，或当佐菜。也有人于成熟季节采集，拿到城里交易。

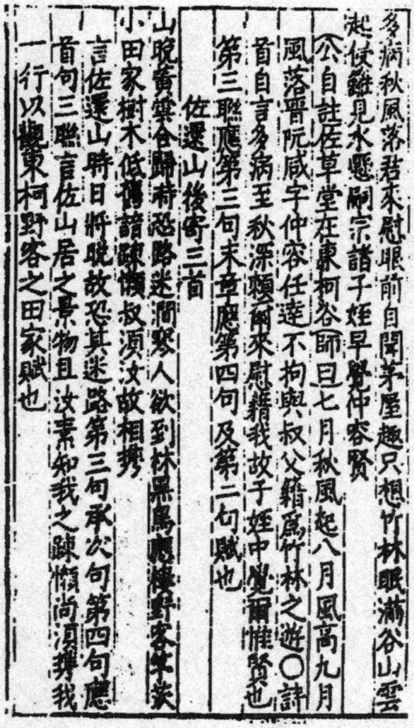
多病秋風落君來慰眼前自聞茅屋趣只想竹林眠滿谷山雲起侵鑪見水懸嗣宗諸子姪早覺仲容賢
公自註佐草堂在東柯谷師曰七月秋風起八月風高九月風落晉阮咸字仲容任達不拘與叔父籍爲竹林之遊○詩首自言多病至秋深頗爾來慰藉我故子姪中覺爾惟賢也第三聯應第三句末章應第四句及第二句賦也
佐還山後寄三首
山晚黃雲合歸時恐路迷澗寒人欲到林黑鳥應棲野客茅茨小田家樹木低舊諳踈懶叔須汝故相攜
言佐還山時日將晚故恐其迷路第三句承次句第四句應首句三聯言佐山居之景物且汝素知我之踈懶尚須攜我一行以觀東柯野客之田家賦也

明·单复撰《读杜诗愚得》

白露黄粱熟，分张素有期。
已应舂得细，颇觉寄来迟。
味岂同金菊，香宜配绿葵。
老人他日爱，正想滑流匙。

——《佐还山后寄三首》其二

这首乞求诗，写得最为恓惶。恓惶到既然乞求人家，还嫌人家怎么迟迟不往来寄的地步。恓惶到一想到乞求的“黄粱”到手，便有吃时的那种可怜、可爱、可悲的流着涎水的状态。这种悲悯，或者悲悯的幻想，在中国只有杜甫才能悲咽而出。

诗中涉及“黄粱”，仇兆鳌在《杜诗详注》中引苏恭《本草》“黄粱，出蜀汉商浙间，香美胜于诸粱，人谓竹根黄”来注解，并非后来一些注家所说的“粟米”。其实，这种黄小米，在天水俗称“谷子”，比苞谷成熟稍早一些，收割打碾后凉晒干，再经舂制才能熬粥、蒸饭。这种黄粱小米，因产量低，现在天水一带并不多种。

器之蕃剑、铜瓶

致此自僻远，又非珠玉装。
如何有奇怪，每夜吐光芒。
虎气必腾上，龙身宁久藏。
风尘苦未息，持汝奉明王。

——《蕃剑》

乱后碧井废，时清瑶殿深。
铜瓶未失水，百丈有哀音。
侧想美人意，应悲寒甃沉。
蛟龙半缺落，犹得折黄金。

——《铜瓶》

这两首诗，诚如仇兆鳌所言：“蕃剑，不忘用世也。上二叙剑，三四作问辞，五六作答语。末言神奇之物，可以救时，乃开拓一意。龙虎腾跃，所以光怪莫掩……”“铜瓶，有感兴废也。首二另提，中四应时清，末二应乱后。当时有从故宫废井中拾得铜瓶者，故从乱后追思其盛。此瓶未经失水，则系以长绠，而辘轳有声。及其沉没水中，想汲井宫人，应对寒甃而伤悲矣。今者瓶上蛟龙，半已脱落，犹足准折黄金，盖以旧宫古物，人知珍重之也。”皆是杜甫所见秦州风物的反映。

诗中还传递出一个信息，这就是在当时的秦州，人们就已开始重视收藏文物。常言“盛世收藏”，当时“安史之乱”虽然说尚未完全结束，社会仍然处在动荡不安的状况，但杜诗所述蕃剑，并非遗弃之物，而为藏者所持，杜甫见此思情。而铜瓶虽为废物，却是宫廷之用。至于是谁从宫廷带出，怎么到了秦州，秦州的拥有者又怎么将其遗弃，是一段早已被历史封尘了的故事，难以启封。但无论怎样，杜诗从一个侧面反映出当时的秦州，就有收藏或鉴赏文物的历史。这种历史延续至今，使得天水的文物收藏或鉴赏有了一定的规模，且品位甚高。

居之修竹、菊花

杜甫到陇右，在诗中多次提到竹与菊花。从《佳人》里的“日暮依修竹”，《秦州杂诗》里的“丛篁低地碧”，到《示侄佐》里的“只想竹林眠”，到《发秦州》里的“密竹复冬笋”，最后再到《苦竹》里的“青冥亦自守”，构成一幅竹子生长图。亦是杜甫到秦州后虽遭生计、疾病、风雪、人情等多方面磨砺以后的自我写照。关于这一点，杜甫在其诗《佳人》中，以“日暮依修竹”般高洁、凄美的意象有过所表现。这里单引下面一诗:

青冥亦自守，软弱强扶持。
味苦夏虫避，丛卑春鸟疑。
轩墀曾不重，剪伐欲无辞。
幸近幽人屋，霜根结在兹。
——《苦竹》

苦竹，也称伞柄竹，体型较小，不见修长，其味亦苦。《杜臆》言：“节苦，则人不能亲。地卑，则人不相信。剪代无辞，何等谦厚。结根在兹，欲全晚节也。”正是如此。这首诗是诗人自况之诗，也是喻君子之诗。与杜甫众多意象纷呈的诗作不同，《苦竹》所含的隐喻志向较为显明。

同样，菊花亦是杜甫在陇右诗里不可忽视的一个意象。也许，这与杜甫所崇尚的陶渊明有极大的关系。

梅、兰、竹、菊，向来被称为“四君子”。也是一种文化、涵养、道德、修行的标志。杜甫陇右诗中的菊，有初月之菊（“庭前有白露，暗满菊花团”《初月》），有庭院之菊（“鸟雀依茅茨，藩篱带松菊”《赤谷西崦人家》），有雨荒之菊（“雨荒深院菊，霜倒半池莲”《宿赞公房》），可谓菊之意象纷呈。我认为，其中“愁眼看霜露，寒城菊自花”（《遣怀》）最好，最能代表杜甫在秦州的心境，最能体现杜甫的品格。该诗虽然像仇兆鳌所说“句句咏景，句句言情，说到酸心渗骨处，读之令人欲涕”，但亦能将秋之秦州风貌体现出来。

秦州不愧为历史文化名城，其历史文化在人们居住的环境、种植的花草里，在唐朝、在杜甫的诗里已经风韵绰约了。

三、欲问桃源宿：秋天的静谧不在心间

在秦州欲想安家的杜甫

杜甫在秦州最初宿住桃源的构想，始于秦州城西南不远的赤谷。

有意思的是，那个“溪回日气暖”“藩篱带松菊”的地方，既引发了他“欲问桃源宿”的梦想，又见证了他梦想的破灭。这如同他离开秦州欲想在栗亭重建一个桃源梦，却恍若隔世做了黄粱一梦一样，也印证了诗人的淳朴、善良，印证了诗人的某些天真气质。

《秦州杂诗》其九亦能说明杜甫“欲问桃源宿”的向往。

今日明人眼，临池好驿亭。
从篁低地碧，高柳半天青。
稠迭多幽事，喧呼阅使星。
老夫如有此，不异在郊垧。

——《秦州杂诗》其九

这个驿亭就在秦州城边的天水郡。

天水郡之名，当出在汉武帝时期。武帝元鼎三年（前114），从陇西郡分置而出天水郡。“西汉郡治平襄，在通渭西北；东汉移治冀县，即甘谷；西晋始移上邽，即今天水市”（徐日辉《秦州史地》）。之后天水郡、秦州名称几经更换，“天宝元年（742年）改州为郡，秦州称为天水郡；乾元元年（758年），复行州、县制，天水郡再改秦州”（潘守正《天水地方史略记》）。到杜甫来时，天水郡改为秦州仅仅一年。时称天水郡也行，称秦州也可。据《甘肃通志》载，唐天宝五载（746），陇右节度使王忠嗣令在城东筑成新城，称雄武城。杜甫到秦州时，新城或许刚刚筑好不几年。

杜甫见的这个驿亭，可能就在现在的天水郡之瀛池旁边。这个驿亭如现在的郊区宾馆，占地面积大，亭池竹柳，曲径通幽。可惜，驿亭供官府使节享用，普通人等只能隔柳相望，临渊羡鱼。杜甫到这个驿亭时，刚好逢有朝廷的使节来住，当地官府正在接待使节，围观的群众也不少。渴望安静的杜甫对此难免有所感触：自己如果能有这样的好去处，即便住在城里，也无异于乡居了。

秦州属温热带湿润地域。气候温和，四季分明，日照充足，降水适中，冬无严寒，夏无酷暑。按理，这样很适合人类居住的气候环境，对曾长期生活在关中大地的杜甫来说，应该是天然的疗养之地。

杜甫初到秦州，秦州便以它朗朗清空、飒飒秋风迎接了远来亦想定居的杜甫。

跻险不自安，出郊已清目。
溪回日气暖，径转山田熟。
鸟雀依茅茨，藩篱带松菊。
如行武陵暮，欲问桃源宿。
——《赤谷西崦人家》

在初步感觉了秦州城的阔大、新奇之后，杜甫来到距离秦州城不足七里路的赤谷。

赤谷，即现在天水市区西南暖和湾一带。这里山峦起伏，许多山峦呈红色。传说老君在此炼丹，炼了七七四十九天，仙丹没有炼成，倒把附近的山谷沟坡烧红了。赤谷之名由此而来。当时，杜甫很可能没有从河谷地带择路前行，而是缘赤谷山坡较为艰险的小路往赤谷深处而去。他出秦州城，登山历险，最初提心吊胆。不过一到郊外，一旦进入赤谷便觉目清神爽。那山田里的苞谷、高粱等庄稼都已成熟。而西崦向阳坡上的这户人家院落里，青松与菊花相得益彰，环境俨然如桃花源一般。杜甫仿佛在武陵的暮色里行走，真想投宿在这桃花源般的人家。

溪风回环，风和日暖，松菊相伴，桃花源般的赤谷，给初来乍到，心灵仍然孤寂的杜甫以极大的安慰。他心之所想，身之所求的不正是这样的温存之地吗？当时，赤谷给杜甫的，是美好与渴望。而三个多月后，当他再一次路过此地时却是“天寒霜雪繁”“山深苦多风”了。

因为赤谷的美好，杜甫回到秦州城后，想到他来秦州的目的，想到侄儿杜佐居住的东柯谷。那里，或许比赤谷更为理想，于是他动笔写信给杜佐。等后来到东柯谷，不出所料，东柯谷果然不同凡响。

杜甫在秦州“欲问桃源宿”的重要地方就是东柯谷。

传道东柯谷，深藏数十家。
对门藤盖瓦，映竹水穿沙。
瘦地翻宜粟，阳坡可种瓜。
船人近相报，但恐失桃花。
——《秦州杂诗》其十三

未暇泛沧海，悠悠兵马间。
塞门风落木，客舍雨连山。
阮籍行多兴，庞公隐不还。
东柯遂疏懒，休镊鬓毛斑。
——《秦州杂诗》其十五

东柯好崖谷，不与众峰群。
落日邀双鸟，晴天卷片云。
野人矜绝险，水竹会平分。
采药吾将老，儿童未遣闻。
——《秦州杂诗》其十六

集中将上面三首诗辑录于此，以资理解杜甫当年眼中的东柯谷，也方便理解东柯谷对当年杜甫的影响。

三首诗，一为概述，是初到东柯谷，对东柯谷之全貌的美好描述。见到如此令人心旷神怡的地方，杜甫像陶渊明一样，有种急切盼望的心情，唯恐失之交臂。

二为言志，叹国难年月，自己仕途不济。虽然不幸但却不能落魄，如同阮籍，如同庞公，视风雨于门外，蓬头散发，长须飘然，志气可嘉。

三为明愿，东柯胜景，崖谷山峰，与众不同，皆在于天人和谐，鸟自双飞，云飘风流。如此自在胜境，杜甫决意定居于此，采药将老。

如果不意外遇到赞公，杜甫在东柯谷很可能就会定居下来。

秦州的夜啊秦州的雨

常时任显晦，秋至转分明。
纵被微云掩，终能永夜清。
含星动双阙，伴月落边城。
牛女年年渡，何曾风浪生。

——《天河》

秦州的夜晚给杜甫的感觉澄明而美好。

秋至分明，天河澄清，星光闪动，月挂边城，纵有微云，牛郎织女，何曾失信。此般天上美景，落于秦州人间，“光细弦初上，景斜轮未安”“庭前有白露，暗满菊花团”（《初月》），“月明垂叶露，云逐渡溪风”（《秦州杂诗》其二），秦州是如此现实又染点尘世的恬静与美妙、清明与怅惘。而隐藏在天上的则是任凭风浪起的闲庭信步，散落在人间的，则是世事如棋、边城羁栖的人间况味。

在秦州的秋夜，杜甫除怀想自己的弟弟，写了《月夜忆舍弟》外，在“落月满屋梁”的夜深人静时分，还连续三个晚上梦见友人李白而作《梦李白二首》。

当年秦州城的月光撩拨着杜甫不安的心，也撩拨在今天探访者的心上。

如果说秦州的秋月惹人，让杜甫思绪翩翩的话，那么，当年秦州的绵绵秋雨恼人，让杜甫心绪难耐，愁肠百结。绵绵秋雨，也从自然意义上断绝了杜甫在秦州“欲问桃源宿”安家落户的念头。

边秋阴易夕，不复辨晨光。
檐雨乱淋幔，山云低度墙。
鸬鹚窥浅井，蚯蚓上深堂。
车马何萧索，门前百草长。

——《秦州杂诗》其十七

绵绵秋雨，给杜甫带来的是出门的不便与采药、卖药营生的萧条。夜晚淫雨，天亮还是雨，他只有面对缠绵的雨而神伤。你看，黑夜早已过去了，可宇宙天际，仍然阴霾重重，天色黑暗，以至于不见天亮的踪影。大雨如同散乱的幔帐从屋檐上垂下，厚重的雨云还低压在院墙上。雨水不止，井水上涨，鸬鹚鸟都能在井边看见井水里自己摇曳的身影。本来就在阴暗、潮湿的环境里生存的蚯蚓也受不住长期雨水的浸泡，爬行到屋里来了。门庭外哪里还有来来往往的车马，只有在雨水中疯长的杂草飘摇。秋夜无形中延长，天空无形中暗晦。整个世界阴暗、潮湿，象征着杜甫的渺小、孤寂与无望。他来秦州时的寄托，也变得像这暗晦中的雨雾，清凉而细微。也许秦州的雨给了他太深的记忆，大历年间，他在夔州、公安时连续写过多首雨诗，发出“漂泊欲谁诉”的感慨。

云气接昆仑，涔涔塞雨繁。
羌童看渭水，使客向河源。
烟火军中幕，牛羊岭上村。
所居秋草静，正闭小蓬门。
——《秦州杂诗》其十

秦州小巷与土屋

这又是不同的雨中景象。

蒙蒙细雨，云气清明。恬静田园，羌童看水，使客行路，帐篷炊烟，岭上牛羊，蓬门秋草。杜甫或许就在蓬门内看烟雨长空，听雨打草声，想一些或惬意或惆怅的事。他也许在想，大自然的美妙也就在于此，天晴风和日丽，天雨清润恬静。清润下，羌童者，嬉雨乐水，使客者，真诚行事；边塞军营，与雨何妨，炊烟仍袅袅；牛羊自牧，与村何碍，岭上仍觅食。我者何为？也许以前的是是非非，以前的那些“麻鞋见天子，衣袖露两肘”的情况将不再呈现了，那些“朱门酒肉臭，路有冻死骨”的惨景也会最终淡出历史，那些“所愧为人父，无食致夭折”的恸哭也只能留在记忆的深处……一切如这雨雾清亮而迷蒙，一切也如这雨雾终将会过去。雨过天晴，眼前将会是另一番景色。

天外秋云薄，从西万里风。
今朝好晴景，久雨不妨农。
塞柳行疏翠，山梨结小红。
胡笳楼上发，一雁入高空。

——《雨晴》

这是多么好的秋天风景！

很遗憾，无论是“阳坡可种瓜”的东柯谷，“欲问桃源宿”的赤谷，还是“檐雨乱淋幔，山云度低墙”的秦州雨中景象，“塞柳行疏翠，山梨结小红”的城外风光，那年秦州秋天的静谧，没有实实在在落在杜甫的心坎。杜甫也没有找到属于自己的桃花源，或者，秦州的桃花源曾与他失之交臂。

好像杜甫只有阅悉陇右山水的奇峻与险恶，只有饱经陇右的风霜雨雪之后，才能从生命、生存的逆境里悟出陇右山水、物候风貌的真谛，才能使他至深个性、至善德性、至美诗歌经其磨砺而得到永恒一样，在遍历陇右的一些山水风物以后，他所收获的，只是一次次创作欲望的满足，一次次面对那些曾催促他创作的人、事、物、境时的喜怒哀乐的倾诉。

十月底交十一月时，杜甫在秦州的生活处于困境。这时，汉源县的那位佳主人“来书语绝妙”，把汉源和栗亭好好地夸赞了一番。饥寒交迫中的杜甫，就冲着“下有良田畴”和“草木未黄落”的衣食问题而去。

向往阳光，向往衣食，这是当时杜甫最大而又最基本的生活及精神追求。

事实上，杜甫所向往的阳光与衣食没有如期而至。他在积草岭，仿佛看到了佳主人已经给他准备的果腹的蕨菜、遮风的茅屋（“食蕨不愿余，茅茨眼中见”），可等到了栗亭，佳主人什么也没有兑现时，期望有多大失望就有多大，一场精神的大雪和自然的大雪就纷纷扬扬朝杜甫飘来。

杜甫之所以“欲问桃源宿”，皆出于两种欲望：一为生存，二为归隐。

生存之于杜甫，不仅仅是他一人双足的事，而事关妻子、儿子、女儿、弟弟一大家口人的生存大事。于是，他执意“茅屋买兼土，斯焉心所求”地去求田问舍、置屋安家。同时，他在卜居的时候，鉴于自己体质的原因，一定要寻找一处向阳和暖的地方。在他所寻找的地方中，东柯谷最适合，可因为人事，杜甫退而不提。其他如西枝西，杜甫又未亲自去看，只好撂下不提。最后，他在秦州接到汉源“佳主人”来信，慕名去汉源、栗亭“欲问桃源宿”却又因人而退。

也正是在陇右一次次“欲问桃源宿”的过程中，一步步形成了杜甫“花开花落般”的归隐思想。“百川日东流，客去亦不息。我生苦飘荡，何时有终极”（《别赞上人》），杜甫的“游”如同水莲时开时隐在秦州这一方风雨飘摇之地；杜甫的“隐”如同带雨梨花，淡淡地开在秦州深处。

乾元二年（759）秋冬，陇右恶劣的气候像一把着附了魔影的双刃剑，一方面以其凌厉的锋刃把杜甫从秦州逼迫到了同谷，从同谷又逼到了成都；另一方面又以其逼人的寒光，给杜甫以魔幻外力。杜甫内力“发功”，入乎其内，出乎其外，将其转换为瑰丽、奇绝，情随物候，气贯山水，浓情密布的陇右诗。

第四章

同谷之行——身危适他州

一、山谷势多端：陇右山水多感发

自秦入蜀的风光（上）

河北大学教授、博士生导师韩成武先生曾说，杜甫离开秦州去同谷“其间山重水复，路途艰险，为杜甫始料不及。他在这条路上创作了12首纪行诗，真实地记录了每一步的艰辛”（《诗圣：忧患世界中的杜甫》）。事实的确如此。

当漫长的历史浓缩成几卷书籍，当漫长的岁月浓缩成一些诗篇的时候，我们今天所重视所欣赏的是杜甫自秦州至同谷，又自同谷至成都的一些具有开创并完善意义上的山水纪行诗。杜甫当初那些经历，那些苍茫，那些“大哉乾坤内，吾道长悠悠”的慨叹，甚至于那些过程中的喘息、悲咽、汗水、苦脸等细节早已被忘却或忽视。现在，当人们乘坐现代交通工具，长风一般忽而赤谷，忽而铁堂峡，忽而青阳峡，忽而木皮岭，忽而水会渡，忽而东忽而西时，难免会发一些时髦的感叹。感叹当年，感叹杜甫。仿佛漫长的历史就在昨天。

不可否认，沿途那些险恶的山水，亦有险恶的用心。险恶山水给杜甫的折磨、考验是空前绝后的。杜甫不仅接受了这些折磨和考验，还以诗的形式化整为零又合零为整，出色地记录了不曾间断的行役路线，记录了当时主要行役之处的自然景色与诗人心境。

杜甫自秦入蜀的山水诗，从色彩上说，无论是山、是峡、是路，所呈现的多为青色；从山的组成质地上说，多以石山、石峡、石道为主；从山的态势上说，则是奇、险、异，呈千姿百态状而又多有气势；从水的态势上说是众流争门，态势万千。但无论是奇险峻异，还是千姿百态，除给杜甫一家带来前进中的困难外，却没有给杜甫带来心灵上与之沟通的任何阻碍。杜甫心统万物，各取其态，各抒其势，其山水精彩纷呈，其诗章空前绝后。

青泥岭下的嘉陵道

山风吹游子，缥缈乘险绝。
硖形藏堂隍，壁色立精铁。
径摩穹苍蟠，石与厚地裂。
修纤无垠竹，嵌空太始雪。
威迟哀壑底，徒旅惨不悦。
水寒长冰横，我马骨正折。
生涯抵弧矢，盗贼殊未灭。
飘蓬逾三年，回首肝肺热。
——《铁堂峡》

朝行青泥上，暮在青泥中。
泥泞非一时，版筑劳人功。

不畏道途远，乃将汨没同。
白马为铁骊，小儿成老翁。
哀猿透却坠，死鹿力所穷。
寄语北来人，后来莫匆匆。

——《泥功山》

在《铁堂峡》诗里，诗人先是在缥缈、险绝的峡脊行走，后在峡谷中行走，两边紧紧相对的石峡，露着青色狰狞面目。石峡两边高处，虽然有小路，但小路仿佛从穹苍而来，人难以登攀。石峡内突兀的山石，若大地被撕裂之后形成。在峡底曲折前行，涧水寒酷，长冰纵横。拉车的马的骨头像要冻折了，更不用说可怜、悲哀、苦痛的人。时局仍然处在兵荒马乱之中，想想这三年来的凄苦生活，真让人肝肠欲裂。在这里，虽然峡顶上方有天色，高峡之上有雪色，深峡之外有村落。但就整个铁堂峡来说，峡石怪立，面目铁青，这是自然的总体色彩。这高峡、寒水、瘦马、横冰、巨石、人迹，这阔大与渺小、嶙峋与绝险都形成了一个灰青、空寂、悲切的意象。世界也仿佛在这灰青里不断地给杜甫提示着悲伤的遭际。刚刚从山深苦多风，乱石无改辙的赤谷走出来，又陷入这空寂、清冷的峡谷。杜甫边走边吟，如天寒地冻里的空谷幽兰，其形萧疏，其香在隐。

铁堂峡，在今天水市市区（秦州）西南七十里处。从天水市区出发，过暖和湾（赤谷）、皂角镇、徐家店、平南镇，在赵家磨与张家峡之间。2004 年前，这里尚未有公路，只有便道通往峡内峡外。2004 年后，徐礼公路由此改道而入。乘车不足 8 分钟时间，如风而过。当年杜甫是经由皂角镇、至店镇，再进入铁堂峡的。其艰难程度，今已不复再现！

同样以青色为主调的《泥功山》，其青色变得更为具象。青泥、青马、青人。从早到晚，翻越泥功山，人在泥中走，马在泥中陷。青泥穷途，后人谨慎。让杜甫一家人艰难跋涉的泥功山，在历史上多被注家注成“青泥岭”之别名。现代版的《辞海》也说：“青泥岭：又名泥功山。在甘肃省徽县南，为甘、陕入蜀要道，以岭高多云雨，泥泞路滑得名。”实际上泥功山亦称“泥公山”，在甘肃省成县西北四十里的牛心山一带。牛心山云梯崖的古碑文记述云梯崖的四至八到时均称“泥功山”。与泥功山毗连的山至今叫“烂泥山”。

《泥功山》没有从正面写山之高大，路之遥远。而以“朝行”“暮在”取而代之，言其高大、遥远，突出行路之难。

杜甫诗中为何称“青泥”而不说“红泥”或“黄泥”？按照一般人理解，西北多黄土高原，地多黄土。这只是相对而言，泛泛之谈。成县地处陇南，属长江流域，其土亦有青色。牛心山一带，潮湿多雨，冬季雨雪交加，水流不畅，便道上青土淤积成泥是自然的事。

杜甫一家人，还有那匹白马，那辆马车，从早晨登攀泥功山时，一开始就从“烂泥沟门”踏着泥泞的道路开始攀登，到了傍晚，还处在“青泥”之中。那匹白马拉着车子，在上坡且泥泞的路上行走。到关键处，马儿或许为了不让车辆后退而跪倒在地，或许马儿被烂泥滑倒，泥浆染身，白马成了黑马。孩子（很可能为宗武）本来天性就喜欢蹦跳，这天他却在泥泞中行走，脚踩烂泥，费力费时，衣服上也是泥浆，致使他垂头丧气，无精打采，活像一个老头。这样泥泞不堪的道路，恐怕连善于奔跑而又轻巧的猿猴、山鹿也逾越不了，也会因过度的挣扎而死亡。杜甫不禁告诫后来人，登泥功山千千万万要等天气晴好，道路干燥硬朗以后才能进行。

《铁堂峡》《泥功山》从色彩上看，多以青色为主。但前者重在意象，是青色的铁堂峡留给杜甫的精神反应。而后者于青色中状写现实，告诫后人。

塞外苦厌山，南行道弥恶。
冈峦相经亘，云水气参错。
林迥硖角来，天窄壁面削。
磎西五里石，奋怒向我落。
仰看日车侧，俯恐坤轴弱。
魑魅啸有风，霜霰浩漠漠。
忆昨逾陇坂，高秋视吴岳。
东笑莲华卑，北知崆峒薄。
超然侔壮观，已谓殷寥廓。
突兀犹趁人，及兹叹冥漠。

——《青阳峡》

青阳峡，在今甘肃西和县南五十里处，以峭壁上有状如青羊的石穴而得其名。现称青羊峡。

青阳峡是石峡。其峡窄而狭长，高而险峻。本来杜甫从秦州出发时就对路途的困难估计不足，他已经翻越了好几座大山，对翻山越岭的路途开始厌烦起来，希望以后所遇到的路能够平坦一些。然而，越往前，路途就越艰难。青阳峡云水迷茫，重岩叠嶂，乱石嶙峋，铺天塞地。石峡窄狭，因而显得天空如隙。石峡陡峻，陡壁如削。人马之行犹如蚁民，五里之外的巨石，面目狰狞，奋怒地似乎要向杜甫砸来。惧怕之下，看天上的太阳都要斜坠下来，乾坤大地也恐怕要失去平衡。呼啸的山风就像那魑魅的号叫，吹刮起生硬的雪粒在峡谷弥漫不息。山石似静却动，峡谷幽深，恐怖阴惨。

“磎西五里石，奋怒向我落”每当我读杜甫这首诗时，就忆起儿时做的噩梦：从所睡的床铺上向下跌，一直漫无边际跌向深渊。

当生命难以承受自然的恫吓、磨难时，渺小的生命也会向自然发出本能的惧怕与乞求。尽管，杜甫一开始厌恶登山之类的艰险。但，面对诡奇的青阳峡，杜甫不得不感佩：自华州入秦以来所经历的西岳华山，以及那传说中所谓的崆峒山等，在青阳峡这里都会自叹弗如，沉寂不语了。

谁能忘却青阳峡，谁又能忘却杜甫对青阳峡入其内、出其外的呈现？

熊罴咆我东，虎豹号我西。
我后鬼长啸，我前狨又啼。
天寒昏无日，山远道路迷。
驱车石龛下，仲冬见虹霓。
伐竹者谁子，悲歌上云梯。
为官采美箭，五岁供梁齐。
苦云直簳尽，无以应提携。
奈何渔阳骑，飒飒惊蒸黎。

——《石龛》

这种路途上的艰难与恐惧现代人难以体验得到，杜甫却用他亦真亦切亦梦亦幻的诗句流露在《石龛》一诗。大自然之威在这时已给杜甫展示了其中一部分的可怕与狰狞。但就这一部分，也足以让敏感的杜甫感到自然外界的重压，感到生命在与宇宙与自然相比的微不足道。然而，天地茫茫，微不足道如杜甫者，肩负的不仅是自身生命的延续与生存问题，还有妻小及兄弟姐妹的生存问题，还有百姓的生存问题。更为重要的是，作为一名儒士，骨子里那种“学得文武艺，货与帝王家”的社会秩序维护者的责任，那种“致君尧舜上，再使风俗淳”的社会进步推动者的使命，时时在他的心灵里奔突不止。作为一名诗人，他的精神世界，他的灵魂必须出窍，于所见之世界做异于他人的感悟与评判。来到凿壁而成的石龛附近，杜甫感叹天像虹霓，感叹伐竹之子，感叹长年战争，感叹民生之境。《石龛》似乎向人们传递着天道与诗人同处其忧的一种状态。

自秦入蜀的风光（下）

杜甫的陇右山水诗，是将山水描写与浓烈的情绪抒写融为一体的结晶。自秦州到同谷，自同谷赴成都的纪行山水诗尤为如此。

在路途中，杜甫虽然“塞外苦厌山，南行道弥恶”，厌烦了路途上的穷山恶水。然而，随着路途山水的不断变化，他心理上的这种厌烦从重到轻，从一个层面又转向另一个层面，并始终以饱满的激情面对接踵而来、不断变化的山山水水。他的笔下，自然也就有千变万化中的山水，自然就有诗人千变万化的冲动。

连峰积长阴，白日递隐见。
飕飕林响交，惨惨石状变。
山分积草岭，路异鸣水县。
旅泊吾道穷，衰年岁时倦。
卜居尚百里，休驾投诸彦。
邑有佳主人，情如已会面。
来书语绝妙，远客惊深眷。
食蕨不愿余，茅茨眼中见。

——《积草岭》

在这里讨论杜甫的《积草岭》，偏重的是诗的前半部分，并且更愿意将其与《木皮岭》诗一块来欣赏。

首路栗亭西，尚想凤凰村。
季冬携童稚，辛苦赴蜀门。
南登木皮岭，艰险不易论。
汗流被我体，祁寒为之暄。
远岫争辅佐，千岩自崩奔。
始知五岳外，别有他山尊。
仰干塞大明，俯入裂厚坤。
再闻虎豹斗，屡局风水昏。
高有废阁道，摧折如断辕。
下有冬青林，石上走长根。
西崖特秀发，焕若灵芝繁。
润聚金碧气，清无沙土痕。
忆观昆仑图，目击玄圃存。
对此欲何适，默伤垂老魂。

——《木皮岭》

有意思的是，在上面两首诗里，诗人为我们暗入了同一个楔子：同一个地方，一个是向往，一个却是神伤。这就是：栗亭。只不过，在《积草岭》里这个楔子上挂满了对栗亭的希冀，对未来的畅想，对人情世故的澄明理想。而在《木皮岭》里，这个栗亭的楔子上隐藏了他的无奈，他的苦闷，他的对人情世故的灰暗印证与记忆。正因为栗亭这个楔子承载了两个不同的概念，他笔下的山水就有了简与全的区别。

积草岭与木皮岭均在同谷界内。积草岭是杜甫入同谷时路过的，木皮岭是杜甫出同谷时路过的。一入一出，虽然都是同谷界内的莽莽山峰，但因了杜甫的心情，却有了不同的面目。积草岭是大全，是概貌。积草岭上山峰连着山峰，且由于峰回路转的行进方式，从而使此山峰与彼山峰忽远忽近。近处山峰的石头阴惨万状，道边路旁，林木茂密，山风、林风飕飕作响。人在山岭上行走、眺望，千山万壑，连绵不断，冬天无力的太阳忽隐忽现。羁旅之途的他，感到自己实在精力不济了。但是，前边，前边有他未曾谋面却一定会盛情接待他的佳主人。生存的渴望在这时占据了重要位置，他不再记述积草岭其他景色。望梅止渴的精神统摄了他。

木皮岭则不同。它的宏阔与精粹过多地迎合了杜甫当时的心境：神伤之后的悲愤，悲愤之后的移情。

“首路栗亭西”不但说明了杜甫从同谷出发“辛苦赴蜀门”必须经过栗亭一带，而且以栗亭之伤映衬凤凰村之恋。应当说，如果没有栗亭之伤，也就没有凤凰村之恋。杜甫有意借地理位置将他的神伤与眷恋埋藏给后人，之后笔锋一转，记述木皮岭之见。

无论古今，如果谁没有到过木皮岭。那么，不用遗憾，这丝毫不会阻隔人们的认识与欣赏。试闭目想象这样的情景：“远岫争辅佐，千岩自崩奔。始知五岳外，别有他山尊。”

再闭目试想这样的情景：“忆观昆仑图，目击玄圃存。对此欲何适，默伤垂老魂。”

不同的人都会依照杜甫上面的两幅参照图景，幻化出自己心目中的木皮岭，但各自的木皮岭里一定有宏伟的气势，有不同的“默伤垂老魂”的杜甫形象。

杜甫在《木皮岭》里的状写极为丰富，山、水、树、木、石、土、草、根、声、影、气、味……一应俱全。雄山，涧水，茂树，杂木，青石，沙土，百草，曲根，兽声，光影，雾气，异味……又不仅仅只是这些。木皮岭，千山万壑，万物并育，只待来者千呼万唤。

积草岭位于今成县纸坊镇与沙坝乡之间。木皮岭在今成县东南十公里处。

杜甫“辛苦赴蜀门”，曾经写渡口，写到了白沙渡、水会渡、桔柏渡。

白沙渡在今甘肃省徽县西南20公里大河店乡白水峡。水会渡在今徽县与两当县交界，嘉陵江与永宁河、田家河会合处。柏桔渡在今四川省广元界内。

畏途随长江，渡口下绝岸。
差池上舟楫，杳窕入云汉。
天寒荒野外，日暮中流半。
我马向北嘶，山猿饮相唤。

水清石礌礌，沙白滩漫漫。
迥然洗愁辛，多病一疏散。
高壁抵嶔崟，洪涛越凌乱。
临风独回首，揽辔复三叹。
——《白沙渡》

也许，杜甫第一次在高壁绝岸的渡口乘坐渡船。也许，生长在北方的杜甫面对波涛汹涌的嘉陵江时自然产生了一种畏惧感。当他扶妻携子，慌恐上船以后，宛若上到了云汉之间。水流船行，日暮人惊，白马嘶鸣，山猿呼唤。船行间，一边是千仞绝壁，一边是白沙水滩；一边是高山峻貌，一边是凌乱洪涛。他临江风，抚白马，一叹白马妻小随他颠簸于风浪间；二叹江清沙白岸绝日晚；三叹风洗悲愁愁眉尽展。从最初的畏惧，到后来的惊愕，再到最后的临风独叹，杜甫在心情与精神的转换中，将白沙渡岸之绝滩之白壁之高涛之激，一波三折写于字里行间。

山行有常程，中夜尚未安。
微月没已久，崖倾路何难。
大江动我前，汹若溟渤宽。
篙师暗理楫，歌笑轻波澜。
霜浓木石滑，风急手足寒。
入舟已千忧，陟巘仍万盘。
回眺积水外，始知众星乾。
远游令人瘦，衰疾惭加餐。
——《水会渡》

水会渡之景，更能引人入胜。杜甫辗转到水会渡，将要渡过嘉陵江，前往剑门进入成都了。山行水涉，面对水会渡，杜甫笔如游龙，极尽水会渡之胜景，极尽诗人之胸臆。是夜，“大江动我前，汹若溟渤宽”。此情此景，如果说杜甫起初有那么一些畏惧的话，船老大驾轻就熟的使篙理船之技与谈笑风生的情绪也感染了杜甫。虽然说杜甫“入舟已千忧，陟巘仍万盘”，但他由船老大那里受到了一种感染，善待自己，善待生命，方能乘风破浪。

此诗，夜行、路断、涉水、攀山、行舟、风劲、流急、水阔、浪高、星干、衰疾、歌声、回眸、沉思等众多意向，绵延不尽。亦是水会渡一带之绝妙写意。

1979年4月11日，日本京都大学教授、杜诗研究专家吉川幸次郎先生在西南师范学院相关座谈会上说："我们（日本），'中国文学研究者访华团'此次由北京经秦陇到成都，再经重庆下三峡穿两湖，然后回国。意在看一看中国山川是如何影响杜诗。同时亦要看一看杜诗如何影响中国山川的。"此话颇含哲理。但他应该知道，所有的山水相对而言，是静而不是动，所有人的思绪相对而言是动而不是静，即所谓思绪万千，思潮澎湃等。山川为自然造作，其势各异；诗词为抒情之作，尤重其内美。山川随心承情并与之浑融无碍，心物不二，心统摄物，入外势异趣，出内美其妙，方为大家。

二、煮盐烟在川：成州风物多异趣

煮盐烟在川

杜甫由秦州往南途中有一首诗为《盐井》。

《盐井》写于铁堂峡之后。是杜甫出铁堂峡，西行大约10公里所见煮盐场面的感发。煮盐的这个地方现在叫盐官镇，在甘肃省礼县东北处。当然，除地名以外，目前这里已很少有与生产食盐相关的事情了。那处仅存的盐井祠也让人很难想象杜甫当年到这里时生产官盐的盛况。

> 盐井，在县东三十里。水与岸齐，盐极甘美，食之破气。

上面的这行文字，来自李吉甫《元和郡县图志》"成州长道县盐井"条。

食盐在历朝历代都是重要货物之一，多为官府所控制，又多称官盐。与官盐对应的自然为私盐。私盐多被官禁，但利益所驱，历来官、私之间，盐事不断。在唐朝，"唐有盐池十八，井六百四十，皆隶度支"（《新唐书·食货》）。成州的这个盐井当为其一。从杜甫的诗中看，当时生产盐的场面颇大，规模不小。

卤中草木白，青者官盐烟。
官作既有程，煮盐烟在川。
汲井岁搰搰，出车日连连。
自公斗三百，转致斛六千。
君子慎止足，小人苦喧阗。
我何良叹嗟，物理固自然。

——《盐井》

杜甫由远及近，利用色彩对比，先把环境、场面呈现出来。环境者，远看处在南北两山之间较为宽阔的平川，因为多有盐碱地，谷物难长，再加之已是冬天，一些绿色植物枯萎。草木枯而泛白，盐碱地而自泛白，故山川之地卤白茫茫。而一片白茫茫之上，空中为何袅袅漂浮着一缕一缕的黑烟？走近一看，原来这里是生产官盐的地方。既然为官方督办的盐场，那么官方就规定了生产的程序以及生产量。因为要有较高的生产量，故而得加班加点生产。那空中飘浮的黑烟，为煮盐所致，烟在其川。

礼县盐官镇盐井祠

“汲井岁搰搰”，从诗句可以看出，成州这个盐井的生产，在汲卤设施上已较汉代有所改善，使用相对省力、安装在井口的辘轳式滑车汲取卤水制盐。这样的生产设施的改进，提高了生产量，其生产规模也就“出车日连连”了。《新唐书》记载，唐代官府对盐井的管理方式是“随月督课”，因此盐井的生产量以日、月计算，且有定额。杜甫所见盐井，亦是按照其定额生产的。唯有生产量大，才见进出运盐车辆之多。

唐朝对海盐的价格规定，为每斗“钱一百一十”。《新唐书·食货》有这样一段记载：“天宝、至德间，盐每斗十钱。乾元元年，盐铁、铸钱使第五琦初变盐法，就山海井灶近利之地置监院，游民业盐者为亭户，免杂徭。盗鬻者论以法。及琦为诸州榷盐铁使，尽榷天下盐，斗加时价百钱而出之，为钱一百一十。”这里讲的是海盐。海盐生产，成本较之于井盐低。那么成州井盐在当时为什么如杜甫所言是“自公斗三百，转致斛六千”呢？

唐时对盐的经营，实际上采用民制、官收、官运、官销为一体的产销方式，盐商不被纳入在内。换言之，官府将食盐从盐户手中收购之后，便直接售与百姓，无须假手盐商，因此，即使成州长道的井盐榷价高达 300 文一斗，百姓若径直从官府手中购盐，当地井盐的市场价也不至于比当时规定的每斗海盐“钱一百一十”高出许多。问题是，食盐作为重要的货物，历来为商人所重，或明或暗的盐商总会利用一切手段经营食盐。“吏以盐法求赢赀，民愈困，商令计口售盐，无常额，人便之，岁赀返增。”（《新唐书·郑肃传》）这段文字，可以佐证。

杜甫说盐从盐井卖出为斗三百，又盐商贩卖为斗六百（十斗为一斛）极有可能。

历来人们看杜甫之《盐井》多有二说。一为《盐井》为史为事，言说杜甫不仅能从政治、军事、民生等大事上以诗的形式纪录历史，亦能以小事如《盐井》等上佐证历史。此说有理。二为《盐井》揭露了官府压榨，盐商盘剥之事。此说并不全面。

盐之稀少，古来存在；民食盐之多，又为生存之大需求。盐之生产，不与谷物生产相同，在古代更不可广种薄收。盐之管理，多为官府所重。盐商之窥伺，又何不常有。所有这些既是自然之理，又是社会之为。也从一定程度上体现了社会的弊病与民生的苦难。但完全冠以“官府压榨，盐商盘剥”恐有失辩证。杜甫诗中的“君子”“小人”，从一定程度上遮蔽了一些人的眼目。其实，杜甫言“我何良叹嗟，物理固自然”就已说明了一切。认真体味，杜甫其实也是一位哲人。

《盐井》之诗艺，又多被人们忘却。杜甫在这里采用“互比映衬”的诗性方式，以“草木白”映衬“青者烟”，从静态视觉转为动态视觉，再由“汲井”映衬“出车”，由固定之盐井上的辘轳“搰搰”到进出运盐的车之“连连”，最后由“三百”映衬“六千”，构成从视觉到数值，从静态到动态，从外物到内思的和谐转换。全诗有环境、有特写、有色彩、有声音、有数量、有思量，相互映衬，相得益彰。读《盐井》，令人不禁想起以前，我去寻访杜甫当年所住的西枝时，路过一处川道，那里有许多土制的小炭窑，日暮时分，放眼望去，青烟袅袅，大有“烧炭烟在川”之象。

一首《盐井》尽得陇右千年之风物，可赞。

杜甫所遇的美箭、橡栗与猿

陇右就这么奇特。乾元二年时，它既处在唐朝的军事前沿位置，又为唐朝提供一些军事物资。箭是其中之一。

箭，是搭在弓弩上发射的竹制武器。《说文》曰：箭，矢竹也。杜甫在《石龛》里有诗句为：“伐竹者谁子，悲歌上云梯。为官采美箭，五岁供梁齐。苦云直簳尽，无以应提携。奈何渔阳骑，飒飒惊蒸黎。”

杜甫在艰难与恐惧中来到凿壁而成的石龛一带，有感于天象虹霓，有感于伐竹之子，有感于长年战争，有感于民生之境而作《石龛》，与天道同处其忧。那么，又是什么触动了他敏感的诗人的神经呢？这就是为官采美箭者。

石龛一带，杜甫用熊咆、虎啸、鬼号、狨啼等意象营造的艺术真实环境，可谓是鬼哭狼嚎，毛骨悚然。但，这仅仅为自然之环境。而高山之上那位采伐竹子，用以制作美箭的人的悲歌却更为悲愁。从天宝十四载（755）“安史之乱”暴发起，远在后方的这位青年就开始了为官军采伐制作竹箭的竹子。他采制的竹箭被送到河南、山东一带的前沿阵地，连续五年了。五年采伐竹子，至今笔直的竹子已很少见到。伐不到笔直的竹子，回去难以交差啊。杜甫在诗中采用对话的形式，完成这首纪行诗的创作，其功力非他人所能及。

《石龛》就这样穿越尘封的历史向我们走来。杜甫以当时所处的环境，所遇的人物，所拥有的一种情绪，除给我们展现了当时石龛一带的情景，流露了他民胞物与的情怀之外，还为我们记录了唐朝陇右为前沿阵地提供大量竹箭这样的历史细节。这样的细节，若精灵一般，历千百年而不死。

杜甫在同谷，生活极为穷困，以至到了拾橡栗、掘黄独度日子的地步。“岁拾橡栗随狙公，天寒日暮山谷里”，“黄独无苗山雪盛，短衣数挽不掩胫”是他真实的写照。

橡栗结于橡树。此橡树，非名画《狂风中的橡树》所画的那种橡树。而这种橡树，据我所见，多为落叶乔木，又多生长在山冈之上，丘陵之中。高不过腰际，就有果实。果实俗称橡子，也叫橡实、橡栗。外表皮有一层硬壳，圆形呈棕红色，内仁如栗子，可食用。我记得，它入口时硬，有淀粉的味道，微甜。但嚼之不爽，后味苦涩。古人对橡子记载，除上面所说以外，《列子》说符篇有：“冬日则食橡栗”。《晋书》挚虞传有：“粮绝饥甚，拾橡实而食之。”这些记载，说明在灾荒之年，人们以橡子充饥度日。杜甫以后的诗人张籍在《野老歌》曾说：“老农家贫在山住，耕种山田三四亩。苗疏税多不得食，输入官仓化为土。岁暮锄犁傍空室，呼儿登山收橡实。西江贾客珠百斛，船中养犬长食肉。”皮日休也有诗云：“深秋橡子熟，散落榛荒岗。”“散落榛荒岗”的橡栗，在古人那里，或喂食家禽，或只限于在灾荒之年充饥活命。杜甫随狙公在天寒日暮里去拾橡栗，就是为了充饥活命。

落叶乔木橡树，多分布于秦州渭河以南及同谷大部分地区。

杜甫在同谷还挖黄独为食。陈藏器在《本草》里说：“黄独，遇霜雪，枯无苗，盖蹲鸱之类。”蔡梦弼曾引别注云：“黄独俗谓之土芋，根唯一颗而色黄，故谓之为黄独。岁饥土人掘食以充粮食。江西谓之土卵。”在一般中药书籍里，没有黄独的记载。一头乱发的杜甫，在白雪覆盖的山谷里，挖“黄独”，就是为了充当粮食，解决饥饿问题。

杜甫在同谷的处境，不仅当时相邻的人为其悲悯，千百年来，也让一代代所有善良的人为其悲悯。黄庭坚“君不见杜陵白头在同谷，夜提长镵掘黄独”甚其悲矣。

在同谷及入蜀途中，杜甫诗里四次提到“猿”类。一处是《石龛》，有：“我前狨又啼”。二处是《泥功山》，有：“哀猿透却坠”。三处是《乾元中寓居同谷县作歌七首》其四，有：“林猿为我啼清昼”。四处是《白沙渡》，有：“山猿饮相唤”。纵观这四处，前两处为虚写，用其声、其形来拓展诗意。后两处为实写。“林猿为我啼清昼”言寓居小屋，寒夜难眠，林猿从夜至晨哀鸣不止，悲情可触。张九龄诗“林猿莫夜听”是云猿声恐怖，至夜更甚。《水经注》载：“每至晴初霜旦，林寒涧肃，常有高猿长啸，属引凄异，空谷传响，哀转久绝。故渔者歌曰：巴东三峡巫峡长，猿鸣三声泪沾裳！”猿鸣三声泪沾裳，何况从夜晚鸣至清晨。而“山猿饮相唤”写杜甫在白沙渡听到山岭之猿声。嘉陵江并非长江，白水峡亦非三峡，但猿鸣承传，一脉相同，哀鸣至今。

杜甫四次对猿类的述及，除诗之本意以外，最起码还说明在唐朝，陇右一带林栖动物很多，常能见到猿猴类动物。

在此，值得一谈杜甫在秦州时写的一首诗。

人说南州路，山猿树树悬。

举家闻若咳，为寄小如拳。

预哂愁胡面，初调见马鞭。

许求聪慧者，童稚捧应癫。

——《从人觅小胡孙许寄》

此诗所写猿，其实就是猕猴。这一点，古今恐怕没有异议。而这首诗从古到今，对其写作时间，写作地点存有异议。

古有梁权道将其编在大历二年夔州诗内，写作地点自然就在夔州。黄鹤将其编在秦州诗内，写作地点自然就在秦州。仇兆鳌采用黄鹤之说，将其编在秦州。

今有韩成武先生作文认为，此诗作于上元元年（760）的春季，写作地点为成都。

古之大历二年说，有一个误区：杜甫向人求寄小猕猴的目的不明。如果按杜甫诗中所言，闻说南州多猕猴，求寄聪慧的小猕猴是为了“童稚捧应癫”，那么这个“稚童”是谁？是杜甫的儿子宗文、宗武？但这时小儿子宗武已经十四岁了（杜甫在大历三年《又示宗武》诗里有“十五男儿志，三千弟子行”）古人十四五岁，早已不属稚童玩猴之时。那么，这个稚童就很难判定是谁（大历二年，杜甫显然不会再有属于“稚童”的儿子。如若是孙子，按古人观念，爷孙之亲，杜甫定会在以后的诗里提及。但以后诸诗，难见孙儿身影）。

韩成武先生成都之说主要依据有二：一是杜甫“在秦州三个月的困窘生活，不允许他产生这份让孩子要猴儿取乐”（韩成武《杜甫新论》以下同），以此为基础，杜甫在成都的生活相对安定，“杜甫有了安居之处，紧簇的心开始舒展，为了美化环境，四处向人索要树苗，还有大邑出产的瓷碗之类，索要小猴应在这个时候”。二是根据《新唐书·地理志》载：“南州，南川郡下，武德二年开南蛮置。三年，更名僰州。四年，复故名。”以及《汉语大词典》第一卷第889页“南州”条注“唐武德二年，初置南州。宋改南川县。即今四川省南川县”的记载，来说明杜甫诗中所说“南州”指“处在綦江北岸，与今日的綦江县（在四川省）城隔江相对”的“即今日四川省南川县”。

韩先生之说的第一个依据，看似有理，但其实不然。杜甫从华州到秦州，首先要有一定的资费盘缠，便能在秦州立足。杜甫后来在秦州生活状况的确不如人意，但作为诗人，作为人父，又是经历过一定场面的官场人物，在生活困难之时，闻听“南州”多猕猴，便托人从南州捎来一个，不是没有可能。作此诗，也正符合杜甫的为人处世哲学。杜甫的这首诗，很可能是在来秦州后不久的时间，新结识的人告诉他秦州以南有很好玩的小猕猴，他便托此人或他人捎寄小猕猴，以供小儿子宗武玩耍。

韩先生的第二个依据，虽说有史料记载，但此史料并不能证明杜甫在此诗中所说“南州”是史料及《汉语大辞典》里所说的“南州”。按照韩先生所说，杜甫在《发秦州》所言“无食问乐土，无衣思南州”中的“南州”，也就是今四川南川县之“南州”了。这，显然与杜甫在秦州、同谷的情况不符。综合考证，杜甫诗中无论是“无衣思南州”还是“人说南州路”中的“南州”，只是一个方位概念，并非实指地名。如前所述，秦州，特别是秦州渭河以南地区，在唐朝时林木相当茂密。从杜甫诗中也能看出这一点。林木一旦茂密，林栖动物也就常见。就是现在，小陇山林区，特别是现今徽县、两当、成县、武都的森林地带，虽不能说“山猿树树悬”，但也有猿猴类的动物常常出没。再说，秦州当时是唐朝在西部边陲的一个重要城市，也是一个重要的交通枢纽地，集市贸易肯定有一定的规模。说不定，杜甫是刚到秦州不久，在秦州某一个地方看到有人玩耍小猴，因而动了要为宗武弄来一个，好让他疯玩的念头。这也有可能。

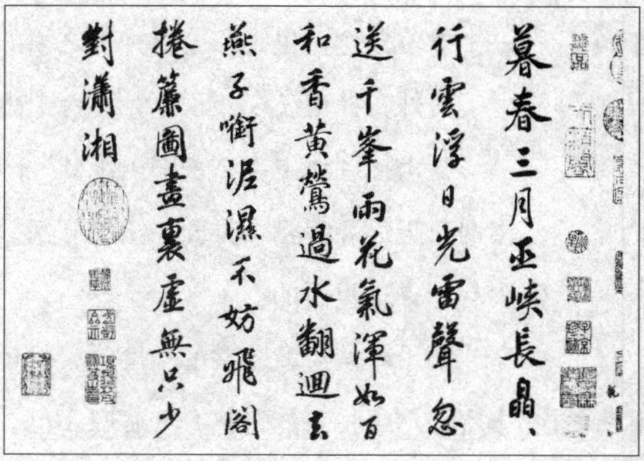

|《宋·赵构书杜诗》（现藏台北故宫博物院）

莫砺锋先生通过读宋朝刘昌诗的《芦蒲笔记》，发现赵次公对这首诗之“童稚捧应癫”句的位置有怀疑，即“赵叟谓：合移断章‘童稚捧应癫’作为第四句”，之所以这样的原因有两个。一是“意义浑全”，二是“亦成对偶”。仔细推敲，诗的结尾换成“许求聪慧者，为寄小如拳”亦有一定的道理。

杜甫《从人觅小胡孙许寄》当是杜甫在秦州所作。而这首诗写生活之趣，活灵活现，更能显示杜甫之真生活、真性情。同时，对唐朝陇右的风物，也提供了一些佐证。

三、造幽无人境：万丈潭深深几许

栗亭，一个让杜甫伤心的地方

栗亭对杜甫来说是一个伤心的地方。

“栗亭名更嘉”，是杜甫在《发秦州》诗里所言离开秦州时的一个理由。栗亭给杜甫的是一个生活期许，是一种对光明前途的向往。

“首路栗亭西”，这是杜甫在《木皮岭》诗里所言离开同谷时的行径路线。它既是一个方位概念，也是一个对神伤之事的暗喻。

另外，杜甫还在《积草岭》诗中想象过栗亭之人，栗亭之事。

杜甫接到佳主人“来书语绝妙”的信后，一定反反复复看了好多遍，也激动了好多遍。天气和暖是一方面，土地肥沃，物产丰富，山水幽美是一方面，佳主人给他有食有屋是更重要的。

如果单从诗歌欣赏的角度看，杜甫随事造境的《发秦州》和《积草岭》诗，想象丰富，信手拈来的诗艺令人赞叹不已。但如果从史家、注家角度出发，从探究杜甫生平及思想角度出发，人们会发现杜甫的这两首诗给后人留下了“南州”“汉源”“栗亭”“鸣水”等值得探寻的地理概念。如果忽略这些地理意义的名称、方向，对理解、欣赏杜甫的这两首诗无疑会失去锦上添花的效果。当然也就不会对当时秦州、同谷的地理、风物有更多的了解与认识。

“南州”在杜甫的诗里如前所述是方位名词。

“人说南州路”之南州，是秦州以南或近或远较为宽泛的一个概念。“无衣思南州”指秦州之南的汉源或栗亭。

“汉源十月交”中的“汉源”也令许多人不解。“汉源”这一地名概念，究竟何指？实际上汉源县由上禄县更名而来，具体见本书第九章所论。

“鸣水县”，《旧唐书·地理志》载：“鸣水，汉沮县地，隋为鸣水县。旧治落蕃水南，永隆元年，移治水北。”又载：“（长庆元年）九月甲午朔。丁酉，废兴州鸣水县。”《旧唐书》中，鸣水、长举、顺政三县均属于兴州。

再结合柳宗元《兴州江运记》看，杜甫来陇右时，秦州以南地区徽县、成县东南一带，同时存在着属于兴州的鸣水县。

至于杜甫诗中所提及的栗亭，新旧唐书中均没有记载。唐以后，栗亭才见于史记。《旧五代史·郡县志》对栗亭设县有详细的记载：

> 秦州奏：“州（成州）东界有胜仙、泥阳、金砂、栗亭四镇，东至凤州美瞻镇界十五里，南至果州界二十里，北至高桥三十五里，西至同谷界三十五里，北至秦州界六十七里，欲并其四镇地于栗亭县。其征科委县司，捕盗委镇司。”从之。

比杜甫小65岁的柳宗元在《兴州江运记》有“自长举北至于青泥山，又西抵于成州，过栗亭川，逾宝井堡，崖谷峻隘，十里百折，负重而上，若蹈利刃”的叙述，只提到栗亭川而不及详事。

从上述史料看，栗亭当时是一个比较有名的驿站之地。栗亭在现在的陇南市徽县栗川乡。

“佳主人”当初邀请杜甫，“来书语绝妙”也并非夸大其词。从古至今，栗亭确实是一块好地方。这里的气候，特别是冬比秦州暖，春比秦州早。举个简单的例子，春夏之交，秦州大田里的蒜薹尚未出薹，栗亭大田里的蒜薹已经送到秦州寻常百姓家的餐桌上了。

后人相传，杜甫到栗亭后住的时间比较长，也在栗亭作过诗，但其诗佚失。《太平寰宇记》载：同谷县有栗亭镇，咸通（859—873）中刺史赵鸿刻石同谷说：“工部题栗亭十韵，不复见。鸿诗曰‘杜甫栗亭诗，诗人多在口’。悠悠二甲子，题记今何有？”唐懿宗咸通十四年（873）成州刺史赵鸿在考察了栗亭以后，写过《杜工部同谷茅茨》的诗，诗为“工部栖迟后，邻家大半无。青羌迷道路，白社寄杯盂。大雅何人继，全生此地孤。孤云飞鸟什，空勒旧山隅。”若依此记载，可见杜甫在栗亭居住的时间比较长，也写过诗。清乾隆二十九年费廷珍纂修的《直隶秦州新志》收牛运震《重修杜少陵祠堂记》载：“栗亭川拾遗祠者，明御史潘公创建以祀唐诗人杜少陵子美者也。……今之栗亭川者，实惟有唐同谷之故界。子美历秦窜蜀，扰壤艰难，风尘之际，盖尝淹处喘憩于兹，短衣山雪，乱发天风，负薪拾橡，号饥呻寒，文士穷愁，莫此为烈。”

事实上，杜甫确实到过栗亭，但居住的时间并不长。为栗亭写诗，也值得后考。

杜甫之后，在陇右最早认真提及杜甫的，当是成州刺史赵鸿。他在杜甫走后近120年“二甲子”的时间里考察了栗亭，并作了二首诗。前者为“杜甫栗亭诗，诗人多在口。悠悠二甲子，题记今何有”，后者为“工部栖迟后，邻家大半无。青羌迷道路，白社寄杯盂。大雅何人继。全生此地孤。孤云飞鸟什，空勒旧山隅”。对此，陈贻焮先生认为，赵鸿之诗多有附会。陈先生在《杜甫评传》里分析：

> 赵（鸿）二诗当同为凭吊同谷栗亭茅茨而作，因为后诗“空勒旧山隅”和前诗“题记今何有”就是“工部题栗亭十韵，不复见”的意思。（“不复见”、“今何有”不就是“空勒”了吗?）老杜“栗亭诗”“题记”今虽“不复见”，而其诗仍在人口流传：“诗人多在口”。……“工部栖迟后，邻家大半无”，说明赵鸿来此凭吊曾做调查。百多年过去了，“邻家”见过老杜的人当然一个也不会活在世上。可见指的是旧邻的子孙。既说“邻家大半无”，总会有“小半”，至少有一两家当年邻居的子孙会留在这里。这样的一些村民说他们的爷爷、老子曾经见到过杜甫和他的石壁题诗，能说这是毫无根据的附会、编造吗？

陈先生条分缕析，颇为重要。

因为杜甫，栗亭千百年来才有了这样的“栗亭诗争”“栗亭住争”。现在，只要人们静下来，认真读杜甫的诗，设身处地为杜甫所想，就会从杜甫前后的诗作，特别是从《乾元中寓居同谷作歌七首》中可以看出，杜甫在栗亭的时间并不长。再从杜甫的性格，从“佳主人”对待杜甫的态度看，杜甫不可能在栗亭住多久。古今中外，所有的诗人都不是全能的，更不是万能的。他们的诗歌创作，因七情六欲的指使，因各种环境的影响，有着很大的随意性。杜甫即便是最为勤奋的诗人之一，即便是诗圣，他也不可能适应得了各种复杂的环境，而在任何一种环境下创作诗歌。人们怀着凭吊的心去悼念杜甫，以至“争杜诗”“争杜住”情有可原，无可厚非，有些附会也可理解。但关键是学者、研究者需要默然自知之时，亦要本着科学的态度，向外求知，在理解当时杜甫之艰难，当时社会之险恶的同时，方可寻杜诗之广博，方可睹天地之广大。

万丈潭前的幽灵

杜甫在栗亭不能住太长的时间，只能沿来路回到凤凰台下的凤凰村寻找安身之处。等他暂时住下以后，凤凰村附近的山水就从杜甫的诗里一直流淌到了现在。如《凤凰台》，如《乾元中寓居同谷县作歌七首》，如《万丈潭》。

青溪合冥寞，神物有显晦。
龙依积水蟠，窟压万丈内。
局步凌垠堮，侧身下烟霭。
前临洪涛宽，却立苍石大。
山危一径尽，岸绝两壁对。
削成根虚无，倒影垂淡瀩。
黑如湾澴底，清见光炯碎。
孤云到来深，飞鸟不在外。
高萝成帷幄，寒木垒旌旆。
远川曲通流，嵌窦潜泄濑。
造幽无人境，发兴自我辈。
告归遗恨多，将老斯游最。
闭藏修鳞蛰，出入巨石碍。
何当炎天过，快意风云会。

——《万丈潭》

《万丈潭》是杜甫在陇右时的重要作品。整体看，阴晦、苍茫、幽冥汇聚于全诗。

如果把这首诗作为杜甫对同谷独特山水的独特写照，那么它是最真实且传神的同谷山水风景。如果说把这首诗当作承前启后的山水诗描写的一大转变之一，那么它就是转变过程中的那些梦幻般舞动的阴柔、清亮而又潜深沉郁、慑人心魂的幔纱。如果说杜甫的这首诗是借山水而说人世的感悟，那么它就是杜甫纯真心地遭受现世磨砺后不羁心灵的一种真实流露。

杜甫从华州到秦州，对于生计，考虑得有些简单，对于亲情想得太纯真。去同谷时，对于人情也考虑得过于天真。

长安时期，以及华州任上，他所见所闻，多是官场的辛酸，多是社会秩序的混乱，多是民生的凋敝。这些来自外在环境的撞击，如烟似梦，如雷似电般在杜甫心灵闪回，从而使他写出雄浑苍郁、百感交集的生命之感悟。

在陇右，当他陷入社会底层，当他的生计遭遇困顿，当他在秦州失望于亲情，当他在栗亭遭受到更大的冷遇以后，以自我为中心，他才切切实实感知了人间世情的冷暖。他，一个曾立志于仕途的儒生，面对同谷的万丈潭，犹如一位少年转眼成长、成熟，对生命对社会对宇宙万物开始大彻大悟。

人生无常，生命渺小。当杜甫与万丈潭物我一体的时候，他面临的世界（不只是他一个人面临的世界）呈现出了幽暗与神秘。

成县飞龙峡万丈潭

幽暗、神秘的象征，恰如万丈潭成为世界的倒影。在这倒影里，“根虚无”的不仅仅是绝壁，不仅仅是那些看似像战场帷幄、旌旆样的藤蔓、寒木，不仅仅是那些孤云、飞鸟。“根无虚”的还有诗人（众生）自己。

《万丈谭》诗中一个重要的意象，就是潭水倒影。在这里，倒影成为世界的镜子，成为杜甫一生压抑、苍凉、孤苦的镜子。作为世界或者社会的镜子，在有着神秘光亮而又晦暗的潭里，只有龙（古代君王的代表）才能蛰伏、伸展、腾跃，如进出无人之境。对于杜甫来说，万丈潭只照映出了他“根虚无”的幻象：在诱惑、痴迷、悲苦、凄凉中，如飞鸟依龙般地在天与地、爱与恨、神圣与自由、苦难与期望、困厄与光亮中腾跃。（他此时的这种感情亦潜伏在了七年后。夔州所作“玉露凋伤枫树林，巫山巫峡气萧森”诗意无不有此时的影子）。

在《万丈潭》诗里，杜甫再一次用“冥寞”一词，并把它放到首句，与“神物”“龙依”“窟压”“万丈”等意象，开局造势造出一个阔大、阴暗的境界时，陇右的这方潭水，这方潭水附近的景象就一一展露出来。如果要梳理的话，大体是：

① 潜藏有神物的深潭，潭深或许万丈，潭侧山崖或许崖高万丈；

② 在潭边立足之地，侧身下望潭水，水雾蒙蒙；

③ 潭水之口，河水来路宽阔，巨石当道，难阻河水一泻而下；

④ 两岸刀削石壁，上高不可攀，下难觅其根；

⑤ 石壁倒影、孤云倒影、飞鸟倒影，皆在潭面波动；

⑥ 倒影的世界还有波光，还有如帷幄的藤蔓，有如旌旆的寒木；

⑦ 举目远望，造成此势之潭的河水，从远处乱绕、穿夹缝湍急而来。

这些基本为自然之景，但杜甫起始就赋予冥寞潭水内潜龙的意象，正如王嗣奭在《杜臆》里评说“起来两句有大力量，盖清溪神龙，合之以成其灵也”。之后，杜甫在神秘中一一将阴暗、显晦又蕴藏灵光、力量的雄奇、险怪、阴森显现出来。清人蒋金式评此诗：“字句章法，一一神奇，发秦州后诗，此首尤见搏虎之力。”最后，杜甫于神秘中又诉感慨。全诗寓意于景，错落、跌宕、丰富的景致又建构于意，使诗的张力有了无限可能。

幽暗、幽深的万丈潭，尽管潭水面上有光亮闪烁，但那光影依然不能照亮青潭；尽管自由的云可以在万里碧空中浮动，但潭深几许，云彩何时能浮出潭面悠悠飘荡；尽管鸟儿能飞翔，但如小鸟一般的处于这样环境中的诗人（众生）什么时候才能飞出这潭影之中。也许，只有那潭里蛰伏的龙，于潜伏里汇聚力量，于黑暗里产生光明，最后才能于下腾跃深潭，于上云起龙骧。可自己又不是“神物”啊，自己只能发现这些，印证这些，感悟这些，也期望于这些。

《万丈潭》何止是幽隐奇深的山水的万丈潭啊！

杜甫借以抒写自己情志的这个万丈潭，在甘肃陇南市成县东南七里的飞龙峡。这里原先河流汹涌，涛涛奔流，一派大河气象。两岸崖壁陡峭，又侧身欲转。转身落差处，大河流经，积水成潭，潭水深幽。潭水一旁，削壁舒缓处，杜少陵祠居于其间。祠内“一片忠心，微寓歌吟咏叹；千秋诗圣，独追雅颂风骚”的对联可谓恰如其分。早先的杜少陵祠零落，与削壁、潭水相合，杜甫流落之境，犹浮眼前。现在，河水虽存，气象却减；削壁虽耸，坦途贯通；祠堂修葺，旧颜换新。

DU FU
ZAI
LONGYOU

雅

卷三

雅

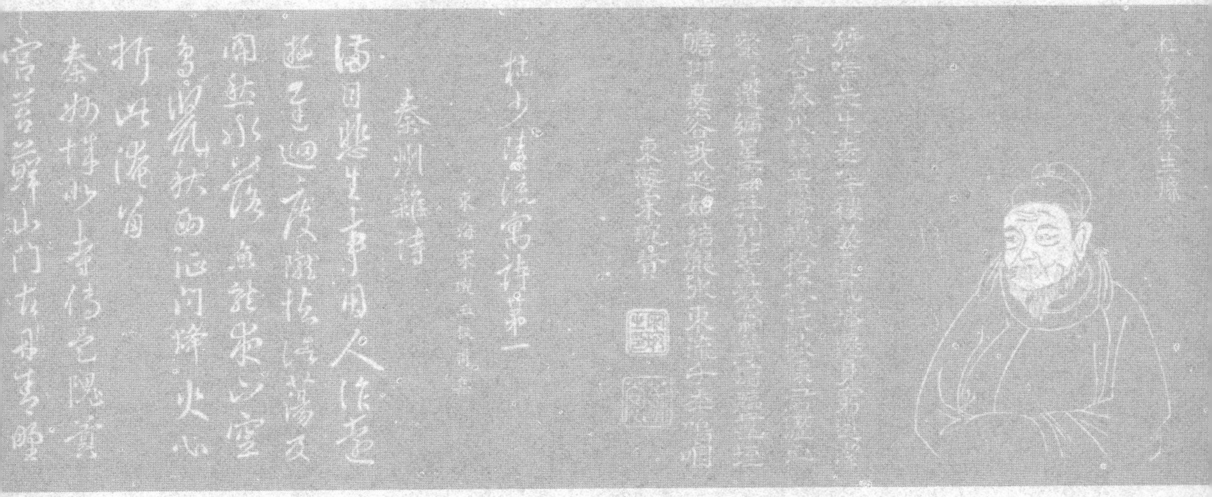

“生于忧患，死于安乐”，对于杜甫来说，显然主要考虑的是生时忧患。

通常理解，华州之后，杜甫应该“无官一身轻”地生活、游历、写诗。实际上，他在一定程度上也是这么做的。然而，除此之外，陇右的杜甫，同时还在审视着自己，审视着自己究竟走在了什么地方，站在什么位置，自己还有什么样的目标？

我们发现，杜甫在陇右的忧患，绝大多数是在替国家和社会释义这个层面上。

杜甫在陇右，以独特的方式葆有、或者延续着他的仕途理想。这种方式，表面上看是诗的表述。实质上，诗的表述只是一个外壳。但杜甫必须借助这个外壳，来表述他内心的一切。

从《佳人》《凤凰台》可以看出杜甫从华州到秦州，从秦州到同谷，历经沧桑，却更加坚定了他的治世追求。只不过这种追求是在群盗猖獗，自己又身陷困境的状况下表现出来，即：物我相与的复杂、矛盾的报国之志。

理想抱负是一种信念。尽管这种信念并不如黑与白、明与暗、清晰与隐晦那么分明。但它作为一个人的心之自体，特别是作为杜甫的心之自体而言，是依当时“安史之乱”祸国殃民、肃宗朝平叛无能、贤人落寞等境况而生发的深邃、微妙、无穷的精神支柱。

第五章

陇右忧患——他日伤心极

一、长望吟浊泾：忧患替国家释义

杜甫在陇右前期的政治情结（上）

安史之乱对唐朝的影响，不仅仅表现在对政治权力的挑战与颠覆，对生产经济的严重破坏，对社会秩序的严重影响上，同时也表现在对士人良知的考验，对普通大众的人心摧残上。唐朝当时的京都长安曾两次沦陷，唐朝的文武百官在那种动荡不安的局势里或择主而事或得过且过，做出了不同的选择，有过不同的表现。王维被叛军所挟持，在贼府就职，装病称疾，写诗吐怨；杜甫的好友郑虔被叛军所掳，强迫在洛阳当水部郎中或兵部郎中，亦称病，并密章奏报灵武。杜甫从叛军中逃出，在凤翔涕泪受隆恩，官拜左拾遗。

杜甫在长安时期特别是在“安史之乱”时期的一些作品，像《兵车行》“三吏”“三别”等奠定了其诗“诗史”的地位。其“史”主要反映唐朝政治、经济中心地域的“史”，除此之外更广阔地域的诗中见“史”则是华州以后。杜甫百余年之后的唐人孟棨在其《本事诗》里说：

杜逢禄山之难，流离陇蜀，毕陈于诗，推见至隐，殆无遗事，故当时号为“诗史”。

乾元二年（759），无论对杜甫来说，还是对唐王朝来说，都非同寻常。

一月，杜甫在洛阳有“洛阳亲友如相问”的感觉。安禄山被其子安庆绪所杀。“蜀郡健儿贾秀等五千人谋逆”。

二月，杜甫尚未从洛阳回华州。华州自乾元元年十月至乾元二年二月天旱无雨。二月十日，华州刺史张唯一率华阴县令等到华山金天王庙祈雨。

三月，杜甫从洛阳探亲返回途中，作“三吏”“三别”诗。在洛阳一带围困邺城的九节度大军大败于叛军史思明部。史思明又杀安禄山之子安庆绪。河西一带地震，尚有余震。

四月，杜甫回华州工作。肃宗朝同平章事李岘具陈李辅国专权乱政之状。

五月，杜甫在华州因天旱无雨而“对食不能餐，我心殊不谐”。吏部尚书、同平章事李岘以直言获罪，被贬蜀州刺史。

六月，杜甫在华州准备应对朝廷对官员进行的考核。南充郡民何滔执其太守杨齐曾以反，剑南节度使卢元裕前往镇压，败之。

七月，杜甫的仕途考核不理想，仕途走向终结。七月初九，准备西行秦州。郭子仪军容不整，李光弼代为朔方节度使、兵马元帅。

八月，杜甫到秦州、去东柯谷、游太平寺……襄州将康楚元、张嘉延据州作乱，刺史奔荆州。康楚元自称“南楚霸王”。

九月，杜甫客秦州。张嘉延攻破荆州，荆南节度使杜鸿渐弃城逃。澧、朗、郢、峡、归等州官吏闻讯争相潜窜。叛军史思明率部攻破汴州。

十月，杜甫居秦州，渐入困境。史思明攻河阳不济，遁走。邛、简、嘉、眉、泸、戎等州发生少数民族造反。

十一月，杜甫受骗，艰难寓居同谷。“南楚霸王”康楚元仍乱。朝廷发布新钱与开元钱三品并行。民争盗铸，货轻物重，谷价飞涨，饿殍遍野。

十二月，杜甫无奈赴成都途中。唐玄宗自蜀归京，唐肃宗“匍匐捧上皇足，涕泗呜咽，不能自胜”。当月“史思明以其兵众八万之籍，与伪河东节度使高秀岩并表送降”。

这一年，对杜甫来说是多灾多难的一年，对整个唐朝来说更是多灾多难的一年。

这一年，杜甫写出了“三吏”“三别”，写出了《秦州杂诗》，写出了由秦入蜀纪行诗……

毫无疑问，成就“诗史”其誉的，是杜甫一生的诗。通常理解，华州之后，他应该“无官一身轻”地生活、游历、写诗。实际上，他在一定程度上也是这么做的。

今天，有许多人从杜甫与一些人的交往以及留下来的一些诗里，或印证杜甫欲遁入空门，进入佛家境界，或印证杜甫欲避世绝俗，进入道家地界。其实，说佛也好，谈道也罢，这正是杜甫集大成的表现。

从根本上说，杜甫自小接受儒家教育，成年以后，历练、实践的，正是以孔子为代表的“其道广大，其智广大，其规模宏阔，其前识深远，孰是有慧，忍不服膺”（《原儒》熊十力著）的儒家魂脉。杜甫到陇右以后，仍然像孔子所言“吾尝终日不食，终夜不寝以思”的是国家社稷，是民族民生，所体现的是他最大程度上的良知。也许，正因这些，唐以后千百年的风尘掩埋了唐时许许多多普普通通的故事，唐时那些重要的历史故事也多在冰冷的档案里闪烁着蓝色之光时，而杜甫真切、动人的声音，作为那时历史的再现却不绝于耳地传递到了现代人的心灵。

杜甫陇右诗从不同侧面反映了杜甫当时向往太平、向往和谐、向往社会不断进步的政治抱负。

《秦州见敕目薛三琚授司议郎毕四曜除监察与二子有故远喜迁官兼述索居凡三十韵》是杜甫秦州诗中被有些专家认为“这诗一般，不见精彩”的一首，但我却认为是不可不重视的作品。全诗兹录如下：

大雅何寥阔，斯人尚典型。交期余潦倒，材力尔精灵。二子声同日，诸生困一经。文章开突奥，迁擢润朝廷。旧好何由展，新诗更忆听。别来头并白，相见眼终青。伊昔贫皆甚，同忧岁不宁。栖遑分半菽，浩荡逐流萍。俗态犹猜忌，妖氛忽杳冥。独惭投汉阁，俱议哭秦庭。还蜀祇无补，囚梁亦固扃。华夷相混合，宇宙一膻腥。帝力收三统，天威总四溟。旧都俄望幸，清庙肃惟馨。杂种虽高垒，长驱甚建瓴。焚香淑景殿，涨水望云亭。法驾初还日，群公若会星。宫臣仍点染，柱史正零丁。官忝趋栖凤，朝回叹聚萤。唤人看騕褭，不嫁惜娉婷。掘狱知埋剑，提刀见发硎。侏儒应共饱，渔父忌偏醒。旅泊穷清渭，长吟望浊泾。羽书还似急，烽火未全停。师老资残寇，戎生及近坰。忠臣词愤激，烈士涕飘零。上将盈边鄙，元勋溢鼎铭。仰思调玉烛，谁定握青萍。陇俗轻鹦鹉，原情类鹡鸰。秋风动关塞，高卧想仪形。

在杜甫所有的诗里，这首诗不被人们耳熟能详，但在我看来这首诗传递的几个信息比较重要。

首先这首诗写作的时间，大体上可确定在杜甫到秦州后的九十月间。

其次，最重要的有这样几个内容：

一、杜甫对国家统治秩序的看重与维护。

二、杜甫在华州并不如许多人所言是“看透了唐朝统治者的无能”，而是对朝廷一些奸臣庸人的不满与谴责。

三、杜甫“罢官”羁旅秦州，处江湖之远而心系国家大事。

四、杜甫在以上三点基础上的仕途或做官情结。

杜甫在陇右前期的政治情结（中）

为更好地说明杜甫在陇右前期的政治情结，我试将《秦州见敕目薛三琚授司议郎毕四曜除监察与二子有故远喜迁官兼述索居凡三十韵》这首诗用白话作一阐释：

现在像《大雅》这样高雅宏阔的诗篇何其少，而薛三琚、毕四曜二位的诗歌就具备闳雅淳朴的典范。回想起我们刚结识时我穷途潦倒，才力不济，而二位以才力之精灵，取得显赫声名，我等奉儒守官的人平平庸庸。二位的文章诗篇境界深邃，官职升迁也如同其诗文辉润朝廷内外。原来的好朋友什么时候才能相见，什么时候又能听到二位新的诗篇？自分别以后，我们都有些苍老，但相见却如阮籍相见嘉宾那样青眼有加、盛情相待。忆昔当年，我们都贫困相交，一同忧虑艰难的岁月，一起同甘苦共患难，一同为生活为仕途漂泊。我们的这种行为不被别人理解的时候，又逢朝党纷争、安史之乱，百官各奔东西，悔我亦不能若杨雄投阁那般明志，又同大家一起担忧当朝像申包胥在秦庭哭泣一样乞求回纥出兵。那时，玄宗皇帝奔蜀而去，长安群臣被叛军所获。当时的京城阴森恐怖，叛军肆意横行，杀气腾腾。后来朝廷威望，扭转局面，统一指挥平叛。肃宗皇帝也回到了长安京城，宗庙也恢复了清肃。虽然说叛军仍在京城之外安营扎寨，但唐军一定会高屋建瓴长驱直入将其消灭。宫中淑景殿香烟袅袅，望云亭等待皇帝游宴。当初帝在凤翔，朝廷初复，群臣情绪高涨，如星绕月，而那时的薛公仍然处在被误解、污辱之中，毕公您也正处在孤苦伶仃之中。我虽忝列朝臣之列，但每每散朝之后，我自己或因朝中之事不能多有言语，或因官职低下，为二位的奔忙没有结果而感叹。我们虽然身负才能是一匹匹神马，但无人有更高的赏识，就像不肯早嫁因为本是一位个性耿直的美女一样，就像身陷囹圄知道埋藏宝剑的人士一样，宝剑锋从磨砺出。二位已经磨好了剑，拔剑相出了。我仍为侏儒，但不会饱食终日，'众人皆醉吾独醒'，忍辱负重，只待时日。现在我虽然旅居秦州，但时时刻刻怅望着长安、惦念着朝政。眼下，羽书急驰，烽火未熄，战事仍然紧迫，但我们的军队却没有乘胜追击，以致叛军有了喘息的机会，战火又燃烧到京城郊外。面对这种情况，忠正之臣言辞激愤又摩拳擦掌，义列之士涕泪飘零又义愤填膺。宦官监兵，王师丧败。朝廷把一些好的将军布防在边防上，只给他们守边功勋的名分。现在想想，恐怕还是由高人掌握军权，方能取得平叛的胜利。曾是一起甘苦与共的兄弟，而二位荣升，如今我在秋风瑟瑟的秦州落难，静卧以想二位的仪容，等待着你们的回音。

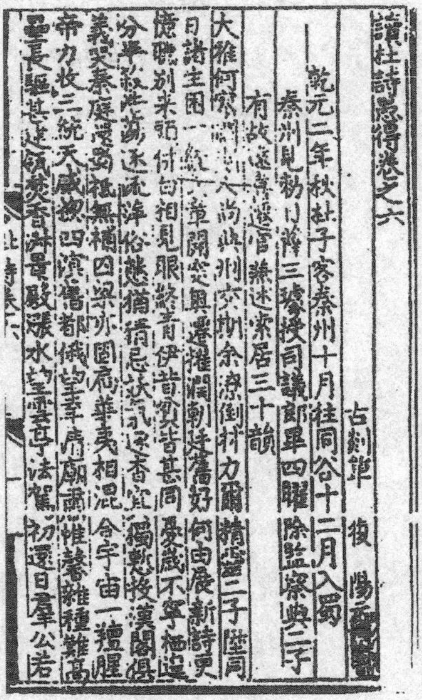
讀杜詩愚得卷之六
古劍單復陽元
乾元二年秋杜子客秦州十月往同谷十二月入蜀
秦州見勑目薛三璩授司議郎畢四曜除監察與二子

｜明·单复撰《读杜诗愚得》

如果不囿于这蹩脚的阐释，能深入到杜甫的原诗当中，那么这首诗的走向其实很真切，甚至于我们很乐意在抛弃了诗艺之后深入到杜甫的真实与可爱里。我们会发现在茫茫宇宙里，诗人没有矫饰的心灵的裸露。他虽然渺小如蚁，但他回顾的是整个社会的安定问题，回顾的是"安史之乱"、邺城之败，回顾的是友人之情。他谴责的是奸臣宦官，感叹的是良臣上将。他顾及的是眼前之乱，倾听的是将伯之呼。他诉述的是难在秦州，空有鸿鹄之志，乞求的是友人展翅，扶危济急。

很遗憾，杜甫的这二位朋友没有给杜甫帮多大的忙。同时，我试图从一些史料里寻找杜甫诗中所提及的薛璩、毕曜时，史料包括野史对二位，特别是对薛璩的记载不多（薛璩曾与杜甫一同登慈恩寺塔）。新旧唐书对毕曜的评价也很间接，这就是“羽与毛若虚、裴升、毕曜同时为御史，皆暴忍，时称‘毛敬裴毕’”。“乔琳，并州太原人。少孤苦志学，擢进士第。性诞荡无礼检。郭子仪表为朔方府掌书记。与联舍毕曜相掉讦（掉讦：以言语攻击），贬巴州司户参军”（以上均见《新唐书》）。如果真如唐书所说，毕曜他们又能给杜甫帮什么忙呢？秦州之前，杜甫有诗涉及过毕曜，秦州之后在《存殁口号二首》只言“席谦不见近弹棋，毕曜仍传旧小诗”，并不提及毕曜其他事。杜甫在诗中提及的毕曜，当时还不具有成为“酷吏”的资格。毕曜“小人得志”为后来的事。

杰出的国际著名史学家、教育家洪业先生在《再说杜甫》一文中说：“杜甫论事常有先见之明；他设策以适用为要；他参谋有收效之功。”杜甫的《秦州见敕目薛三璩授司议郎毕四曜除监察与二子有故远喜迁官兼述索居凡三十韵》亦可印证洪业先生的观点。只可惜，杜甫看毕曜没有像当初预料唐朝借兵会有极大的遗患那样，把毕曜后来的“酷吏”之迹也给看出来。

回到这首诗的事件里。杜甫当时看到的敕目，为当时朝廷任命官员的文书。杜甫看“敕目”而动畅想之念这一存在的隐蔽之义，值得透过他的诗来深究。我们完全可以沿着杜甫给我们的已定条件想象当时的情景：某一位官职比杜甫在华州时官职低或相当的秦州官员，在某一官府和杜甫私晤。也许是这位官员无意中拿出了朝廷的敕目，也许他还真想讨好杜甫给杜甫有意拿出了敕目，也许是杜甫有意无意地触及了朝廷任命之类的话题，这位官员拿出了最新的敕目，总之杜甫带着比较复杂的心情看了敕目的内容。之后，杜甫的心情更为复杂，他匆匆告别了这位官员，凄怆而归。敕目的内容也许还比较多，但杜甫给我们只提供了薛璩、毕曜的升迁。

由于凄怆，杜甫没有理顺诗兴，若失落在大海又遇黑夜的人，突然看见远处有灯火摇曳后发出了急切的呼救。这种本能的呼救，因为没有过多的掩饰也就显得更为接近本真：对仕途与政治的痴迷。

如果像一些人所说，杜甫是看透了当时的政治时局，自愿罢官的，那么，他何必在意这样的朝廷任命官员的敕目呢？又何必在诗中讲述那么多的政治场景、政治事件，倾诉自己强烈的政治感情呢？

如果像一些人们所说，杜甫当时是因为“关辅大饥”而逃荒秦州的，那么，他何必在秦州要与这位官员接触并有意无意看到敕目呢？是期望这位官员或秦州的官员给他生活上的帮助，还是期望能在秦州谋一份差事呢？

如果杜甫当时接触官员只是为了改变自己的生计状况，那么，他又何必看到敕目后，给薛璩、毕曜畅谈国家大事，再求助于他俩呢？

杜甫对薛璩、毕曜求助什么？是生活上的帮助，还是仕途上的某种愿望？

一切可能都隐伏在诗行里。诗的山冈上，除过去时的友情外，是过去时的政治时局与现在时的政治时局的交替出现。这首诗的背后，是一个复杂的杜甫。诗里有落拓文人既不甘于落拓，企图摆脱落拓，又放不下清高架子，还想指点江山的那么一种复杂情愫。

如果我们从复杂里挑拣一个较为明晰的趋势走向的话，这首诗里还蛰伏着在“旅泊”与“长吟”之中的、更为宽阔、博大的时政山峦。

杜甫在陇右前期的政治情结（下）

我们再看看杜甫由《秦州杂诗》组建的时政情结山峦。

自古人们普遍认为，《秦州杂诗》是杜甫的重要之作，也是刻意求工之作。如果从数量上看，二十首诗里，从首一的“西征问烽火，心折此淹留”到尾章的“唐尧真自圣，野老复何知”有十二首涉及了时政。这些诗与秦州、同谷的其他时政诗一起共同构成了杜甫仕途上的时政山峦。

由战事引发的烽火，在西部边陲秦州燃烧。这是杜甫刚进入秦州地界，还未到秦州城里的第一印象。他首先担心每日燃放的烽火。那烽火之烟，是平安之烟，还是战事之烟，成了杜甫在秦州不能不担心的事。当他在秦州，当他回望秦州城这座边塞古城时，看到的是“降虏兼千帐，居人有万家”，这仅仅一万多户人家有“千帐”少数民族居住的景象。这样的城市，每到夜晚，又有“鼓角缘边郡，川原欲夜时”鼓角震响之后的凄凉。邺城军溃，如军失良马，而“真龙种”的秦州之马，即使残老，也“哀鸣思战斗，迥立向苍苍”。国事繁复，持节使臣奔忙，只因为“属国何时晚，楼兰斩未还”，“东征健儿尽，羌笛暮吹哀”，往来使节，有好多伤心事要来回传递啊。“烟火军中幕，牛羊岭上村”，雨中山野，与村庄相望的还是飘曳着烟火的军营。烽烟袅袅，鼙鼓声声，所有这些都会“不意书生耳，临衰厌鼓鞞”。从东柯谷回来，杜甫在秦州城看到越来越紧张的形势：东面史思明还在负隅顽抗，西边吐蕃虎视眈眈，边警可危，“警急烽常报，传闻檄屡飞”，“候火云烽峻，悬军幕井乾”。杜甫面对这样的形势不禁发出“故老思飞将，何时议筑坛”的感叹。

以上是组诗《秦州杂诗》所展示的一些情况。胡笳戌鼓，胡舞羌笛，边塞烽火，使臣往来，军旅边防。秦州虽为后防线，但戎马倥偬的景象不能不使胸怀家国事，眉攒万国愁的杜甫像别人一样熟视无睹。

杜甫在陇右处江湖之远，则忧其君，时时关心时政，也一如既往地体现了他对国家、军事的预见性。除《秦州杂诗》里所担忧的“降虏兼千帐，居人有万家”，“西戎外甥国，何得迕天威”等对边陲秦州未来担忧外，还在其他诗如《即事》《留花门》里对国家借回纥之兵，对国家采取的和亲策略等提出了自己的见解。

闻道花门破，和亲事却非。
人怜汉公主，生得渡河归。
秋思抛云髻，腰支剩宝衣。
群凶犹索战，回首意多违。

——《即事》

这首诗的主角是唐公主宁国公主。宁国公主从回纥回京路过秦州，杜甫见状有感而发。

杜詩說
一木堂梓

杜詩說序
古今善說詩者莫如孟子孟之言曰
以意逆志是為得之逆之為言迎也
夫古人在百世之上我在百世之下
雖以志形之於言而欲從帋上探微
索隱使作者肺肝如揭不亦難乎余

清·黄生撰《杜工部诗说》

《新唐书·回鹘传》有一段记载，今天读来仍然不是滋味。

乾元元年，回纥使者多彦阿波与黑衣大食酋阁之等俱朝，争长，有司使异门并进。又使请昏，许之。帝以幼女宁国公主下嫁，即册磨延啜为英武威远毗伽可汗，诏汉中郡王瑀摄御史大夫为册命使，以宗子右司郎中巽兼御史中丞为礼会使，并以副瑀，尚书右仆射裴冕送诸境。帝饯公主，因幸咸阳，数尉勉，主泣曰：“国方多事，死不恨。”

宁国公主出嫁第二年，可汗死了，宁国公主险些被活活陪葬。这种情况，恐怕并不是唐肃宗当初和亲时想到的。其实，在杜甫见到回归长安的宁国公主之前，另一首诗已经充分显示了杜甫的卓越远见。

花门天骄子，饱肉气勇决。
高秋马肥健，挟矢射汉月。
自古以为患，诗人厌薄伐。
修德使其来，羁縻固不绝。
胡为倾国至，出入暗金阙。
中原有驱除，隐忍用此物。
公主歌黄鹄，君王指白日。
连云屯左辅，百里见积雪。
长戟鸟休飞，哀笳曙幽咽。
田家最恐惧，麦倒桑枝折。
沙苑临清渭，泉香草丰洁。
渡河不用船，千骑常撇烈。
胡尘逾太行，杂种抵京室。
花门既须留，原野转萧瑟。
——《留花门》

花门指回纥人。回纥人在古书上也称回鹘人，最初活动范围在今甘肃张掖以北的地域。据《新唐书》记载，回纥的祖先是匈奴，俗多乘高轮车，居无定所，逐水草转徙，民性骁强，善骑射。在整个唐朝，回纥与唐朝的关系时好时坏，比较复杂。回纥地界受到外来侵略，回纥便有求于唐朝。“安史之乱”，唐朝为了平叛，不但与回纥和亲，还借回纥之兵以对付叛军。乾元二年时，安禄山已死，史思明还在猖獗，回纥的兵力仍然在长安一带布防。肃宗不得已借回纥兵时，曾与回纥约定：收京之日土地士庶归唐，金帛子女归回纥。克西京后，回纥叶护就想践约，广平王李俶拜在他马前阻止，始得免。克复东都洛阳后，回纥大肆掠夺三日。自乾元以后，回纥又岁求和事，唐朝所欠回纥马价，以及和亲陪嫁等耗资不菲。唐朝也为之苦不堪言。乾元二年以后，回纥又每犯大唐，洗城掠夺。

杜甫对朝廷借兵平叛与嫁女和亲抱有成见，在《自京赴奉先县咏怀五百字》对其就有看法，在《北征》里言“此辈少为贵”，在《洗兵马》里言“独凭朔方无限功”。而在秦州所作《留花门》集中抒发了他对朝廷和亲、借兵的看法：少借外族兵力，多借后患无穷。杨伦在《读杜心解》里评说“自古以为患”一段时说：“此段叙古来驭夷，正见当时相反，可当名臣奏议。”“名臣奏议”，是杨伦对杜甫此诗的最大褒奖。杜甫的这首诗，最大程度地体现了他的政治器识与卓绝眼光。

然而，杜甫毕竟只是一位怀有强烈政治愿望的诗人，而不是政治家。政治家往往着眼的是现时秩序的巩固与变动，因而往往会忽略一人一事。杜甫以诗人之眼看待政治之事，看重的是通古今而观现时，并付诸实践。他的政治器识也由此而生发。

二、塞上传光小：他看到了明天的战场

被烽火啮啃的地域

杜甫陇右诗《夕烽》里有“千门立马看”之句。此“千门”是众门“看”一。

乾元元年六月时，作为在皇帝身旁当官的杜甫，突然被贬出京城，去华州接受一个司功参军的职务。要离开朝廷了，杜甫恋恋不舍，百感交集，出金光门去赴任。

金光门是他逃脱叛军，奔赴凤翔，“麻鞋见天子”“涕泪受隆恩”，官拜左拾遗的见证；是他自己认为仕途受挫，贬官京邑的又一见证；也是他真实、可爱性情的见证；更是中国文人挚诚、细微、多愁善感的见证。

> 无才日衰老，驻马望千门。

杜甫在金光门向京城相望的是一种眷恋、一种惆怅、一种对大唐都城的惶惶之情。此“千门”是一门看众。

一年后在秦州，杜甫又写“千门立马看”，相看的是边城的危急，并由此产生对大唐的忧心。

夕烽来不近，每日报平安。
塞上传光小，云边落点残。
照秦通警急，过陇自艰难。
闻道蓬莱殿，千门立马看。
——《夕烽》

《夕烽》是杜甫在秦州不可忽视的一首小诗。

烽的本意为烽火，指古时边防报警的烟火。由此繁衍出烽火、烽烟、烽火台（烽候、烽墩）等。烽或烽火起于何时，尚不清楚。但在司马迁的《史记》里就有记载："胡骑入代句注边，烽火通于甘泉、长安。"《水经注》在叙述城固时说："城北百二十里，有兴势阪，诸葛亮出洛谷，戍兴势，置烽火楼，处处通照。"在唐朝职官中，分管烽候传驿之事的是兵曹、司兵。按唐朝规定，每逢三十里的地方就要置烽候。如无战事，每到傍晚于烽候处燃放烟火一炬，视为平安。

古诗词中，常以烽火喻战争、战事等。蔡文姬在《胡笳十八拍》中有"城头烽火不曾灭，疆场征战何时歇"之句。鲍照诗《代自出剑北门行》中有"羽檄起边亭，烽火入咸阳"句。庾信亦有"流星夕照镜，烽火夜烧原"（《拟咏怀》）诗句。杜甫在自己的诗中也曾多次写过烽火。"烽火连三月，家书抵万金"（《春望》），"万国尽征戍，烽火被冈峦"（《垂老别》），写的是大的战争场面及后果。

杜甫秦州诗中"夕烽"亦即宋人崔与之所写的"烽火平安夜，归梦绕家山"之平安烽火。这一炬烽火，从古到今，牵动着各朝各代的爱国人士。一千多年后的诗人艾青曾在《雪落在中国的土地上》一诗里深情地抒发："透过雪夜的草原/那些被烽火所啮啃着的地域/无数的，土地的垦殖者/失去了他们所饲养的家畜/失去了他们肥沃的土地……"中国的苦难与灾难，相隔千年通过诗人的烽火而生发出来。

《夕烽》中的"秦"，有两指，一为关中，一为秦州。前者为大，后者为小。由小及大，大小相连，互生患难，荣辱共鸣，方为家国。

"蓬莱殿"，又叫"蓬莱宫"，是唐朝供皇帝居住的宫殿。蓬莱，又称"蓬壶"，是神话传说中渤海仙人居住的三座神山之一。这里泛指京都长安。

"闻道"，在诗中并非"闻说"或"听说"，而是杜甫作诗之需要的揣想。

在《夕烽》诗里，微弱而又袅袅升起的烟火，作为诗的鸢线被杜甫牵着，放飞着诗人一腔凄恻心怀。

烟火，最初淡远渺渺。因为是在傍晚燃放的平安之烟，因为傍晚的天体澄明透亮，远处所传递的烟火，沉入天体之中，隐隐约约，一时难以看清。看平安之烟，越看不清楚，越要看。这里面潜藏的是一种期盼，是一种常忧国家安危之人对每日平安信息的渴望。这渴望最后得到满足。远处天际线云彩边微弱的一点残缺烟火，把忐忑不安的心最终安抚下来。

如果看到这么一点残烟，就可以心安理得进入梦乡的话，那梦仅仅是普通之人在战争年代的一种田园之梦。这样的梦，对于普通大众来说是渴望，亦是一种特殊情况下的渴望而已。残烟袅袅，有难以扯断的烟根。烟根在，尽管为残烟，它也会袅袅飘浮。飘浮，又会产生一种新的探究的欲望。

残烟由更西的地方而至，在秦州的上空飘浮。秦州，没有残烟的归宿。人们的视线或者今天读者的视线会越过陇山，直至长安。那里，皇帝、大臣、百姓，众多的人对残烟的渴望仍然强烈。所有前行在路上的人，千门立马相看的哪怕是一点残烟，也为平安的信息。

这是一个关于烽火归宿的事件，事件目睹者主体是杜甫。由刚入秦州的“西征问烽火”到现在的极目远望，杜甫目力所限，等捕捉到远处烽候上燃起的烽火时，烽火已经快要消失。然而，正是这即将消失的烽火，让杜甫感觉它不仅是对自己的宽慰，更重要的是对大唐的宽慰。他甚至想象到远在京城长安的百官们如何立马相看这烽火的景象。他的仁者心、恻隐心鼓之谆谆，听之藐藐。也正是社会之需，大众之求。

烽火是战事的写照，日日烽火日日忧。在秦州，杜甫面对烽火，除担忧回纥入侵外，还担忧吐蕃入侵。吐蕃在鼎盛时期，其势力由西向东达到西域、河陇地区。唐太宗时的文成公主、唐中宗时的金城公主先后与其有过联姻。这两次联姻，加强了经济与文化交流。“安史之乱”时，即唐玄宗奔蜀避难，唐肃宗灵武起事，杜甫被安史叛军所俘的那一年，“吐蕃遣使来朝请和”。过了六年，唐宝应元年（762）十月吐蕃东进，“陷我临、洮、成、渭等州”（《旧唐书·吐蕃传》）。又过了一年，到广德元年，吐蕃攻陷东都。公元 763 年时，“吐蕃陷陇右诸州”（《新唐书》）。

有吐蕃与大唐此起彼伏的战事，杜甫对吐蕃的担忧，也就绵绵无绝期了。

庙堂之下心为国忧

地僻秋将尽，山高客未归。
塞云多断续，边日少光辉。
警急烽常报，传闻檄屡飞。
西戎外甥国，何得迕天威。

——《秦州杂诗》其十八

凤林戈未息，鱼海路常难。
候火云峰峻，悬军幕井乾。
风连西极动，月过北庭寒。
故老思飞将，何时议筑坛。

——《秦州杂诗》其十九

杜甫在秦州的这两首诗，前居秦而忧朝廷，后居秦而思良将。

就京都长安而言，秦州地僻天远。深秋时节，云低风急，驿马飞奔，警急常报。阴霾紧张的气氛，让每一个忧心的人都惶遽不安。杜甫不安的是吐蕃这个与大唐有着亲戚关系的强悍民族，在唐玄宗刻意为敌、唐肃宗又软弱相待的情况下，猖狂至极。杜甫在复述紧急情况后，更从军事上分析，凤林（属今甘肃临夏）一带，吐蕃的侵犯疯狂，我军的阻击正酣。高山上烽候的烽火常常报急，我军在前方孤军奋战，粮草后援不济，情况十分危急，犹如风贯天际，月垂大漠。而要对抗吐蕃，还需要大唐尽快筑坛拜将，请出像汉代飞将军李广、当代神通大将李嗣业这样能征善战的人来靖边防守。

城上胡笳奏，山边汉节归。
防河赴沧海，奉诏发金微。
士苦形骸黑，林疏鸟兽稀。
那堪往来戍，恨解邺城围。

——《秦州杂诗》其六

秦州城上，胡笳悠悠，使节从西而归。那些从金微（今新疆维吾尔自治区阿尔泰）奉皇帝的命令开往洛阳地区的士兵，原是从中原一带调往西部的，如今又要开赴中原。往来调防，长途跋涉，兵士筋疲力尽，苦不堪言，还要去中原打仗。杜甫不禁发问：这是为什么？发问之后接着追究原因：恨解邺城围。乾元元年（758）十一月，郭子仪、李光弼、王思礼等九位节度使以及唐朝所借回纥兵，在安阳邺城一带用二十万大军将叛军围困。安禄山之子安庆绪在邺城死守。唐二十万大军，九位节度使中没有一位统帅。唐肃宗特派太监鱼朝恩为观军容使，兼行统帅职权，实质上还是没有统帅。无帅之师，纵有二十万也不能攻克守敌，乾元二年三月，竟被史思明五千长途奔袭之敌在邺城解围，唐军损失惨重，郭子仪大败之后退守洛阳。洛阳城内的一些官员和百姓纷纷出逃潜入山谷。唐肃宗所借的回纥之兵退到长安一带。当时，杜甫从洛阳返华州，途中所见，惨不忍睹。仅《新安吏》《石壕吏》《潼关吏》《新婚别》《无家别》《垂老别》就反映了当时唐军兵力严重不足的情况。现在，洛阳情况吃紧，又从远在天边叫金微的地方调遣兵力平叛，怎不能怨当朝无能，怜戍卒苦形。

敦煌莫高窟出土李广画像

胡笳声传，汉节眼观，士形目睹，鸟稀身觉。杜甫在《秦州杂诗》其六里，通过声音传递、眼目观望、身心感觉，已经为我们勾勒了秦州城某一天过往兵士的情况。作为旁观者，此已足矣。但从这首诗里我们分明看到杜甫不仅仅是一个旁观者。他听到、看到、想到之后，身体力行，还佝偻着身子，前去探问。探问普通人或许不太清楚，可能还思谋着探问到了知情人，这才知晓是奉皇帝之诏前往东边打仗的。于是，杜甫才有“防河赴沧海，奉诏发金微”

的诗句。此种关切，当属于杜甫人杜甫诗。

邺城之恨，对于唐朝来说无疑延缓了平叛的时间。同时，朝廷也不得不又调兵遣将，将西部的大量兵力调到中原，致使西部边境空虚，给吐蕃东进创造了机会。

邺城之恨，对于杜甫来说是刻骨铭心的。这主要来自于他的两次亲身经历。第一次，他在从洛阳回华州的路途上目睹邺城之败后的恶果，有“三吏”“三别”为证。第二次，他到秦州，通过使节往来、兵将调遣、戍卒苦形、百姓生活等方面又切身得到了感受。

秦州之西，吐蕃虎视眈眈，秦州之东，叛军垂死挣扎。一东一西都需要良将，都需要将士坚守、抗击。杜甫离开秦州，往南投奔“佳主人”的途中，路过秦州西南更为偏远的龙门镇时，看到这里也有戍边的士兵。他结合龙门镇的地形山势，以及戍边士兵的凄苦状况，不禁“叹息肠内热”，又作诗一首。

细泉兼轻冰，沮洳栈道湿。
不辞辛苦行，迫此短景急。
石门云雪隘，古镇峰峦集。
旌竿暮惨淡，风水白刃涩。
胡马屯成皋，防虞此何及。
嗟尔远戍人，山寒夜中泣。
——《龙门镇》

天寒地冻，日暮途远，杜甫不辞辛苦来到四面环山，险峰云集，石门雪隘的龙门镇。在这样险要的地方，唐军军营旌旗卷舒，兵不血刃，戍卒倦怠。到了夜晚，杜甫住在这里，清冷寂静，天高地厚，长夜难眠。或许，他还听到了军营戍卒的巡夜之音，不禁嗟叹：现在史思明叛军屯兵在成皋（今河南荥阳县境）一带，而这里与成皋相隔甚远，何况这里有天然的防护屏障，何必在这里扎驻兵卒守护呢。

杜甫长夜之忧，为一时一事的忧叹。他将眼前之景，用以军事之谋，显然不能与作为政治家或军事家对整个社会秩序的变动与巩固的企图相提并论。然而，即便如此也丝毫不影响杜甫的忧国情怀。

下马古战场，四顾但茫然。
风悲浮云去，黄叶坠我前。
朽骨穴蝼蚁，又为蔓草缠。
故老行叹息，今人尚开边。
汉虏互胜负，封疆不常全。
安得廉颇将，三军同晏眠。

——《遣兴三首》其一

高秋登寒山，南望马邑州。
降虏东击胡，壮健尽不留。
穹庐莽牢落，上有行云愁。
老弱哭道路，愿闻甲兵休。
邺中事反复，死人积如丘。
诸将已茅土，载驱谁与谋。

——《遣兴三首》其二

《遣兴三首》里提及的地名“下马”或“马邑州”，应该引起地方史及杜诗爱好者的注意。这个古战场，究竟在哪？《新唐书》言：“马邑州，开元十七年置，在秦、成二州山谷间，宝应元年徙于成州之盐井故城。”下马究竟与马邑州是不是同一个地方呢？现在，从秦州城有通往“下马”的客车。这个“下马”和唐朝所说的“马邑州”所处的位置基本相同，过去属长道县，今为礼县属地。其实，不从地理史学角度出发，或愿意淡忘史实，“下马”或“马邑州”究竟是在哪，并不重要。对我来说，唯一的障碍是杜甫作《遣兴三首》诗的行踪。

智者杜甫通过历史的变迁，让我接近“下马”或“马邑州”这个古战场的同时，又努力拒绝了我的接近。由此所产生的诱惑，在一段时期很难消逝。《旧唐书·仆固怀恩传》的一段文字说仆固怀恩跟随郭子仪在背度山大战叛军的事。文字为：

及安禄山反，从郭子仪讨高秀岩于云中，破之，又败薛忠义于背度山下，抗贼七千骑，生擒忠义男，袭下马邑郡。

汉语辞典出版社 2004 年版《二十四史全译》中将“袭下马邑郡”断为“袭击攻下了马邑郡”。它所告诉人的是：此“马邑”非杜诗之“下马古战场”。

杜甫是读史读到“下马”或“马邑州”古战场后写遣兴诗的，还是真正到了叫“下马”的古战场后写遣兴诗的，这倒并不重要。从“南望马邑州”诗句看出，杜甫当时写这组遣兴诗时，并没有到秦州与同谷之间的马邑州，而是“南望”。在秦州城南山之巅南望，在赤谷之峡南望，在赤谷西崦人家院落旁南望，一切都皆有可能。

唯一确切的是，杜甫通过上面遣兴诗传递出来对战事结果，以及对国家开边封疆政策、平叛战役、用兵选将等大事的触及与关怀。

当然，今天我们这些不在现场的读者，通过杜甫的现场转述，依然会通过诗的语境的磁场感受当初之事，感受杜甫在政治仕途不如意，生活流离颠沛，环境压抑郁闷的情况下，那颗炙热的爱国之心，以及他的忧患意识。

三、东征健儿尽：抒写民胞物与的情怀

羌笛声中的“蜗牛”

身遭磨难的杜甫在秦州，会因自己的不幸改变对世间事物的看法吗？先看下面的文字：

> 可怜老杜如今却像只蜗牛，他的家就是蜗牛背上的壳。他背着这个“壳”慢慢地爬，爬到哪里家就到哪里。实在疲惫不堪了，暂时缩到“壳”里喘息一下，寻求一丝温暖，以便获得继续前行的勇气和力量。

上面这段文字，来源于陈贻焮先生的《杜甫评传》，说的也正是杜甫在秦州时的情况。

实际上杜甫如蜗牛一样，以自己渺小之躯背负的不仅仅是自己的小家，而且背负的是关乎百姓民生、社稷国家的大家。

宇宙之大，茫茫无际；宇宙之小，尘埃渺渺，蜗牛之杜甫者，可察尘埃，可观宇

宙。杜甫在陇右虽然有如蜗牛，但他以自己的艰难之躯，以自己的智慧之眼，以自己的仁者之心，推己及人，看到了同类的生存状态，流露出了对民瘼的关怀。

《孟子·离娄》言“禹思天下有溺者，由己溺之也；稷思天下有饥者，由己饥之也，是以如是其急也”。孟子所言，禹、稷虽然自己没有溺、饥体验，但可贵处是能体会到他人之溺他人之饥，故而肩负起拯民于溺、饥困境的重任。“窃比稷契”的杜甫，正如西南大学文学院院长、教授刘明华先生所说“杜甫的忧民情怀，常常是源自自身的感受而推己及人的”。

“车辚辚，马萧萧，行人弓箭各在腰。耶娘妻子走相送，尘埃不见咸阳桥。牵衣顿足拦道哭，哭声直上干云霄。”早在天宝时期，杜甫对皇帝用兵吐蕃，不断进行战争，大量征兵，造成民苦行役的状况，就有如泣如诉的悲惨状写。“纵有健妇把锄犁，禾生陇亩无东西。况复秦兵耐苦战，被驱不异犬与鸡”是对如同驱赶犬鸡一样驱赶上战场之后，家留妇女，耕田无收情况的描述。“君不见，青海头，古来白骨无人收。新鬼烦冤旧鬼哭，天阴雨湿声啾啾”是对战争所造成的生灵涂炭的千古控诉。以后，杜甫在《自京赴奉先县咏怀五百字》中有“朱门酒肉臭，路有冻死骨。荣枯咫尺异，惆怅难再述”对众生状态以及“入门闻号咷，幼子饿已卒。吾宁舍一哀，里巷亦呜咽”对自家悲事的叙事。在《悲陈陶》中有对将士生命的悲吟：“野旷天清无战声，四万义军同日死。”在《悲青阪》中有对战事的悲悼：“山雪河冰晚萧瑟，青是烽烟白是骨。”

在“安史之乱”中，杜甫有一首小诗，也可以说是他的自画像。这就是深切苦痛炽燃着杜甫之心的《对雪》一诗：

战哭多新鬼，愁吟独老翁。
乱云低薄暮，急雪舞回风。
瓢弃樽无绿，炉存火似红。
数州消息断，愁坐正书空。

——《对雪》

杜甫在陇右所目睹所感受的，依然是“安史之乱”挥之不去的苦痛。这种苦痛，具体表现在对人的生存、安全和幸福的关怀上。

清商欲尽奏，奏苦血沾衣。
他日伤心极，征人白骨归。
相逢恐恨过，故作发声微。
不见秋云动，悲风稍稍飞。
——《秋笛》

这是一首由笛声而生发出感慨的小诗。笛声，吹者，听者。整个场景或许在旷野，或许在城墙之角，或许在某一庭院幽深之处，杜甫并没有交代，但这丝毫没有让人由此生疏，反而是悲愁情绪会触及一个人某一深处的悲伤之痛。在今天，哪怕是对古代宫、商、角、微、羽丝毫不懂的人，在读这首诗时，所感受到的也是凄凉笛声带来的一切。笛声由谁而发，谁是这笛声的吹奏者？他有怎么的模样？又因何而动凄切的商音？一连串的疑问，我们这些并不在场的听众欲想问之时，那清商欲想停奏，却欲高又低。为什么会有欲高却低的商音？杜甫在诗中提供了“他日伤心极，征人白骨归”这样一个当时场景的楔子或参照后，复又切入到由笛声所产生的感染磁场里。

这样，我们不得不停留下来，在“他日”的空白里，记忆当初那些关于“征人白骨归”的场景：“安史之乱”，邺城之恨，将士之伤，百姓之苦。而所有这些，都是由杜甫亲身经历串接起来的晶莹而又苦痛的珍珠。这些珍珠一旦被我们的记忆捕捉，它所闪烁的荧光与凄凉的笛声交相辉映，就带来更为忧伤的场景或者诗意。

也许，吹笛者的伤感过于悲重，他想要完成自己的这次笛声倾诉，就不得不把笛声压下来。但笛子所发的商音，愈低微，愈悲戚。也许，往事中那些悲苦之事，一幕幕在听者杜甫的脑海翻腾不已，他想将悲苦往事淡忘，但越想淡忘越是不能淡忘。现在又听到这笛声，往事如眼前事，反而愈加深刻，悲苦愈加深重。最后，杜甫告诉我们，笛声所引起的悲伤，如风在我们上空飘荡。

杜甫在秦州写完上面这首现时与回忆、忧虑与悲伤的诗后，又写了许多事关民瘼的小诗。其中，又以戍边兵卒问题居多。

闻道寻源使，从天此路回。
牵牛去几许，宛马至今来。

一望幽燕隔，何时郡国开。
东征健儿尽，羌笛暮吹哀。

——《秦州杂诗》其八

在这首诗里，杜甫先忆史追昔，借助牵牛神话传说与汉使张骞出使西域的壮举来纵谈国事。汉使张骞出使西域，是汉朝国力鼎盛、民族团结、西域安宁的一种象征。然而，杜甫在秦州看西域，西域处在危急之中。杜甫在秦州看东方，安史叛军占据燕赵地区，攻洛阳、扰长安，唐朝的河山飘摇，关内兵将不足。此种情况，与汉时相比，昔盛今衰，今不如昔，一统天下，几处隔绝。其诗对比、畅怀、悲恨交加，其情甚为浓烈。

亲朋尽哭捣衣人

上面所说，更多的是杜甫在秦州时对整个国家民生艰难的一些通感。

具体到秦州，具体到秦州的一人一事，杜甫则又以他后天所学、所接受的“民胞物与”的思想看待一切。他也多么希望整个国家存有如孔子所说的“四海之内，皆为兄弟”，亦即现代人说的“所有的人都是我的同胞，一切有生命或无生命的物体都是我的朋友”的这种理念。然而事与愿违，当“安史之乱”的导火索燃向国家和社会秩序的时候，百姓遭殃，生灵涂炭，也给杜甫“民胞物与”的思想理念带来巨大的冲撞。要么毁灭，要么坚守。杜甫在苦痛中坚守不渝，在远离战火中心的秦州、同谷，他推己及人，悲悯之情无处不在。

先看下面两首诗：

弱水应无地，阳关已近天。
今君度沙碛，累月断人烟。
好武宁论命，封侯不计年。
马寒防失道，雪没锦鞍鞯。

——《送人从军》

带甲满天地，胡为君远行。

亲朋尽一哭，鞍马去孤城。

草木岁月晚，关河霜雪清。

别离已昨日，因见古人情。

——《送远》

这两首送别诗，作者都没有言明所送何人，此人与杜甫是什么关系。前一首《送人从军》是送“朋友”参军，后一首《送远》是送“朋友”远行。两位都是“朋友”，追问此“朋友”会涉及杜甫在秦州时的交往。

杜甫在陇右诗里提到的有名有姓的人并不多。杜佐是一个，赞公是一个，阮昉是一个。而因事涉及或感念的人也不算少。《佳人》里的佳人，《秦州杂诗》其八里“羌笛暮吹哀”的吹笛人，《寄赞上人》里“近闻西枝西”的传语人，《送远》里“胡为君远行”中的行者，《送人从军》里“今君度沙碛”的从军者，《发秦州》里“来书语绝妙”的汉源县令，《乾元中寓居同谷县作歌七首》里“岁拾橡栗随狙公”的猎人，《发同谷县》里“临歧别数子，握手泪再滴”的穷老数子，等等。杜甫流落到陇右，之所以要结交这些人，固然是生活、生存的需要，但更重要的是杜甫仁爱之心和崇高的品德所致。同时，他交往朋友时坚持的态度就是宽容与理解，这在族侄杜佐、汉源县令身上表现得尤为突出。

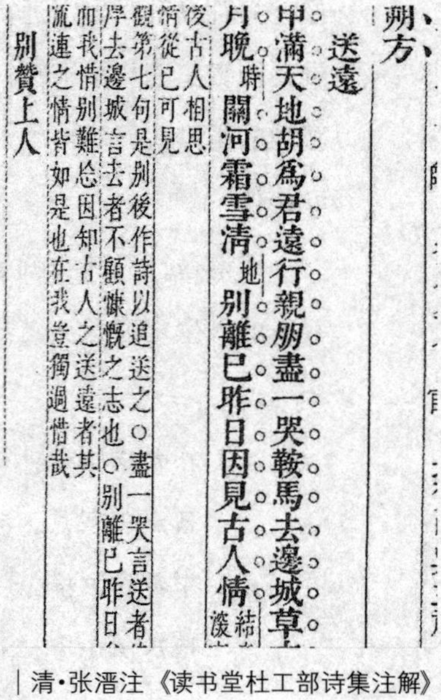
朔方、
送遠
甲滿天地胡爲君遠行親朋盡一哭鞍馬去邊城草
月晚 時 關河霜雪清 地 別離已昨日因見古人情 結
後古人相思
循從已可見
觀第七句是別後作詩以追送之○盡一哭言送者
厚去邊城言去者不顧慷慨之志也○別離已昨日
血我情別離忽因知古人之送遠者其
流連之情皆如是也在我豈獨過惜哉
別贊上人

| 清·张溍注《读书堂杜工部诗集注解》

《送人从军》反映出来的一个大环境，是秦州以东的“安史之乱”与秦州以西边陲存在的潜在危机。所传递出来的，是诗人与这位从军人的真挚感情。杜甫在诗里所指的弱水，则可能为山丹河上游一带。阳关，则指敦煌西南之阳关。

《秦州杂诗》其六、其八言及秦州以东战事，《送人从军》言及秦州以西的事。战事不停，朝廷一边调遣守护西部的兵将前往长安以东平叛，一边不断征收新兵。所征收的新兵，有的送往东边，有的送往西边。杜甫在秦州所认识的这位壮士，看来就是从秦州往西去的。而且，这位从军之人并非一个小伙子，而是一位习武却未考取功名的已有些年纪的读书人。当这位苦读书却没有考取功名，又心怀国家安危的人决定从军，试图在军队里建功立业的时候，杜甫作诗相送。诗中除了言明朋友去的那个地方遥远、寂寞、荒凉、艰苦，现在恐怕天寒地冻、雪掩马啼了，嘱咐朋友一定要小心以外，还十分理解他的苦闷，积极支持他在动荡的时局里坚守自己习武的爱好，在军队里骁勇善战，早晚也会封侯加爵，实现他的理想。这细致入微的叮嘱、推己及人的理解、安慰，这种尽己之心力助人的做法，是为真朋友！

同样，杜甫在《送远》诗里，为我们不知其名的朋友的远行着实担心。这位朋友，或许也是一位军人，或许是一位官员，或许是一位商人，或许是一位不得不到远方去处理一些事务，或去投奔他人的一个人。总之，当他要离开秦州城时，杜甫的第一个担忧是内乱外患、兵荒马乱对这位朋友的远行，必然带来不可预知的艰难与危险。接着杜甫发问：你为什么要去远行？诗句发问，但实际上问过之后不必回答。谁愿在兵荒马乱时出门远行，谁又能真正设身处地为出门的当事人着想，在芸芸众生里谁又能真正替代了谁呢？亲朋尽哭为人之常情，骑马离开秦州城的唯有“朋友”这位孤独的当事人。而当事人唯有路途上同样孤独的草木相伴，唯有路途上清冷的霜雪泥泞相伴。

所谓送行，其实就是一种轻浮的安慰而已。真正的怅然若失，真正的别离之苦，真正的人生之苦思、之苦痛是从送行之后开始的。

亦知戍不返，秋至拭清砧。
已近苦寒月，况经长别心。
宁辞捣衣倦，一寄塞垣深。
用尽闺中力，君听空外音。
——《捣衣》

《捣衣》是一首很能体现杜甫推己及人、宽容悲悯情怀的诗。诗的产生基础是杜甫在秦州城某一个地方看到这位妇女正在制作男士衣服。

杜甫的“看”专注而固执。他“看”的目光的深处，这位妇女的体貌、作为已经游离出外。满目所聚的，是过去人间妇女所有关于“捣衣”概念的集合，是大众悲苦的一种反映，是过去时与现在时结合碰撞的闪光点。

也许，杜甫看到的这位秦州城的妇女，深秋时节赶制的衣服，根本不是给戍边男人赶制的，而是给她在家的男人赶制的。她的男人兴许就在城外的山林里打猎或砍柴。也许，这位妇女本来就有一位男人在外戍边，但她早已给戍边的男人赶制好了过冬的衣服，并捎寄走了。现在所赶制的衣服是给她男人的父亲、自己的公公赶制的。也许……这些都不是这位妇女的真实情况，她可能还为其他什么人赶制衣服，一切皆有可能。但不管有什么可能，她的作为一旦被杜甫“看”见，就注定被赋予一种善良与情爱，一种悲凉与凄美。

为什么会有这种情况出现？这固然是诗人的艺术想象，但这想象又建立在记忆与现实基础之上。当记忆里关于妇女捣衣（捣衣一般有三指，一为将未缝制且坚硬的衣料放在石砧上用棒槌捶击，使衣料绵软便于裁缝；二为将脏衣服过水后放在石板上捶击以去污垢；三为将缝制好的装有棉花棉絮的棉衣捣得松软、平整）的形象、美德与兵荒马乱的现实重叠在一起时，捣衣戍边的意象就横空出世。《捣衣》一诗里那位栩栩如生的，善良、体贴、悲忧的捣衣戍边的妇女形象就出现在千古吟唱之中。

杜甫在陇右，对国家关心的是平叛、是安定、是复兴。对人关心的是生存、是安全、是幸福。刘明华先生曾说：“由自己的不幸，想到天下人的不幸；为了解脱天下人的不幸，而宁愿自己承担不幸，就是杜甫之所以成为杜甫的一个重要原因。这种博大的胸怀是杜甫受到世界人民共同喜爱的主要原因。”我想，杜甫所承担的不幸主要有两个方面。第一个方面是大众皆有可能承担的生活、生计的不幸；第二个方面则是某一些人皆有可能承担的思想、精神与灵魂的折磨与苦痛。就陇右而言，杜甫的这些折磨与苦痛当然包括了如上所说的“羌笛暮吹哀”“亲朋尽一哭”“用尽闺中力，君听空外声”等事无巨细的人间境况。在与时代同呼吸，与社会共命运的同时，更值得我们敬佩的，是杜甫体恤平民大众的仁者心。

第六章

陇右志向——我能剖心血

一、光细弦初上：讽刺与鞭挞

杜甫在陇右讽刺了谁

杜甫在秦州写过《天河》、《初月》诗。先看《初月》：

光细弦初上，景斜轮未安。
微升古塞外，已隐暮云端。
河汉不改色，关山空自寒。
庭前有白露，暗满菊花团。

——《初月》

杜甫举头相望的初月，在秦州城上空缓缓上升。

挂在秦州上空或挂在杜甫心头的这个上升的未圆之月，虽然有时会被薄云遮掩，但整个天宇仍然清澈、澄明。天空之下，陇山清寒，庭院凝露，菊花如团。

天上之初月，天下之远山，庭院之景与人之认识，在这三维空间的古塞赏月图里，杜甫将自己的思绪集中落在后边的隐秘之处：薄云掩月，河汉无极；河汉清澈，山峦清寒。

这是一首咏月畅怀诗。咏月其妙，自在诗中；畅怀之辞，一在诗里，一在诗外。诗里诗外浑然一体，方成此诗。为寻求诗外之诗，我们看看二年前杜甫的另一首诗《月》：

天上秋期近，人间月影清。
入河蟾不没，捣月兔长生。
只益丹心苦，能添白发明。
干戈知满地，休照国西营。

这首咏月诗，天上人间，两相相映，神话现实，生生对照。如果把这首诗纯粹当作一首赏月诗又有何不可。然而，天地万物，唯人最具灵性，唯人最具裁成天地、曲成万物的智慧。特别是诗人，特别是心怀柔肠，情倾万物的诗人，其特异、敏感的灵性，又会使诗蕴含丰富的意蕴。

王嗣奭在《杜臆》中说："此诗为肃宗作。天运初回，新君登极，将有太平之望，秋期近而月影清也，然嬖幸已为荧惑，贵妃方败，复有良娣，入河而蟾不没也。林甫、国忠弄权于前，辅国、朝恩又继于后，捣药之兔长生也。所以只益丹心之苦，徒增白发之明。今干戈满地，月当无所不照，休得止照国西之营，谓此营士便能戡乱而可以无忧也。时官军于长安之西，鱼朝恩为观军容使，而李、郭等以六十万兵溃于相州，当在此时，公盖有深虑焉。白发增明，谓以忧加白。"我想对唐玄宗之杨贵妃，"安史之乱"后唐肃宗之张良娣等历史稍有了解的人，会十分赞许王嗣奭所说。至此，《月》的隐讽时事之意豁然明朗。

回到秦州诗《初月》里。揣摩"微升古塞外，已隐暮云端"以后诗句，杜甫之丹心依然可见，杜甫之隐讽亦然可观。我以为，用已故国学大师熊十力先生在说解《庄子》时所说"观有不观空是堕迷妄，非真知有；观空不观有亦是邪执，非真了空"之哲理来读杜甫秦州《初月》诗，会读出杜甫诗面诗里的另一意蕴：胸中万千感慨，笔下隐讽时事。仇兆鳌谈此诗所谓"上四隐讽时事，下四自叹羁栖。光细，见德有亏。影斜，见心不正。升古塞，（肃宗）初即位于灵武也。隐暮云，旋受蔽于辅国、良娣也。河汉不改，谓山河如故。关山自寒，谓陇外凄凉。露暗花团，伤远人不蒙光被也”实不为过。

天水南郭寺诗史堂

在陇右，杜甫把入世的念想、爱国的情怀以隐讽时事的方式写进一些诗篇。这些诗包括《初月》《天河》《萤火》《蒹葭》《遣兴五首》等。古来诗人，作诗多用“讽”这种婉言微辞，或指责或规劝，以达到诗人之初衷。《广雅》云：“讽，谏也。”因一事而起讽，以百事劝诫为终结，为辞赋之文的一些要旨，是谓“讽一劝百”，是谓“讽谏告诫”，故历来文人多用之。

杜甫一生作诗，也多以讽谏见之于一些诗篇。《丽人行》中“杨花雪落覆白苹，青鸟飞去衔红巾。炙手可热势绝伦，慎莫近前丞相瞋”，讽刺唐玄宗时杨贵妃兄妹上下骄淫，淫伦乱礼之事。《北征》中“凄凉大同殿，寂寞白兽闼。都人望翠华，佳气向金阙。园陵故有神，扫洒数不缺。煌煌太宗业，树立甚宏达”，《洗兵行》中“鹤驾通宵凤辇备，鸡鸣问寝龙楼晓”，是对唐肃宗空有虚假礼仪而不专心匡复大业的隐讽。杜甫到成都时作《忆昔二首》中“邺城反复不足怪，关中小儿坏纪纲。张后不乐上为忙，至令今上犹拨乱，劳心焦思补四方”，将讽刺的矛头对准了李辅国、唐肃宗、张良娣。

当然，讽谏诗对杜甫来说并非长项。在唐朝，初唐诗人陈子昂的一些《感遇诗》引述古代历史事实，借古讽今，被施蛰存认为“为唐诗开辟了一条讽喻现实的道路，对封建统治阶级各种不得民心的措施，进行口诛笔伐”（《唐诗百话》）。杜甫在秦州之前的讽刺诗句，明暗结合，写得相对委婉；离开秦州之后的一些讽刺诗句，明了坦诚，写得相对直率。而杜甫在陇右的讥讽诗句，因处在心情心绪的调整、转折时期，亦受地域环境的影响，承前启后，晦明变化，富有韵味。

杜甫在陇右鞭挞了谁

《遣兴五首》是杜甫在秦州警世讽时的代表作。诗其二、其五如前已有所引，现录其余如下：

朔风飘胡雁，惨澹带砂砾。
长林何萧萧，秋草萋更碧。
北里富薰天，高楼夜吹笛。
焉知南邻客，九月犹絺绤。

——《遣兴五首》其一

漆有用而割，膏以明自煎。
兰摧白露下，桂折秋风前。
府中罗旧尹，沙道尚依然。
赫赫萧京兆，今为时所怜。

——《遣兴五首》其三

猛虎凭其威，往往遭急缚。
雷吼徒咆哮，枝撑已在脚。
忽看皮寝处，无复晴闪烁。
人有甚于斯，足以劝元恶。

——《遣兴五首》其四

《遣兴五首》，我以为是杜甫一气呵成的结果。而且是将眼中所见，脑海之忆，个人之际，朝政之事，社会之风融于一体，警、讽、喻、叹，犹游龙在天，既驰骋纵横于长空、啸傲咆哮于风云，又蜿蜒于晴空丽日、悠游于雨后虹霓，可心如意处，可惊可叹，可敬可佩！

杜甫在陇右并未专注于一己一事，在念及自己及家人生存的同时无不忧思国事，无不忧心社会。正因为有许多的“忧”扰动着他，那天晚上，他难以入睡。难眠之夜，与他所住不远的富豪人家，通宵达旦地笙箫歌舞，搅扰得他耿耿难眠。待到拂晓早早起身出门，他很可能遇到笙箫歌舞之后富豪人家的子弟骑马去打猎的阵势，他还未及慨叹，却又遇见了另一家富豪人家的送葬队伍。这下，使他更加要有感叹了，回到自己的住处，立即写了这五首遣兴诗。

早上出去时，天空中的雁鸟在朔风中搏翔，天空下的树木丛林萧萧，一片灰白。衣裳单薄的杜甫，想起昨夜那富豪人家，天气时序的变化对他们没有什么影响。即使是朔风长鸣，他们还灯火通明，笙箫歌舞。其富豪气势掩盖了凄凉的天气，掩盖了苦焦的长夜。连天气时序都不会计较他们，可他们哪里知道在周围还有像我这样衣着单薄的穷苦人。我自悲苦，而他们呢？贫富对比，悬殊太大。富而后其势熏天，穷而后衣失寒暑。富，源自众生，富不惠民，有富何用。富，生于本土，富不济国，有富何用！“王侯与蝼蚁，同尽随丘墟”（《谒文公上方》），五十一岁时的杜甫在梓州再次思考这个问题时，就是如此回看人世的：王侯也罢，蝼蚁也罢，到头来同归虚无！

富家子弟一夜笙歌，翌日又武装好打猎的用具，像长安长陵那些勋贵少年一样出门游赏打猎。他们骄奢淫逸，执好弓，佩美箭，骑白马，踢白雪，朝出游猎，风光无限。国难当头，纨绔子弟视而不见，只因为有豪势为其壮胆。

富豪肆意横行，穷人孤苦伶仃。而社会、官府却不能更多地视天下人的疾苦为自身疾苦，多用趋炎附势之人，多行无理应弃之序。所有这些，正如自然界的漆与油脂一样，对一些人有用才得以采取、燃烧；正如兰花、桂花一样，花开有序，花落有时。而那些趋炎附势之徒，如“萧京兆”等，最终会有什么好下场呢？

那些威风凛凛的老虎，再厉害，也能被人们擒获。被擒的老虎虽然还能咆哮如雷地吼叫、发威，但它的腿脚已被缚在木桩上，很快就偃旗息鼓。大快人心的是，虎皮作褥，虎眼失光。那些做事还比老虎凶狠残暴的人，你们看看老虎的下场，想想自己，要痛改前非啊！（杜甫的“漆有用而割”与“猛虎凭其威”的遣兴诗，可以说是对朝廷中那些趋炎附势之徒最尖锐的评判与讽刺。古今学者对杜甫具体所讽对象，基本上都集中在萧炅、吉温等人身上。其实，杜甫在写这两首诗时，悲愤交加，借自然之物理辩诉世事之理论，借兰、桂之花诉诸自己之遭遇，借萧炅、吉温之身讥讽当朝的一些像宦官鱼朝恩之类的官员，借猛虎之遭遇规劝那些为非作歹的官员）。

至此，直抒胸臆的杜甫心情稍微得到平缓以后，诗意未尽。他记起早晨遇到富人送葬的事，不禁又生感慨。

富人送葬，前后辉光，围观交谈，缌麻成行。送者各有死，何必羡其强。薄棺苇索，归土何妨？杜甫描摹富人隆重、奢侈的送葬时，不经意间起讽刺、兴鞭挞，又劝告人们，生死自然，生前厚德载物，死后不必厚葬。

《遣兴五首》，由夜晚贫富之差，晨见富家子弟骄淫出猎，富家死者厚葬盛况，自然物理之取舍等事件，散而不乱，聚而分意，有机组合在一起，共同构成讽喻警世之华章。

杜甫在陇右用讽喻警世的诗，对当时社会（即便地处边塞的秦州）已然存在贫富不均的现象，趋炎附势、为非作歹之徒等社会恶的根基进行鞭挞，言词或明了或婉转，意蕴或明确或隐伏，构架或宏达如《遣兴五首》或精纯如《萤火》，不拘一格，自成一体。

幸因腐草出，敢近太阳飞。
未足临书卷，时能点客衣。
随风隔幔小，带雨傍林微。
十月清霜重，飘零何处归。
——《萤火》

萤火，即萤火虫。按照古人的说法，特别是在《尔雅》里有“腐草得暑湿之气为萤”之释。萤火因腐草变化而来。因此，古来人们认为杜甫所写萤火，主要指阉人，也就是宫廷里的太监、宦官。根据诗意，人们认为，这些阉人指李辅国之流“以宦者近君而挠政也”。李辅国，原名静忠。长相丑陋，粗通文墨，出生于养马人之家。他为取悦上司，唯谨唯慎，办事一丝不苟。最初在高力士手下做仆役，言听计从，可谓任劳任怨。唐玄宗天宝年间，他任养马院中管理账簿的小官。不久，因养马有功，被荐去太子李亨宫中服役。安史动乱时，劝太子分兵北上，收河陇兵，以图兴复。天宝十四载（755）七月，太子带部分兵士到达灵武，他又劝太子迅速称帝，以维系天下民心，成了劝驾有功之臣。太子称帝，李辅国被任命为太子家令，判元帅府行军司马。为表忠心，将静忠名改为护国，后再改为辅国。李辅国一心想独揽朝中大权，挠政权术迭出。因此，说杜甫《萤火》诗所讽李辅国没错。但是，杜甫所讽的还有一人，即肃宗平叛“安史之乱”时掌握军事大权的鱼朝恩。

鱼朝恩是泸州泸川（今泸县）人，唐玄宗时入宫当太监。他侍奉太子李亨，也是劝太子在灵武称帝的有功之人。肃宗即位后，被任为三宫检责使，左监门卫将军，主管内侍省事。从此，他掌握了宫廷事务大权，上升为宦官头目之一。乾元元年(758)，郭子仪等九节度使围攻邺城，肃宗考虑郭子仪、李光弼均为元勋重臣，恐难统属，所以不置元帅，派鱼朝恩为观军容宣慰处置使，总监诸军，承担着总监九节度使兵马的重任，由此开始了唐代宦官掌握兵权的历史。邺城遭败，鱼朝恩继续掌管军权，发展到后来，在唐代宗（李豫）时被封为天下观军容宣慰处置使，并统率京师神策军。后领国子监事（相当于国立大学校长)，兼鸿胪（司礼机关，负责朝会和宴飨）等职，掌握大权，权倾朝野。鱼朝恩弄权多年，结党营私，形成了自己一股强有力的势力。

邺城之败，杜甫刚好在由洛阳返回华州的途中，对“邺城之恨”前不离肃宗左右的奸淫宦官，在“邺城之恨”当中及后来掌管军权，结党营私，跋扈用事，祸国殃民的鱼朝恩并不是不了解。对奸臣的指责，其矛头指向更多的应该是鱼朝恩。

特别是在上面《萤火》诗中“未足临书卷，时能点客衣”之句，明显指在天宝末年进入内侍省，初为品官，后任黄门侍郎（禁宫侍从官)，又常常口中之乎者也，被李国文先生评为“与扫马厩出身的李辅国不同，同是太监，他稍有文化。自所谓一瓶不满，半瓶晃荡，表现欲特强”的鱼朝恩。因此，作为诗人，杜甫把对国家的关心，对是非曲直的评判，对奸同鬼蜮，行若狐鼠的那些奸佞之人的讽刺与批判，以诗的形式写进诸如《萤火》等诗里。

这些诗，是杜甫在陇右，远隔着莽莽关山，投向长安奸臣们的刀枪匕首，是对唐肃宗宠用宦官的规谏，是对社会贫富不均等恶的现象的讽刺与鞭挞。杜甫虽然离开朝廷，离开了朝廷官员序列，但他仍然是朝廷与社会拾遗补缺的“诤臣”。从这个角度上看，说杜甫也是社会秩序的维护者与推进者并不过分。

二、哀鸣思战斗：信念与志趣

哀鸣思战斗式的旷世孤魂

乾元二年（759）秋冬，是杜甫一生承前启后的重要转折期。

在此之前，他“自谓颇挺出，立登要路津”，“许身一何愚，窃比稷与契”，“盖棺事则已，此志常觊豁”，大有“天将降大任于斯人也”的理想抱负。华州仕途变故，将他的这一大志向与作为从高山抛向大海。杜甫跌入海中，立马呛到了海水。普通人呛到海水，不是极力扑腾，吐出海水，就是被海水所呛，消失了生命。杜甫呛到海水，既没有将海水吐出，又没有被海水呛死。他将苦咸的海水吸纳于羸弱的体内，以非凡的能量又在“大海”里开始畅游。

清人朱舜水在《杜子美像赞》中称赞杜甫：“至今脍炙人口，独据讲坛之上，千年以来，未能与之争鼓者，又何也?”现在，我的回答是杜甫有诸多的能量。其中之一就是信念与志趣。

也许，杜甫曾深深地反思过仕途变故之因果；也许，杜甫曾深深地参悟过孟子所说“故天将降大任于斯人也，必先苦其心志，劳其筋骨，饿其体肤，空乏其身，行拂乱其自所为，所以动心忍性，曾益其所不能”的箴言，他才真正体现了儒家之“贫贱不能移”的精神。

西使宜天马，由来万匹强。
浮云连阵没，秋草遍山长。
闻说真龙种，仍残老骕骦。
哀鸣思战斗，迥立向苍苍。

——《秦州杂诗》其五

骕骦是什么？骕骦就是古代所指的良马或神马。《西游记》里孙悟空被封为弼马温，木德星君送他到任后，他查看御马监的事务，见天马千匹，乃是：“骅骝骐骥，騄駬纤离；龙媒紫燕，挟翼骕骦……此等良马，一个个，嘶风逐电精神壮，踏雾登云气力长。”古人写良马多用骕骦替代。杜甫写马的诗不少，在《沙苑行》里有“骕骦一骨独当御，春秋二时归至尊”的诗句。

《秦州杂诗》其五首句言地域，秦州天然牧场适宜牧养好马。次句明良马之多，自古秦州良马众多，数以万计。三句说马驰之势，青山绿水间，远望众马奔驰，动若浮云，时隐时现。四句道环境因果，秦州多牧场，秋草丰盈，遍山草料，马自精良。五句畅想，秦州所养马匹，为传说中的龙种。六句点题，见老残骕骦，肃然起敬。七句破题，老马昂首嘶鸣，伏枥千里。八句造势，骕骦老马，苍茫向天。

这首诗借马明志，“哀鸣思战斗，迥立向苍苍”，其势悲壮而伟傲，其意深沉而悠远。老马识途，杜甫是借老马抒写自己。

黄珅先生在《杜诗心影录》里说：“杜甫笔下的马都有鲜明的个性，深沉的感情，都带着他的现实感慨，寄托着他的理想抱负。咏马，实际上是诗人表现的一种形式，是在为自己写照。”黄先生所说，的确如此。我们再看杜甫在秦州时写的另一首诗：

乘尔亦已久，天寒关塞深。
尘中老力尽，岁晚病伤心。
毛骨岂殊众，驯良犹至今。
物微意不浅，感动一沉吟。
——《病马》

如果不是臆想，杜甫所写的病马，就是把杜甫一家老小从华州拉到秦州，如今又要往汉源拉的那匹马。《发秦州》诗有“中宵驱车去，饮马寒塘流”。如果按杜甫所说，杜甫一家老小在中宵时节离开秦州城，那么秦州城距离赤谷并不远，按现代的道路计算不足五公里，按照古代道路的艰难程度，在正常情况下也不至于用上大半夜的时间。“晨发赤谷亭，险艰方自兹”“落日童稚饥，悄然村墟迥”，这些诗，从不同侧面反映道路艰难，行程缓慢外，也许还有一个原因就是，拉车的马得了病。

因为怀有与马无间的赤子之心，杜甫首先以歉意入句，与马平等对话：我乘用你已经很久了，现在到了边塞天寒地冻的时节，你好像已经因病显得衰老了，好像用尽了一生的力量。我却还要让你拉着我们去汉源那个物产丰富的地方。你有些伤心，而我更加为你伤心。你是一匹与众不同的好马，也接受过良好的驯育，为什么却落到了现在的地步？人马相同，如此之境，所喻之意，想起来就让人感动。

为什么杜甫对病马倾注炽热的感情，视它为生死患难、寄托豪情壮志的朋友？

为什么杜甫对病马寄怀哀怜的同时，还要对病马寄托自己的见解？

这固然与杜甫所固有的民胞物与的理念分不开，同时也是杜甫受客观环境影响，作诗的必然选择。

《礼记·乐记》曾言："声音之道，与政通矣。"进而又说"治世之音安以乐，其政和""乱世之音哀以思，其世困"。如前所述，杜甫年轻时刻苦游学；长安十年，蹭蹬失意；后至仕途，官场又屡遭变故；今逢动乱，又遭流落。有如此的政治生活背景，杜甫在秦州以后，常与自然界一些勾起他心魂的事物进行物我交流，托物言志，或讽刺朝廷无能，或斥责奸佞之徒蒙君害国，或同情、悲悯苦难沉重的民众，或寄寓自己的抱负与理想，或暗言自己身世不平和节操不变，等等，形式不拘，随心而化。在知晓这些以后，我们再来看《病马》，就知道杜甫是借他人的酒浇自己的块垒，借病马的遭遇来诉说自己的委曲与艰辛。是借马"哀鸣思战斗"的神态，来诉自己仍然尽力为国持节不变的意志。

会傍主人飞式的情志表达

现在，我们再来看杜甫《病马》诗所映射出的一些关系。

"乘尔亦已久"用拟人的"尔"一下子将自己与马拉近距离，倍觉亲切又似委屈。之后写马之境况，实则自喻：一生抱有"致君尧舜上，再使风俗淳"的理想，总以为遇到了圣君明主，谁料竟不为所用，奔波漂泊，如今地冻天寒，道路遥远，出路何在？"毛骨岂殊众，驯良犹至今"，由眼前病马想到朝廷御马，由眼前病马的辛劳感念自身的辛酸。马为驯良且尽心尽力的好马，人为受到良好教育又矢志报国的人，人马互鉴，得出结联的"物微意不浅，感动一沉吟"。马有恋人之意，人有怜马之心，人马患难相依。借马言人明志，是杜甫在陇右中后时期思想状态的另一种表现。

对此，古人业已有明确的认识："'意不浅'即从上六句看出，见马与己相关不浅"（张溍《读书堂杜工部诗集注解》）。

这里，《病马》由表及里透露出大体四个层面的寓意：

1.普通的病马与大众意义上的仁民爱物。

2.马所承载的人的意志的表达。

3.人与马生命意义上的融合与相同。

4.世俗困厄与纯粹意志的抗争。

四个寓意相互关联。诗中语词隐藏的丰富含义，又因阅读者的阅历与认知而出现不同的张力。萧涤非先生在《杜诗选注》里注《病马》诗中引申涵光之说“杜公每遇废弃之物，便说得性情相关，如病马、除架是也”，之后加注：“其所以如此，是和他自己是一个‘废弃之物’的身世密切相关的。”这，亦有道理。

《病马》是杜甫在秦州后期的作品。由于是他已经较长时间体验离开仕途艰难生活之后的作品，又借马拟人，情景交融，充分反映了杜甫离开秦州前后精神上的孤独寂寞与孤标傲世。这种复杂情绪的外露，比之他刚到秦州时一些此类拟人明志的作品更有韵味。

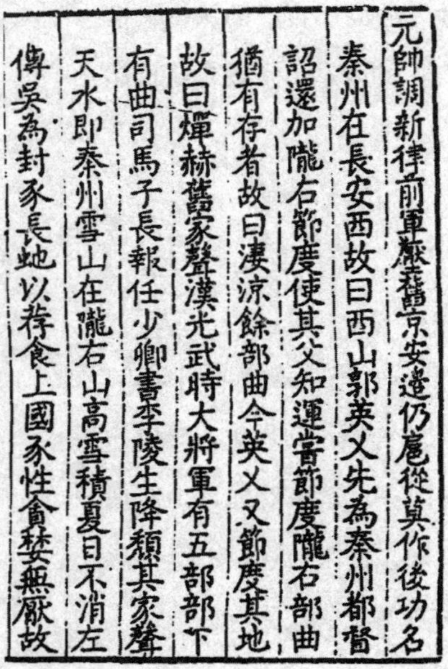
元帥調新律前軍壓舊京安邊仍扈從莫作後功名
秦州在長安西故曰西山郭英乂先為秦州都督
詔還加隴右節度使其父知運嘗節度隴右部曲
猶有存者故曰淒涼餘部曲今英乂又節度其地
故曰燀赫舊家聲漢光武時大將軍有五部部下
有曲司馬子長報任少卿書李陵生降頹其家聲
天水即秦州雪山在隴右山高雪積夏日不消左
傳吳為封豕長蛇以荐食上國豕性貪婪無厭故

明·林兆珂撰《杜诗钞述注》

不独避霜雪，其如俦侣稀。
四时无失序，八月自知归。
春色岂相访，众雏还识机。
故巢傥未毁，会傍主人飞。

——《归燕》

这是一首自然之燕的颂歌。寒暑往来，四时变化，杜甫在这里歌颂的是家燕而非雨燕。家燕是候鸟，常在人家屋内或屋檐下用泥做巢居住，捕食昆虫，对农作物有益。《诗经》“燕燕于飞”所指正是此燕。杜甫诗歌中也常提到这种燕，如“泥融飞燕子，沙暖睡鸳鸯”（《绝句》），“信宿渔人还泛泛，清秋燕子故飞飞”（《秋兴八首》），“熟知茅斋绝低小，江上燕子故来频”（《绝句漫兴九首》）等。但这些只提及，并没有专写。秦州时的《归燕》则倾笔刻画了四时守序，寒暑守信的燕子的形象。

《归燕》为咏物之作。然而，古往今来，咏物寓意，必然物我之间有相仿佛之处，才能咏其物寓其意。唐时秦州，就物候而言，可谓多矣。兽如骡马驴牛，杜甫为何单咏“哀鸣思战斗”的骕骦之马，为何单咏“尘中老力尽”的病马？鸟如鸦雀莺燕，杜甫为何单咏“会傍主人飞”的归燕？此时也境也。吴乔在《围城诗话》中所言“夫诗以情为主，景为宾。景物无自主，惟情所化。情哀则景哀，情乐则景乐” 实为时、境、景之论。杜甫的《归燕》，时、境、景俱全而韵味十足。

就燕而言，诗中衔泥筑巢燕子，因时序变化，南去北来，或于主人屋内，或于主人屋檐，守时而不失信。同时也不因主人贫富，而择其主筑其巢，此忠厚品德为燕之所有。然而，燕筑其巢，居而不知的是其巢的安危。忠厚守信所承担的风险与代价是巢的完好与损毁。燕筑巢，以小嘴衔泥草而成。所筑一个巢的艰难程度，恰如杜甫长安十年求仕的艰难程度。燕室之小为一燕之巢，燕室之中为一人之家室之仕途，燕室之大为一国之山河。唐乾元前后的国之山河，被“安史之乱”所扰，燕巢卫幕，非常危险。在这种情况下，杜甫又无仕途之报国，空有燕室之安危，见归燕匆匆，怎不能心潮起伏，浮想联翩，寓诸多寓意于这眼前燕、心中物呢。

当年杜甫的一脉心绪，也许已被明末王嗣奭捕捉到了，故而他在《杜臆》中说：“此公自发己意，虽弃官而去，非果于忘世也，时行时止，便与圣人之意同。”

“便与圣人之意同”，这，也便是杜甫的伟大之处。

唯恐自己失去报国之志，杜甫在陇右也就少不了劝慰别人来实现他的报国之志。

如前面所说“好武宁论命，封侯不计年”（《送人从军》），“掘狱知埋剑，提刀见发硎”（《秦州见敕目薛三琚授司议郎毕四曜除监察与二子有故远喜迁官兼述索居凡三十韵》）都是此例。其他如：

日暮风亦起，城头鸟尾讹。
黄云高未动，白水已扬波。
羌妇语还笑，胡儿且行歌。
将军别换马，夜出拥雕戈。

——《日暮》

杜甫提醒守边将军：这里虽然远离长安、远离“安史之乱”的前沿，但吐蕃等已对这里虎视眈眈了，千万要时刻保持高度警惕。

这是战争前夜的写照，亦是对战争态度的一种反映。杜甫亲历了战争所带来的残酷与恐怖，从心理上来说，他痛恨、厌恶战争。然而，当强烈的民族意识、国家安危等那个时代考量英雄、考量士人的标准潜移默化地在社会上生根、发芽的时候，他痛恨战争又渴望在战争中自己的国家能够胜利、能够长治久安。同时，战争危险、残酷的一面又让敏感的杜甫不时出现恐惧性的警惕。所有这些，凝聚在诗里便是杜甫对日暮云动风起，城头雀鸟欲飞，边塞紧张战事气氛的渲染，对处在战事前不同人物表现的忧虑。杜甫忧心忡忡：将军啊，夜晚时刻注意敌人的来侵。

亦能体现杜甫忧心报国的是《蕃剑》。王嗣奭在《杜臆》中说“此诗为以貌取人者发”，实有“臆测”之意。而李济阻、王德全、刘秉臣在《杜甫陇右诗注析》之“蕃剑本来是杀敌立功利器，虽然投闲致远，也绝不改每夜吐光芒的本色。这首诗写的是一把宝剑，但抒发的却是作者不甘冷落，希求为国建功立业的思想感情”说，则为理解杜甫不忘用世之意的一种途径。

“风尘若未息，持汝奉明王”，杜甫在陇右，除了生计，他的心思几乎全部忧在了关于国家、社会、他人的痛苦之中。

三、饮啄慰孤愁：千古一赤心

杜甫眼里的“佳人”

“男儿生不成名身已老，三年饥走荒山道”，杜甫在陇右为何有这样的慨叹？是一时的起兴，还是对过去往事的回顾、总结，抑或是别样一种励志的方式？

对杜甫来说，无论在仕途上，还是在生活诸多方面，陇右都是他人生的一个缓冲地带和缓冲时期。

此前华州仕途突然遭变，在杜甫面前呈现了茫然与黑暗。而陇右这个特殊地域以它特殊的方式，使杜甫度过了“黎明前的黑暗”时期。

作为政治仕途上的一名“吊环”运动员，当杜甫在华州最后失手，从竞赛场的“吊环”上摔下以后，陇右作为疗养与考量杜甫的场所，尽职尽责为杜甫做了疗养与考量工作。从本质上讲，杜甫在陇右，仍然是一名“运动员”。

有人至今津津乐道的是，杜甫在华州看到了朝廷的无能，看到了官场的险恶与腐败，并因生活的原因主动罢官。朝廷的无能，或许杜甫看到了，这有邺城之败等来佐证。官场的险恶与腐败，杜甫是否看得到，认识得清楚，是很难说的。在过去那些年代，一个追求仕途的人，总会忽略仕途上的一些险恶与腐败，总会放大仕途所带来的荣耀与收获。既然说杜甫是主动罢官，那么，杜甫为什么到陇右后对仕途或者说对国家社稷的前途命运依然那么痴迷呢？所有这些，都值得后人去认真地思考。

在这里，有一首诗自明清易代之际穿过历史尘埃走向我们：

所遇不如公，安能读公诗。
所遇既如公，安用读公诗。
故人非今人，今时甚古时。
一读一哽绝，双眼血横披。
公诗化作血，予血化作诗。
不知诗与血，万古湿淋漓。

——释函可《读杜诗》

｜九凤图（现藏台北故宫博物院）

明末清初的释函可目睹了清兵渡江破金陵（南京）时国破家亡的惨痛。他因文记载抗清殉难志士的壮烈事迹而遭“文字狱”，后流放沈阳。他在精神上与杜甫的相通由此可见。“公诗化作血，予血化作诗”确是杜甫一些“心血”诗的诠释。

毫无疑问，杜甫的政治理想模式是儒家的“德政”的政治模式。中国历史文化主要的政治价值取向也就是这种“德政”的政治模式。孔子言 “为政以德，譬如北辰，居其所而众星拱之” （《论语》）。孔子以人道弘天道，从天地万物浑然一体处立命而讲德政。那么，杜甫作为万物之一，特别是作为儒士之一的人，他的理想抱负，也就自然围绕着“德政”这一纲常来实践。

应该说，当杜甫不得已来到陇右时，他的理想（外在的）已到了和现实相去甚远的地步。他在陇右除了为社会为民生忧患重重，为自己无力回天而稍有悲愤填膺之态外，他没有因为理想（外在的）的破灭而痛心疾首。在德治理想与现实发生矛盾冲突时，他所操守的仍然是儒学所包含的社会良知。

我们先看杜甫到秦州不久后写的一首诗：

绝代有佳人，幽居在空谷。
自云良家子，零落依草木。
关中昔丧乱，兄弟遭杀戮。
官高何足论，不得收骨肉。
世情恶衰歇，万事随转烛。
夫婿轻薄儿，新人美如玉。
合昏尚知时，鸳鸯不独宿。
但见新人笑，那闻旧人哭。
在山泉水清，出山泉水浊。
侍婢卖珠回，牵萝补茅屋。
摘花不插发，采柏动盈掬。
天寒翠袖薄，日暮依修竹。

——《佳人》

最初读这首诗时，我对佳人的过去所蕴涵的那些历史，以及佳人的处世态度并不理解，一味认为，这首诗其实就是杜甫写自己。是杜甫借“佳人”外形或意象写自己的风骨。以至于现在对这一认识还保留一份“初恋般的纯真”。

支持我这份纯真的，古有先贤杨伦，今有萧涤非先生。前者在《杜诗镜铨》之《佳人》下标“此因所见有感，亦带自寓意”；后者在《杜诗选注》里引黄生云“偶有此人，有此事，适切放臣之感，故作此诗”后说：“此解最切。因有同感，所以在这位佳人身上我们看到诗人自身的影子和性格。”

唐朝时，人们对佳人的评判大抵以丰腴为标准，如杨贵妃。而经“安史之乱”，更经世态炎凉之袭后的杜甫，对佳人（远在美人之上）的审美，在乾元二年，注定就聚集在了秦州的这位佳人身上。这位佳人增减太土，涂抹太俗。惟凄苦环境中的举止，体若修竹，貌羞翠柏，是真幽谷佳人。此佳人一经现世，唐时李峤所写的“佳人满石城”里那么多的“佳人”只有钻地缝的份儿。尽管杜甫在秦州之前也写过许多佳人，但只有在秦州，只有杜甫在秦州遇到这位“佳人”以后，后世才会更加感叹“兰有秀兮菊有芳，怀佳人兮不能忘”。

杜甫为什么对这位“佳人”如此钟情？这里面有一个“志”的问题。其实，《佳人》一诗所隐匿了许多含义，其中一个就是“出山泉水”问题。

如果把杜甫在秦州时遇到的这位女子视若“出山泉水”，那么，她是怎样的女子呢？

佳人的履历大体如下：

出身：高门大户，官宦人家。

籍贯：唐长安地区。

婚否：已婚（但用不着夫婿写休书，已经离婚）。

夫婿：出身官宦，但官轻势微。外貌一表人才，是个攀龙附凤的势利小人。

所处时代：唐“安史之乱”。

遭际：“安史之乱”，娘家遭叛军杀戮。夫婿见已无利可图，转身另觅新欢。

现状：携贴身丫鬟从关中到秦州隐居。

芸芸众生，如佳人所经遭际者不在少数。但如佳人不失守美之心，如修柏、青竹之志者不多。此诚如张綖在《杜工部诗通》所言“首二乃一篇大意，下文皆言其为幽居佳人者。如此又以佳人比君子也”。用现代的话说，这位佳人之所以能被杜甫称为“佳人”，是她在遭受战乱、遭受抛弃之后所承载的君子风范和这种人类应该秉承的精神操守。

如果把杜甫从华州到秦州的出行，看成“出山泉水”，那么，杜甫又为怎样一泓泉水呢？

杜甫在《佳人》里比中兼兴，塑造了佳人这一形象。如果不纯粹以诗艺的眼光看待，那么，佳人所遭所遇又何不是杜甫所遭所遇呢？佳人之采花不插，日暮依修竹的象征，又何尝不是杜甫之入华州后的象征。“翠柏苦犹食，明霞高可餐”，把《空囊》诗和《佳人》诗放在一起，细细品味，二诗有着千丝万缕的联系——这就是杜甫仕途遭挫之后仍然是君子处世。

“出山泉水”作为成语，只比喻出仕，指过去做了官的人就不像未做官那样清白了。其实，这句出自杜甫诗句的成语，在杜甫的原诗里，它只为“佳人”而出，为杜甫自己而出。一语即出，杜甫之志可以明世。

《佳人》从创作上来说，可谓炉火纯青。写佳人之美，烘云托月，铺陈之能，超越乐府之《陌上桑》，更朴素无华。佳人之美，不从佳人之身之脸之貌着手，而通过佳人服饰举止描写，通过记叙佳人哀哀的诉说，以达到“清洁贞正意隐然言外”（沈德潜《唐诗别裁》）的效果。佳人之态也便暗香疏影，修美浸淫。

千古一赤心

如果说杜甫在《佳人》里仅仅借佳人明志，并不全面的话，那么在同谷所作《凤凰台》，则更全面地体现了他无奈中“剖心血”以忧心报国的心灵轨迹。

亭亭凤凰台，北对西康州。
西伯今寂寞，凤声亦悠悠。
山峻路绝踪，石林气高浮。
安得万丈梯，为君上上头。
恐有无母雏，饥寒日啾啾。
我能剖心血，饮啄慰孤愁。
心以当竹实，炯然无外求。
血以当醴泉，岂徒比清流。
所重王者瑞，敢辞微命休。
坐看彩翮长，举意八极周。
自天衔瑞图，飞下十二楼。
图以奉至尊，凤以垂鸿猷。
再光中兴业，一洗苍生忧。
深衷正为此，群盗何淹留。

——《凤凰台》

在中国传统文化里，凤凰传说为百鸟之王，所代表和象征的是祥瑞。也借喻帝王，借喻有圣德的人才。在传说里，这种百鸟之王，雄性为凤，雌性为凰，因此还借喻婚姻关系中的男女。“凤凰不是现实中存在的动物，而是由生存在现实中的多种动物融合起来的神物。”（庞进《凤图腾》）。

许多古籍里都有关于凤凰的记载，《瑞应图》说：负信、戴仁、挟义、膺文、苞智、不群居、不侣行、不经罗坠网，上通天维，下集河洛，明治乱，见存亡。庞进在《凤图腾》对中国古代传统文化中的凤凰总结为：“凤凰是神物，神物自然有神性。凤凰的神性可以用向阳、达天、自新、秉德、兆瑞、崇高、好洁、示美、喻情、成王来概括。”

杜甫在《凤凰台》诗里基于中国传统文化对凤凰的含义，又超越其传统含义，运用大量的典故，以奇幻的想象，营造出一个广阔的关于凤凰之声、关于诗人自身、关于人类精神天地的诠释空间。

| 何鄂雕杜甫像

为了能说明这些，有必要将诗中所涉及的典故略作说明。

西伯与岐山鸣凤：西伯即周文王，他曾在今陕西岐山建国。姓姬，后稷之后。在位五十年，寿九十七岁。“岐山鸣凤”典出《国语》，“周之兴也，鸣于岐山”，意指凤凰鸣于岐山，为周朝兴起的瑞兆。今陕西岐山县北十五里周公庙西北有鸣凤山，概指凤鸣之事。

五城十二楼：指神仙居住的地方。典出《汉书》：相传昆仑玄圃有黄帝时建造的五城十二楼，是专门接待仙人居住的地方。

凤雏：指年幼聪颖、才识过人之士，后用来称美才士。《三国志·蜀书》引裴松之注《襄阳记》云："诸葛孔明为卧龙，庞士元为凤雏，司马德操为水镜，皆庞德公语。"《晋书》："云字士龙，六岁能属文，性清正，有才理。少与兄机齐名，虽文章不及机，而持论过之，号曰'二陆'。幼时吴尚书广陵闵鸿见而奇之，曰：'此儿若非龙驹，当是凤雏。'后举云贤良，时年十六。"

剖心血：为剖心、剖血之总称。剖心，当出自《史记·殷本纪》，为"纣愈淫乱不止。微子数谏不听，乃与大师、少师谋，遂去。比干曰：'为人臣者，不得不以死争。'乃强谏纣。纣怒曰：'吾闻圣人心有七窍。'剖比干，观其心。"而剖血当化自《诗》及《庄子》。前者有："凤凰之性，非梧桐不栖，非竹实不食。"后者为："庄子往见之，曰：'南方有鸟，其名为鹓鸰，子知之乎？夫鹓鸰发于南海而飞于北海，非梧桐不止，非练实不食，非醴泉不饮。'"

凤凰衔图：《春秋合诚图》记载：黄帝游洛水之上，与大司马容光等临观，凤凰衔图至帝前。帝再拜受图，元扈石室名。《春秋元命苞》记载：火离为凤凰，衔书游文王之都，故武王受凤书之纪。

凤垂鸿猷：刘敬叔《异苑》载东莞刘穆之，字道和，小字道人，世居京口，隆安中凤凰集其庭，相人韦薮谓曰："子必协赞鸿猷"。鸿猷，为宏伟的计划之意。

初步弄清了上面的传说与典故，我们对《凤凰台》可做下面的阐释：

亭亭耸立的凤凰台，北面不远是西康州同谷县。这个凤凰台啊，让我想起陕西岐山的凤鸣岐山。凤鸣岐山是周朝兴起的祥瑞之兆。可贤明的西伯侯周文王如今渺然而逝。我见不到西伯，听不到凤声，孤单而又忧愁。这个凤凰台在高山峻岭之上，云雾缭绕，缥缈神秘，我等凡人不可攀上。这里的人说，登万丈云梯，方可至凤凰台。看来，我是登不上去了。可我担心凤凰台上恐怕还有失去母亲的小凤雏，在天寒地冻之日啾啾哀唤。这些凤雏是将来的凤凰，是国家的英俊之才，是国家兴盛的希望。我愿剖开我的胸膛，用心血，用我的心思与气力来哺育这些凤雏，驱走她们的孤独，抚育她们成长。凤凰非竹实不食，非醴泉不饮。可我愿用我的心当作竹实供凤雏食用，我愿用我的血当作醴泉供凤雏饮用。我再没有什么所求的，只有光明磊落，披心沥血，肝胆相护。凤是王者之瑞应，我之所以用心血供养、用性命护佑，是希望她们能快快长大，腾飞于天际。也希望她们像传说中的那些凤凰口衔瑞图，从吉祥和瑞的十二楼那里飞来，给像黄帝一样的天子，受于天命。也希望能像那些降临于刘穆庭院的凤凰一样，能与刘穆一道，辅佐至尊君王。果真如此，如愿以偿，那我剖心血的初衷也就有了回报，安史叛军可平，中兴大业可期，苍生之苦可解。

如果我上面的阐释还说得过去的话，接下来可进一步重申或弄清下面的几个问题：

1.凤凰台之地以及杜甫并未登上凤凰台。

2.杜甫为什么在凤凰的多重传统文化意涵中只择取祥瑞、贤人、君子的意象。

3.杜甫为什么只担心凤凰台上的凤雏，而不及凤雏之父母。

4.杜甫为什么未登凤凰台却对凤凰有如此物我相与的最佳抒写。

这四个方面的问题相互关联。

《方舆胜览》中记载："凤凰山，在州东南十里，下为凤村，溪中有二石如阙，山腰有瀑布，名迸巩泉。天宝间哥舒翰有留题刻半岩间。相传汉世有凤凰栖其上，号凤凰台。"今天的凤凰台就在甘肃陇南市所属成县县城东南 3.5 公里的凤凰山上，史籍所载哥舒翰题刻已不见世。从杜甫自己在《凤凰台》题下自注"山峻，人不至高"及诗中内容看，杜甫当年未看到哥舒翰题刻，也未登上山去。"山峻，人不至高"，但这一点并没有影响杜甫由此展开的艺术建构及心志流露，倒是由此凤凰台一下子联想到陕西岐山之凤凰台：那是开明与天将降大任于斯人结合的凤鸣岐山的时代。而杜甫所处的时代和遭遇显然与那个时代不可同日而语。"安史之乱"不但给唐朝带来重创，也给杜甫带来了伤害。而杜甫自身遭遇的伤害，特别是自华州以后，仕途上经受的最惨重的打击，对杜甫造成的内伤是一辈子都不能、也无法疗愈的。他只能接受这种在当时不能堂堂正正言明，更不能在诗文中留给后人的巨大隐痛。他在这种隐痛里坚守着自己的抱负，就像他在凤凰山下，不能身体力行登上凤凰台却丝毫不能削弱"我能剖心血""再光中兴业"的精神与意志一样，是所有胸怀大

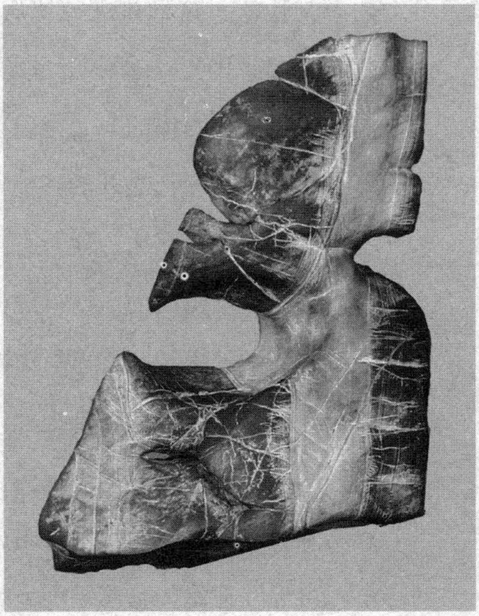

｜悲天悯人杜甫石（灵璧石）

志又遍遭磨难，却永葆良知的儒士的一种宿命。

传统凤凰文化的精髓是“和美”。凤凰是人们道德理想的集合与反映，也表达着吉利、顺遂、可心、如意、富贵、安定的意愿。同时对爱情生活美满的诉求又寄托在凤凰这种神物上。但在同谷县，杜甫主要取凤凰祥瑞、君王、贤人之意涵，而不用凤凰的其他意蕴，是因为在此时此刻，国之大事优于己之大事，己之大事只有依附国之大事方能成事的原因。

在唐以前，更确切地说，自杜甫以前我们的阅读史上还未曾遇到过关于凤雏待哺，关于剖心血以哺凤雏这样惊天动地的心灵创举。

《凤凰台》一诗里，离奇曲折的叙事中，包含了多元的诠释空间。

就杜甫本身的空间而言，他之所以不愿提及“大”凤凰而只“恐”上有无母雏，之所以“剖心血”让凤雏“饮啄”成长，不但是因为当时的时政更需要贤人，而且还因为杜甫自华州“罢官”以后，他的报国之忧与难以启齿的隐痛交织在一起所产生的焦虑与愧疚。这种焦虑与愧疚的艺术流露，就是杜甫虚构的凤雏与自己真挚无畏的“剖心”的呈现。如果说杜甫看破了唐朝当时的统治者，那么，他此时“剖心”饮啄的凤雏，日后辅佐的未必是以唐肃宗为代表的统治集团。唐朝当时的形势，杜甫显然不会寄托在除朝廷之外的其他集团或人身上。如果说杜甫是自己主动罢官，而且仍然不忘国家的话，那么，他所寄寓的凤凰，或许就是从“十二楼”衔图而至的凤凰，或许就是凤鸣岐山时的凤凰，或许就是凤垂鸿猷而至刘穆之之府的凤凰，甚至自己就是刘穆之。而杜甫“剖心血”为的是饮啄凤雏，显然不是饮啄成年凤凰。

历朝历代，人们很难把杜甫的仕途与理想，从《凤凰台》一诗中的体现里剔除掉的原因是，杜甫心志的纲太坚实、太有魅力、太诱惑人了。《凤凰台》一开始，杜甫利用两个过去时（明为西康州，暗为岐山）的地名再现，与一位过去时的君王（周文王）再现，把诗的基调定了下来，使人不得不顺着他的基调一步步走进他的仕途与理想世界。他对唐肃宗有不满和埋怨，但并非站在对立面去断然反对。这也是在诗里提及凤雏的一个缘由。或许，杜甫认为自己就是庞统一类的贤士。他虽然和其他贤人一样失志，但他所失的是身外之志，而他的心志是希望能有更多的贤人为国家而“举意八极周”。他从华州到秦州，从秦州到同谷，历经沧桑，却更加坚定了治世追求。这也就是在群盗猖獗，自己又身陷囹圄的状况下表现出来的，物我相与的复杂、矛盾的报国之志。

理想抱负是一种信念。尽管这种信念并不如黑与白、明与暗、清晰与隐晦那么分明。但它作为一个人的心之自体，特别是作为杜甫的心之自体而言，是依当时“安史之乱”祸国殃民、肃宗之朝平叛无能、贤人落寞等境况而生发的深邃、微妙、无穷的精神支柱。这也许正是《凤凰台》的真意所在。

DU FU
ZAI
LONGYOU

颂

卷四

颂

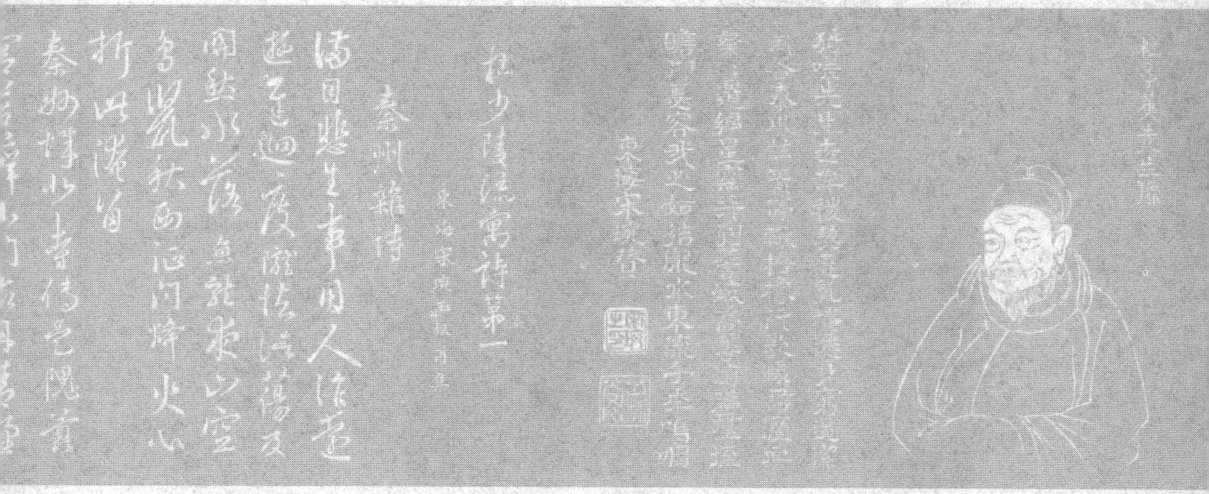

寻觅杜甫在陇右的思想轨迹，免不了有道或隐的话题。

道也好，隐也好，还是随道与隐相伴相随的出游也好，社会环境与时代会为其提供最好的脚注。从某种程度上说，人们对道或隐的潜意识的渴望，是人的生存（包括生活面）处于相对困厄时，对完美享受生命之愉悦的一种自然渴望。杜甫正是这样的人。

如果说杜甫对道教信仰很深，有意于道及道教的话，在他的一生里，乾元二年（759）秋就是最好的时机。

事实上，乾元二年（759）秋后的秦州及同谷并没有迎来一位虔诚的道士，陇右的文化土壤也并没有催生出一位从仕途上跌落后，失魂落魄又仁爱清静、与道合体的道人或道的痴迷者。

杜甫在陇右的佛事主要有三方面：在佛寺的游历，与僧人的交往，杜甫自己内心的佛事。

同时，杜甫在陇右的佛事还证明了他行为上与佛事的关联性。如果陇右之前没有与佛事某些层面上的接触，在陇右，兴许杜甫“心中有佛”式的行为在赞公身上不会显得那么明显。

与赞公相比，杜甫更像是一位僧人。只不过，他对佛的态度中更多地带有生活化、生命化、儒家化、社会化或平民化的情感因素。

第七章

归隐问道——只想竹林眠

一、潜通小有天：道如时代向往更高

杜甫道教思想在陇右时的体现（上）

杜甫从华州到秦州的目的究竟是什么？这也许是许多学者还在争论的问题。

假若他到秦州主要目的是为了更好地生存，那么当他的这个主要目的难以实现时，他在秦州、在同谷的思想又有什么样的变化？这，是应该关注的。

从某种程度上说，杜甫到秦州纯粹是私人性质的。他的纯粹个人的、私密性的生活，他在秦州及同谷的遭遇，他的心灵的愉悦与隐痛原本不为后人，特别是千年之后的我或他人来窥探。可是，他的儒士之遗风、他的诗人之气质与禀赋都天然地保留了下来，并经历史风霜而愈加璀璨夺目。也正是出于对这种遗风与文化的敬重，出于现实与心灵里的某些缺失，我们才对杜甫当年的那些私密性的生活进行尚欠道德的一些寻访、探究。

当年的杜甫，生活过得并不复杂、多彩。在秦州后期和同谷时，生活甚至有些单调、困苦。但他的眼目放之四野，他的心灵阔大无垠。他在秦州、同谷时的任何行迹，都会引起我们对唐时陇右山山水水的深情回顾与思量，都会为我们追寻他的心思、探究他的精神世界提供一些参考。

秦州客栈、隗嚣宫前、东柯谷畔、南郭寺里、驿亭柳下、同谷道上、栗亭村边、万丈潭侧、雪山野岭……除却杜甫的身影外，他思想的遗珠所闪烁的光芒至今辉映着这些山山水水。

万古仇池穴，潜通小有天。
神鱼今不见，福地语真传。
近接西南境，长怀十九泉。
何时一茅屋，送老白云边。
——《秦州杂诗》其十四

此诗在东柯谷而写西南的仇池山。明代人谢榛在《四溟诗话》卷四中说“万古仇池穴，潜通小有天”“起句平直，但写其神异尔”。何为是“神异尔”？我一直在捉摸这个问题。

仇池山，有多种称谓。河池，百顷，仇维，氐池，仇夷，瞿堆，皆指仇池山。仇池山在今甘肃省陇南市所辖西和县大桥乡境内。它三面环水，一头衔山，四面陡绝，过去只有一条小路可通山顶。小路盘缠，不知几十里，行人晌午在山下，夜半方至顶。现在有简易公路，直通山上。仇池山山顶方圆二十多平方公里，山上有上马、下马、庵房、河沟四个自然村。最高海拔为1793米，相对高度791米。

相传，仇池山是氐、羌族的发祥地。

郦道元《水经注》言：汉水又东南径瞿堆西，又屈径瞿堆南，绝壁峭峙，孤险云高，望之形若覆壶。高平地方二十余里，羊肠蟠道三十六回，《开山图》谓之仇夷，所谓“积石嵯峨，嵚岑隐阿”者也。

浙江工商大学旅游学院教授徐日辉先生在《前仇池国述论》《后仇池国述论》里对南北朝时期的仇池国有弥足珍贵的考证。李祖桓在《仇池国志》描述仇池山“形势险峻，有一百顷宽广，约万亩左右，上有池，四周绕一圈，共有九千零四十步，约二十五里。形状像一个翻倒的壶一样”，大体是根据《魏书》《仇池记》的记载，对仇池山的一个现代描述。

至于仇池山与神仙与道人的相关记载，最为清楚的，莫过于被誉为不但记载了许多朝野大事，也融入了许多荒诞不经传说的苏东坡的“滑稽文学”《东坡志林》。苏东坡在书中有“仇池，小有洞天之附庸也。王仲至谓余曰：‘尝奉使过仇池，有九十九泉，万山环之，可以避世如桃源’”的记载。

那么，杜甫在秦州时为什么要有“万古仇池穴，潜通小有天”等道家仙境的描写呢？难道，杜甫在秦州、在同谷就妄执于道了吗？

郭沫若先生在《李白与杜甫》一书中说“其实杜甫对于道教和佛教的信仰很深，在道教方面他虽然不像李白那样成为真正的‘道士’，但在佛教方面，他却是禅宗信徒，他的信仰是老而愈笃，一直到他的辞世之年。”

与郭沫若先生持相同观点的人士，大都通过杜甫长安时为唐玄宗所献的《朝献太清宫赋》《朝享太庙赋》以及此前与李白“夜眠秋共被，携手日同行”寻仙访道，到王屋山谒见华盖君的事做说明。另外，还有杜甫一些涉及道及道家术语的诗句，譬如《送重表侄王砅评事使南海》中“洞主降接武，海湖舶千艘。我欲就丹砂，跋涉觉身劳”，再譬如临终前的《风疾舟中伏书怀三十六韵呈湖南亲友》中“葛洪尸定解，许靖力还任。家事丹砂诀，无成涕作霖”等。这些事，这些诗句从一定程度上迷误了人们对杜甫内心深处关于生存及生命之无奈的、渴望的、全面的诠释。

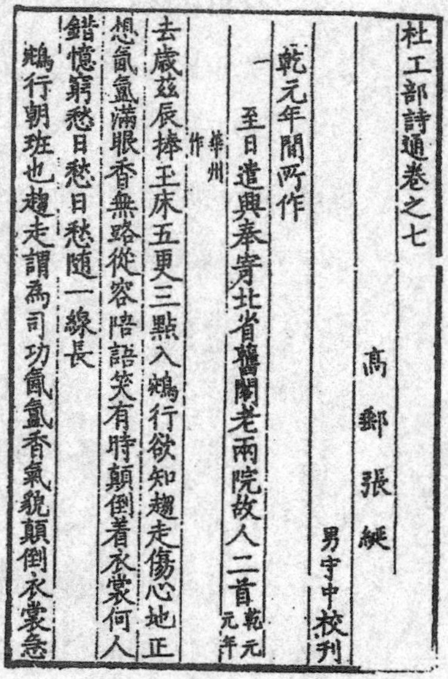
杜工部詩通卷之七
高郵張綖
男守中校刊
乾元年間所作
一至日遣興奉寄北省舊閣老兩院故人二首 乾元元年華州作
去歲茲辰捧玉床五更三點入鵷行欲知趨走傷心地正
想氤氳滿眼香無路從容陪語笑有時顛倒著衣裳何人
錯憶窮愁日愁日愁隨一線長
鵷行朝班也趨走謂爲司功氤氳香氣貌顛倒衣裳急

| 明·张綖撰《杜工部诗通》

旨在解决“生的追求”的道教起源于东汉中期，是黄老之学与民间巫术的结合物。后来经过时间与人力不断的“清整”，形成“推其大旨，盖亦归于仁爱清静，积而修习，渐致长生，自然神化，或白日登仙，与道合体”（《隋书·志第三十》）的一种信仰或教理。在唐乾封元年（666）就尊太上老君为玄元皇帝。唐玄宗又特别推崇道教，开元二十一年（733）“制令士庶家藏的《老子》一本，每年贡举人量减《尚书》《论语》两条策，加《老子》策”（《旧唐书·玄宗》）。天宝元年（742）置崇玄学，置博

士、助教各一人，学生一百人；后改为崇玄馆，置大学士，由宰相兼领。

大背景、大环境里，杜甫研读道家书典，一为跟随时尚，二为仕途生活所用。这种情况与现在普通大学要求学生英语考级后方能什么什么，与一些职称评定非得要有英语考试的好成绩如出一辙。只可惜，杜甫当时在“道”上的努力，在“道”上的投延恩匭收效甚微。反而是儒学的忠贞感化了唐肃宗，给了他左拾遗一职。

如果说杜甫对道教信仰很深，有意于道及道教的话，在他的一生里，公元 759 年秋是最好的时机。

事实上，乾元二年（759）秋后的秦州及同谷并没有迎来一位虔诚的道士，陇右的文化土壤也并没有催生出一位从仕途上跌落以后，失魂落魄又仁爱清静、与道合体的道人或道的痴迷者。

杜甫道教思想在陇右时的体现（下）

杜甫在陇右的诗或行踪，与“道”能沾边的《秦州杂诗》其十四寓意深刻。

关于这首诗的写作时间、地点，我一直认为是杜甫到东柯谷族侄所在的地方，现在叫柳家河村附近写的（刘春编著的《立于文化之巅的巨人——杜甫》一书中写“杜甫居所的附近有两个值得去的地方，一个是东柯谷，一个是仇池。他首先去登了仇池……”显然错误多多）。当然，写作此诗可能与阮昉相关。

杜甫在东柯谷柳家河村情投意合的人是隐者阮昉。这一点，从《贻阮隐居》《秦州杂诗》其十五、《秋日阮隐居致薤三十束》等诗可以得到证明。

杜甫与阮昉当年的身影不但在秋高气爽的东柯谷一带和谐与共，令人羡慕，他俩在秋风苦雨里的身影，也令那些竹篱茅舍感动不已。在这种氛围里，杜甫想卜居东柯谷一带。阮昉表示赞同后又说，其实人外有人，天外有天，在东柯谷西南二三百里外就有一个仇池山。对于博闻强记的杜甫来说，他虽然没有去过仇池山，可他从书典里知道仇池山，知道仇池山山巅那个世外桃源般的地方。这样一来，立马点燃了杜甫对仇池山的向往，更加点燃了他的艺术激情，“何时当茅屋，送老白云边”的诗句也就跃然纸上。

这是借用道家术语、思想，于现实里纵横驰骋，艺术想象的结晶。是生存处于相对困厄时对完美享受生命之愉悦的一种自然渴望。这种因渴望而滋生的追求，并不是泛宗教意义上对道的信仰的体现。

杜诗所言仇池山神鱼出入，是传说所致。而所谓“小有天”、“福地”却是杜甫自己给仇池山赋予的一种美好的情感。

洞天福地，为道教神仙居住的地方。道教教祖张天师在《二十四治图》中为神仙确定了居住的地方以后，二十四治的概念逐步扩大，产生“洞天福地”概念。二十四治基本上都在山林里，有山就有洞，道士在洞里修炼，便有“洞天”。而道士在“洞天”里能否修炼成仙，要看道士的福分，同时没有福分的人也不会到“洞天”来修炼，这“洞天”本身就是“福地”。在唐朝，天下被道家封有十大洞天、三十六小洞天、七十二福地。杜甫与李白当年所去的王屋山是十大洞天之一。当然，仇池山既没有列入十大洞天三十六小洞天，也非七十二福地之一。

既然不是道教的“洞天福地”，杜甫为什么还要给仇池山赋予“洞天福地”的概念？从艺术角度上看，这是杜甫化用道家术语，将道家思想融合在诗歌创作的结果。如果说一定要在杜诗里寻找一个生活对照物的话，仇池山，对于杜甫而言，只是他理想中的一个“最佳人居环境”而已。就像“上有天堂，下有苏杭”所喻，苏杭是许多人眼中生前死后的理想栖身之地一样，杜甫也有对生存质量安逸、舒适的标准与畅想。但由于杜甫深受儒学教育，“生于忧患，死于安乐”，他不可能泛宗教般地去追逐身后的“天堂”。也由于杜甫深受儒学熏陶，仁爱悲悯，拖儿带女，生活困顿，没有闲心与适当的资本去寻觅天堂般的“最佳人居环境”。倒是杜甫在诗歌创作中所创造的艺术的仇池形象深嵌在后世，与陶渊明之桃花源形象等一并蛰伏在国人的精神

| 仇池山

情感世界，时时生发着应有的力量。

当然，杜甫在写这首诗前后，也曾提及过仇池的概念。他在长安时所写的《送韦十六评事充同谷郡防御判官》里就有“受词太白脚，走马仇池头”的诗句。这里的“仇池头”承“太白脚”，为地域概念。在《秦州杂诗》其二十里，杜甫还写有“藏书闻禹穴，读记忆仇池”的诗句。历来注杜甫者认为“禹穴”“仇池”均为实指。纵览全部《秦州杂诗》以及根据杜甫写诗习惯分析，这里的“禹穴”“仇池”并非实指，而为意表。此与该诗“唐尧”“野老”相对应，言自己虽然因为某种原因离开政务，不为朝廷服务，但居秦州尚有高尚情志。

“仇池非仙境，商岭在人世”。杜甫在陇右诗里与“道”挂上边的，还有《空囊》《太平寺泉眼》等。

《空囊》有“翠柏苦犹食，明霞高可餐”句。

《太平寺泉眼》有“何当宅下流，余润通药圃。三春湿黄精，一食生毛羽”句。

《寄张十二山人彪三十韵》有“存想青龙秘，骑行白鹿驯。耕岩非谷口，结草即河滨。肘后符应验，囊中药未陈”句。

道教上清派的主要经典《黄庭经》以精气神修行为宗旨，并论述锻炼修行的方法。上清派第九代宗师陶弘景在《真诰》一书里，记载有道士修行采吸自然云霞的“餐霞”法，并言“日者霞之实，霞者日之精。君唯闻服日实之法，未见知餐霞之精也。夫餐霞之经甚秘，致霞之道甚易，此谓体生玉光霞映上清之法也”。杜甫是否对这样的餐霞术有过研究，我们不得而知。但作为诗人，写出“明霞高可餐”的诗句完全有可能。

太平寺本来为佛家之地。杜甫在《太平寺泉眼》一开始就说了“招提凭高冈，疏散连草莽”，其后说这个泉眼能“取供十方僧，香美胜牛乳”，到最后又有“三春湿黄精，一食生毛羽”这样的感发。之所以有这样的感发，是与孙思邈在《千金要方》中所说（黄精一石，去须毛，洗令净洁，打碎，蒸令好熟，压得汁，复煎去……常未食前，日二服，旧皮脱，颜色变光，花色有异，鬓发理改……绝谷食之，不饥渴，长生不老）有关呢？还是像张华在《博物志》里所言（昔黄帝问天老曰：‘天地所生，有食之令人不死者乎？’天老曰：‘太阳之草名黄精，食之可以长生’）有其神话影子呢？这给人不尽的猜测。

杜甫与赞公卜居之时游览太平寺，看到寺前丰沛的泉水，既能供取十方僧人，又能润泽药圃百草，还让他自己有“三春湿黄精，一食生毛羽”这样的道家的畅想。在我看来，孙思邈的黄精方也好，黄帝问天老的长生不老的太阳草也好，都离不开道之对“生的追求”。实际上杜甫是在太平寺佛家地盘里，既诵佛又论道，还借了道家的水，来浇自己的艺术奇葩，并将其融合得完美无缺。这是杜甫的才能。

“世祖修高庙，文公赏从臣。商山犹入楚，渭水不离秦。存想青龙秘，骑行白鹿驯……”这是杜甫《寄张十二山人彪三十韵》中的一些诗句。张彪是书法家，也是一个要修行成仙的道家。杜甫给张彪的诗里，之所以大量用道家的词语，也许目的就是让张彪知道，自己也有道的知识，自己支持你好好修行成仙。不要像我一样“自古有悲恨，浮生有屈伸”。

可以说，杜甫虽然在仕途上遭遇了挫折，失去了养家糊口的经济来源。但在陇右并没有向“道”的方向发展而踏进“道”的门庭。

“道教是引导信徒得到永生（Vie Eternelle）的救济的宗教”（马伯乐《道教》），如果从实用角度出发，杜甫对道的研习，除了仕途需要外，除了博采众长，丰富知识外，恐怕就是用其方术来救护现世生命安危的需要了。

按照《唐六典》的记载，开元时，全国的道观1687所。“安史之乱”后的陇右，具体说是秦州、同谷当时有多少道观，尚不太清楚。比杜甫晚五十年左右的吕岩吕洞宾曾有“石池清水是吾心，刚被桃花影倒沉。一到邽山宫阙内，销闲澄虑七弦琴”（《秦州北山观》）的诗。从诗中也可以看出，当时的秦州就有一个北山观，还比较有名。现代有些人考证，这个北山观就是最早的玉泉观。杜甫当年在秦州时游了秦州城的南山，写“山头南郭寺”诗，游了城北的北山写了“秦州城北寺”的诗，为什么没有留下关于玉泉观、关于游仙访道的诗，就是一谜。

二、更议居远村：隐若许多真实诚为多余

杜甫在陇右的隐逸行为（上）

道与隐似乎有着天然的联系。而“道”无疑由“隐”孕育而来。

人们曾一度热衷于杜甫在道家门前踌躇的脚步，那么杜甫有归隐的想法也就随之而来。

陈贻焮先生根据杜甫到秦州时所写的《太平寺泉眼》说："老杜来秦州后一直想卜居归隐。看起来，他不仅想重操旧业，以种药、采药、卖药为生，还要重温道术，服食修炼，企望羽化而登仙了。"

陈先生认为杜甫在秦州有"重温道术"的倾向。依我看，并非如此。

杜甫诗句里的"隐"或"隐的意象"，是他一时一地的心情流露，多少有些逢场作戏的味道。应该说杜甫一时一地所生发的心情与"隐"有联系，且这种联系不可避免地为杜甫整体思想涂上了"隐"的色彩，同时还存在着被置于杜甫整体思想这种暗示。但这种暗示并没有开启它与杜甫整体思想畅通无阻的大门。

隐及隐士，是中国历史上一个特殊的文化群体。尽管隐士"隐逸"的动机以及"隐逸"的程度千差万别，但作为一个文化群体，隐士的人格及隐士们所创造的文化活动在中国文化史上是不可忽视的。特别是隐士们所具有的生命意识、宇宙意识，以及对人格尊严的坚守，对心灵自由的追求，对人性的深刻关怀，对人与自然的积极关注，都曾有过辉煌的呈现。

| 天水东柯谷杜甫草堂

中国历史上的"隐"在尧舜时期就已经产生。最早的隐士们大体上由那位筑巢为屋野菜果腹的巢父以及许由、卞随等人组成。以后经过漫长的嬗变，隐士如庞德公、陶渊明们已在杜甫之前成为里程碑式的人物。唐朝的太宗、高宗、武后、玄宗曾屡次征召隐士入朝为官，其中唐福、马周、张玄素、李恺、吕向等都是以隐逸贤俊而得以入仕的。同时唐朝还表彰德行高尚的隐士，新旧唐书中所选的隐士里，在玄宗以前就有 24 人。做清高名士、得林下风流是唐朝许多文化人的追求与归宿。在这样的环境里，杜甫不可能不问及过道、联想过瘾。

遵循道家回归自然的思想，自觉与人世、与文明隔绝，居住于人烟稀少，交通阻塞的深山老林，恐怕是“山林隐逸、岩穴上人”的隐士们生存的一些要素。

唐朝的秦州、同谷，以及邻近地区最适合隐居。便而不利的交通，为那些多通达而少交往的地方提供了隐的天然屏障。某一向北山坡，某一水泽村落、某一幽谷茅屋……在四季分明气候的庇护下，往往居的乐趣又超过了隐的意蕴。

四十八岁的杜甫，用近五十岁的眼光在陇右寻找居的场所时，目光里对隐的渴望曾一度在这块大地上显得特别可爱而凝重。

对隐的渴望，是在杜甫政治仕途遭受挫败的情况下发生的。同时我们也会发现，杜甫那些渴望并矛盾的目光常闪烁在他初到秦州不久的时光里。

多病秋风落，君来慰眼前。

自闻茅屋趣，只想竹林眠。

满谷山云起，侵篱涧水悬。

嗣宗诸子侄，早觉仲容贤。

——《示侄佐》

那天，在东柯谷定居的杜佐进城看望长辈杜甫。

人处困厄之际，来到异地，又身染疾病，杜甫的情绪跟常人一样，怎一个“低落”说得清楚。而一旦遇到亲人，那悲欣的滋味又与常人有多少差异呢？杜甫在被困的客栈，和杜佐一番交谈后，写了这首诗给杜佐。

我们现在不知道当时杜甫与杜佐是否喝着一盅罐罐茶，或就着半壶浊酒进行交谈的，也不知具体交谈了哪些家长里短或仕途坎坷的事。但我们从杜甫写给族侄的这首诗里猜测，杜佐当时确实给杜甫介绍了东柯谷是一个竹林掩映、青瓦绿藤、满谷云生、篱边瀑溅，很适宜居住的美好的地方。

这首诗，还能告诉我们的是，杜甫到秦州“因人作远游”后，想找的第一个人终于找到了，并由此开始了他“卜居”或者说“隐居”的计划。

当然，为了实现这一计划，杜甫也不得不做出一些巴结族侄的姿态，写下“嗣宗诸子侄，早觉仲贤容”这恭维与期待交织的诗句。杜甫期待得到族侄的帮助，得到一片暂时安放他不羁灵魂的场所或者说归隐之地。然而，诗句除赞誉杜佐如阮籍的侄子阮咸外，也隐隐约约将自己比作晋代七贤之一的阮籍了。也许这比喻、恭维的诗句给他日后在东柯谷卜居埋下不应有的连环地雷。这是后话。

杜甫到东柯谷，确实看到了东柯谷“不与众峰群”的妙处：晴天片云，落日双鸟，崖谷乡人，种瓜采药，瘦地翻耕。居家映竹，水竹平分。这样美好的环境，在杜甫看来，很适合安家或隐居。

船人近相报，但恐失桃花。

《秦州杂诗》其十三，是杜甫写未到东柯谷，却迫切期望到桃花源般的东柯谷去的愿望。顺便说一点，这里“船人近相报，但恐失桃花”被一些人理解要乘船到东柯谷去。如2005年山西古籍出版社出版，珍尔解评的《杜甫集》中这样新解“船夫走近来告诉我的时候，我真耽心会错失了这好不容易才打听到的世外桃源里的桃花。”

采药吾将老，儿童未遣闻。

《秦州杂诗》其十六，是杜甫在东柯谷对自己做隐士的否定。他所选择的，是顺应自然，用适当的劳动，自给自足。

上面所说诗句，从另外一个侧面勾勒出杜甫对隐的态度，以及实施隐的过程，即：“向往隐——渐近隐——背离隐”。这种一波三折的过程，也同时说明了杜甫来秦州后的矛盾心态，暗示了他失去仕途后“隐”的心路历程。

“用之则行，舍之则藏”“有道则见，无道则隐”，这是庄子留给后代士人的话题。摆在杜甫面前的，却远非以“用舍”“藏隐”标准来衡量得清。纵观杜甫之前绝大多数隐士的出隐，基本上是在不堪和愤激中归隐的。一旦归隐后，心绪便渐趋宁静，心理也渐趋平衡，难堪与愤激也随之化解。他们在静穆适意的田园、山水中怡情适性，概不关心世事。

杜甫的仕途基本上可以用“不堪”来概论，但不能用“愤激”来说明。

从涉及东柯谷的《秦州杂诗》及写给族侄和阮隐居的诗里看，杜甫在东柯谷的目的是住而不隐。

遗憾的是，当适合杜甫居住的东柯谷出现在眼前时，适意的东柯谷并没有在杜甫不羁的心灵里占据更为重要的位置。这又是为什么呢？

“东柯遂疏懒，休镊鬓毛斑。”杜甫的《秦州杂诗》其十五，有人说是在秦州城所写。清仇兆鳌说“在秦而羡东柯也。上四客居之况，下四避地之思”，并进而分析“阮籍、庞公，藉以自方。无心出仕，故鬓斑不须镊矣”。

有人说在东柯谷所写。浦起龙认为 “定计东柯而作”。我以为，浦起龙定得准。这首诗为杜甫在东柯谷暂居族侄杜佐处或暂居隐者阮昉处时所写。其实，写作地点并不重要，重要的是杜甫写出了当时的心境。而带给杜甫这种适意心境的，除了雨中东柯谷的清静和雅致外，还有当时的杜佐或者阮昉，古时的阮籍、庞德公。

父亲曾是建安七子，自己又是竹林七贤的阮籍，纵情物外，率意独驾，不由径路，车迹所穷，辄恸哭而返。其心灵的苦痛，在杜甫的心灵里亦重复出现过。但是，阮籍无视社会规范的行为与杜甫试图拯救社会现实的理想之间，总隔着距离。杜甫只是把心底里对现实的那份孤傲，通过言说阮籍显现出来。当然，言说庞德公也有类似目的。《后汉书》说庞德公居岘山南，未尝入城府。荆州刺史刘表去看望他，有意请他出山为仕，被他拒绝。刘表叹息而去。后来庞德公携妻子登鹿门山，采药不返，过起典型的隐居生活。其实，现实对庞德公的拖累与牵挂远远要小于杜甫。杜甫在“悠悠兵马间”流落到东柯谷，他既不能像阮籍那样行迹所至，多兴无拘，也不能像庞德公那样只携带了妻子隐居。杜甫除了妻子，还有儿女，还有小弟，他身上有太多的人间烟火味。他也只能在兵荒马乱的年代，在仕途遭变之时，在流落异乡的阴雨连绵之际，

| 东柯谷街亭古镇子美堂

暂时忘却妻小，暂时忘却仕途，暂时忘却国家，懒散地缩在某一个地方，也不用打理自己的抱负进行自嘲而已。

杜甫在陇右的隐逸行为（下）

关于隐逸，杜甫在陇右诗《遣兴五首》里有过集中的思考：

蛰龙三冬卧，老鹤万里心。
昔时贤俊人，未遇犹视今。
嵇康不得死，孔明有知音。
又如垅坻松，用舍在所寻。
大哉霜雪干，岁久为枯林。

——《遣兴五首》其一

昔者庞德公，未曾入州府。
襄阳耆旧间，处士节独苦。
岂无济时策，终竟畏罗罟。
林茂鸟有归，水深鱼知聚。
举家隐鹿门，刘表焉得取。

——《遣兴五首》其二

陶潜避俗翁，未必能达道。
观其著诗集，颇亦恨枯槁。
达生岂是足，默识盖不早。
有子贤与愚，何其挂怀抱。

——《遣兴五首》其三

贺公雅吴语，在位常清狂。
上疏乞骸骨，黄冠归故乡。
爽气不可致，斯人今则亡。

山阴一茅宇，江海日清凉。

——《遣兴五首》其四

吾怜孟浩然，裋褐即长夜。

赋诗何必多，往往凌鲍谢。

清江空旧鱼，春雨余甘蔗。

每望东南云，令人几悲咤。

——《遣兴五首》其五

我觉得，对用行舍藏，对现世人生归途的思考与建构，构成了以上五首遣兴诗的要义。王嗣奭说五章诗“俱借古人以遣自己之兴，非尚论古人也”有其道理所在，但若不能对古人有自己之见识，也难以遣好自己之兴。

在杜甫48年的人生岁月中，幼时及后来求学、出游的期间，其行为目的较为单纯，除此以外的大多数时间，他都匆忙于生计并忧国忧民。公元759年7月以后，特别是在秦州的期间，杜甫才有机会，同时也不得不对自己的个体生命，对自己的生存价值、观念有了较集中的思考。

“居今之世，志古之道，所以自镜也……观所以得尊宠及所以废辱，亦当世得失之林也。”这是站在儒家立场，忠实于史的司马迁在《史记》中的讲述。而一旦杜甫涉及志古自镜之事，他的思维依然遵从传统的搜集历史事实为例证的方法，从那些被标榜为先贤的士人入手。这样，我们就看到了嵇康、诸葛亮、庞德公、陶渊明的形象，以及与此相关的竹林七贤、魏晋司马、三国曹刘、靖节隐逸等人物与事实在前三首诗里的相继出现。当然，在从历史上寻思先贤的同时，杜甫也很清楚，那些历史先贤们或隐士们的事实绝不可能再次在自己所处的时代，在自己身上得到再现或延续。于是，杜甫又选择与自己同处于一个时代，甚至于离开他也仅仅十多年的人物来交流、思考。这样，我们又在后两首诗里看到了贺知章、孟浩然的身影。

杜甫所提贺知章、孟浩然二位，不仅仅是因为贺知章诗好、书法好，又在仕途上居于高位。不仅仅因为孟浩然“清诗句句尽堪传”，更为重要的是，贺知章在86岁临终前请度为道士，求还乡里。他死后15年（758），也就是杜甫来秦州的前一年，唐肃宗还下诏嘉奖他，追赠为礼部尚书。孟浩然年轻时也在鹿门山隐居过，后来入长安应进士试，不中，才四方交游。他人品好，人缘也好。张九龄、王维、王昌龄、李白等都与他有好交情。张九龄被贬荆州长史时，曾招孟浩然入其幕任职，但也仅仅只有半年的时间，孟浩然就辞职归至襄阳。开元二十八年（740），52岁的孟浩然去世。

至此，我们应该知道，杜甫在这组遣兴诗里所写的人，不论是嵇康、诸葛亮、陶渊明，还是庞德公、贺知章、孟浩然，形成其人格或人品，造就其出仕还是归隐行为的，是多种因素综合的结果。“人事有代谢，往来成古今”。就某一个人而言，杜甫清楚地知道，他们其中的每一位都是他尊敬的，每一位的身上都有他效仿、学习的地方，每一位的身上都有他认为不足的地方，而那一位的路都不是他今后所能自由选择的。

他不能像陶渊明那样欲仕则仕，欲隐则隐，时而出仕，时而退隐，反反复复，自由任情，到最后终下决心归隐。之后，安心躬耕，贫病交加而不悔，禄利相诱而不移；兴致纵酒，贫极乞食，毫无矫揉造作之情态。

他也不能像同处一个时代，甚至于同时上下朝的王维那样住在山庄里，按时上朝应卯，亦官亦隐，亦隐亦官，做一个游宦隐士。他不会有王维那样不急不躁，无虑无求，任兴所之，随遇而安的游宦隐士所需的心境和人生选择。对于已经失去官职后追求心神超脱与人格升华的杜甫来说，所有这些并不是他所渴望的。

在唐朝，建功立业、锐意进取是士人的人生主旋律。

在唐朝中期，摆在杜甫面前的路十分艰难：眼前，是风雨、是高山峻岭、是大河激流；远处，是清明高远所在。二者之间，杜甫拖着他明明健全却又瘸着的双腿徘徊前行。他的心态，是所有常人的心态，喜怒哀乐悲，但五味更浓。

由此，杜甫在秦州所遣之兴，是那份挥之不去的惴惴不安，是那份隐蔽而又时时暴发的清高狂傲，是那份林茂鸟“难”归的伤感，是那份失意之后难以名状、难以自拔的茫然，是那份过多浸润了苦楚的不宁心绪。

古往今来，灵魂最孤独，心灵最苦痛的莫过于真正意义上的诗人。

中国伟大的诗人之一的杜甫，其灵魂的孤独，心灵的苦痛在中唐之际，特别是“安史之乱”前后空前强烈。如果可能，穿过厚重的历史尘埃回到唐朝，我们会看到，杜甫一人的孤独，垒起了整个那个时代的孤独；杜甫一个人的苦痛，加深且笼罩了整个那个时代的苦痛，并由此给那些苦痛平添了特有的血性与柔情。

这些孤独与苦痛，自唐以来，穿过一千多年的历史尘埃，至今浓郁得化解不开。

一千多年后，闻一多先生在《唐诗杂论》里对杜甫有以下这样一段描述：

三十五以前，是快意的游览（仍旧用他自己的比喻，）便像羽翮初满的雏凤，乘着灵风，踏着彩云，往濛濛的长空飞去，他胁下只觉得一股轻松，到处有竹实、有醴泉，他的世界是清鲜，是自由，是无垠的希望，和薛雷（今译作雪莱）的云雀一般，他是 An unbodied joy whose race is just begun.

三十五以后，风渐渐尖峭了，云渐渐恶毒了，铅铁的穹窿在他背上逼压着，太阳也不见了，他在风雨雷电中挣扎，血污的翎羽在空中缤纷地旋舞，他长号，他哀呼，唱得越急切，节奏越神奇，最后声嘶力竭，他卸下了生命，他的挫败是胜利的挫败、神圣的挫败……

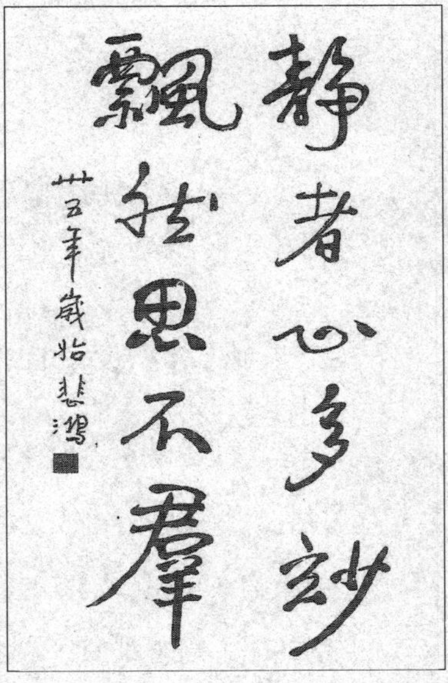

| 徐悲鸿书杜甫诗句

杜甫“东柯遂疏懒，休镊鬓毛斑”的想法，是他在秦州最需要隐居，而且有许多地方适合隐居时，最后矛盾、痛苦、无奈、猥陋、可怜的属于杜甫式的自嘲。应该说，秦州和同谷的上风上水并没有给诗人孤独的灵魂和苦痛的心灵更多的安慰（也许，杜甫的灵魂原本不需要安慰），并没有让杜甫在无论是东柯谷、秦州城，还是在栗亭、凤凰村等地方归隐，也就根本谈不上做什么隐士。

尽管，杜甫表面上仍然在寻找着归隐之路。虽然在“落日邀双鸟，晴天卷片云”的东柯谷，会有“采药吾将老，儿童未遣闻”的抒怀，但那只是一时念想而已；虽然在秦州城西南处的赤谷西崦，他“如行武陵暮”，但那只是“欲问桃源宿”而已；虽然他面对书信中“况闻山水幽”的栗亭，不禁又有“清池方可游”“庶遂平生游”的渴望，但那也只是“无食问乐土，无衣思南州”时的画饼充饥。

他在陇右的交流、卜居、奔波劳碌，远不是“归”与“隐”所能指代得了的。相反，更多的则是“我生苦飘荡，何时有终极”，“大哉乾坤内，吾道长悠悠”，“故人何寂寞，今我独凄凉”的悲号。

也许，杜甫在陇右的诸如《寄彭州高三十五使君适虢州岑二十七长史参三十韵》等寄友别亲的诗更容易探究杜甫的心境。而另外一首不长的诗则更适合在此刻慢慢体味。

愁眼看霜露，寒城菊自花。
天风随断柳，客泪堕清笳。
水静楼阴直，山昏塞日斜。
夜来归鸟尽，啼杀后栖鸦。
——《遣怀》

某些夜晚，一边听已故古琴泰斗张子谦先生的《广陵散》，一边深入到杜甫的《遣怀》诗里，一些人会心泪如涌。

三、秦州城北寺：诗歌之魂粲于幽深

响在隗嚣宫前的心音

公元759年，当杜甫苦难的身影离开陇右以后，还有许许多多类似杜甫的人物到过陇右，也曾有过或悲壮或伟大或更为艰难的经历。也许，不同时期不同标准的这样的人物在秦州、同谷的历史风景里有过太多的挤压、抢占，但最终更多占据历史风景的还是杜甫苦难的陇右之旅、千古绝唱的诗意之旅。

同样，陇右的风物胜景，因了杜甫一千二百五十年前的诗意之旅，又更多地承载了无穷的历史魅力。

试问，在陇右的历史上，在陇右历史典籍和人们世代口口相传的记录里，除了“秦州城北寺，胜迹隗嚣宫”“山头南郭寺，水号北流泉”，除了“孤城石谷间”“临池好驿亭”“野寺残僧少”“东柯好崖谷”“煮盐烟在川”“亭亭凤凰台”等外，还有哪些历史风物，这样诗意地彰显着这块大地恢弘而又氤氲诱人的文化气象？

自公元759年以后，陇右那些曾接待过杜甫的山山水水，就一直沉浸在杜诗的荣光之中。

南郭寺、隗嚣宫、东柯谷、凤凰台、万丈潭……当年的杜甫就是在这些场景中，与典籍一道再度追忆那些过往的历史的。当然，杜甫在重温那些历史的时候，拓展了那些场景的疆域，重新将那些场景置于过去或当时的天地日月、人物故事里，并将包括自己在内的认识与审视错综交织其中，构成复合型的、魅力四射的陇右胜迹。

陇右胜迹里不应该遗忘隗嚣宫。

西汉末年王莽后期，天下之乱，岂止是赤眉军造势的结果？那时，汉宗室刘玄先在长安称更始帝，刘秀后在河北称光武帝。而在长安以西的陇右，公元23年时，当地的豪强干脆拥戴天水人隗嚣乘机起事，也建立了自己的政权——汉复。当年底，隗嚣兴兵十万，杀了王莽的雍州牧陈庆、安定太守王向，先后分兵攻占了陇西、武都、金城、武威、张掖、酒泉、敦煌等地，控制了陇右地区。起初，更始帝刘玄封他为右将军，以后刘秀称帝又与他建立了关系。隗嚣虽名为归汉，但心有他思。他一方面拒绝了已经割据四川的公孙述的拉拢，一方面凭借陇右得天独厚的地理条件，滋生称王思想。当然，这种情况也不过存在了五年左右的时间。公元31年，他又背汉靠蜀，辅佐公孙述。第二年，光武帝刘秀怒而全力讨伐隗嚣。大势之下，隗嚣携妻而逃，在冀城（今甘谷县）而亡。《后汉书》说“九年春，嚣病且饿，出城餐糗糒，恚愤而死”。

以知经通书闻名陇右的隗嚣，本来“谦恭爱士，倾身接引，为布衣交”，再加之他乘机起事时是“承天顺民，辅汉而立”，当初容纳了一大批人士。《汉书》里说“时隗嚣据垄拥众，招辑英俊”。

得陇望蜀。隗嚣于建武九年，即公元33年去世。他在世时是个有影响的人物，去世后是个颇有争议的人物。当初，隗嚣起事告知天下的檄文曾名噪一时。南北朝时的刘勰在《文心雕龙》里就大加赞赏：“观隗嚣之檄亡新，布其三逆，文不雕饰，而意切事明，陇右文士，得檄之体矣！”晚隗嚣六十年去世，在后梁曾任彭泽令的张正见在《陇头水》里就有“陇头流水急，流急行难渡。远入隗嚣营，傍侵酒泉路”的吟叹。在隋唐之际，隗嚣给人们的借鉴是多方面的。

玄宗时的杜佑，在一封上议中说：“建武时公孙述、隗嚣未灭，太和、正始、太元时吴、蜀鼎立，开皇时陈尚割据，皆罗取俊乂，犹不虑失人以资敌。”（《新唐书·

杜佑》)。

唐朝的诗人中，许棠、罗隐都以隗嚣或隗嚣宫写过诗。特别是罗隐，他好像对隗嚣没有什么好感，“几时睿算歼张角，何处愚人戴隗嚣”（罗隐《中元甲子以辛丑驾幸蜀四首》），“病怜王猛畚，愚笑隗嚣泥”（罗隐《南园题》）诗句里的感情色彩很明显。

我想，杜甫对隗嚣的事迹，一定有所了解。于是，他初到秦州，在一个月亮早早爬上天空的时分，来到秦州城东北处的隗嚣宫遗址。

> 秦州城北寺，胜迹隗嚣宫。
> 苔藓山门古，丹青野殿空。
> 月明垂叶露，云逐度溪风。
> 清渭无情极，愁时独向东。
> ——《秦州杂诗》其二

隗嚣离开人世几百年了，但他修建的宫殿在杜甫到来之时，气势犹存。然而，人去殿空。渐衰的是胜迹里的宫墙门楼，渐现的是胜迹里外的苔藓草木。人去了，遗迹也将渐渐地消亡。但是，遗迹上方永不离去的风，却萦绕着曾经的人、曾经的事。如果明月有灵，也会聆听到每一位在隗嚣宫前感叹之人的心音。

千古评说“城北寺”

杜甫当年在隗嚣宫的心音是否也被后来的人揣测到了呢?

《秦州杂诗》是杜甫在秦州时的大型组诗。其构思、布局，包括前后顺序安排都很有讲究，也深藏了一些玄机。历史上，除范德机、王嗣奭、浦起龙对杂诗其二“秦州城北寺”这首诗相对高看，指出其中意蕴之外，现当代，普遍的人认为这首诗是咏隗嚣宫的，即便是有人指出该诗借外物而表内心，但也多以杜甫逃荒秦州心境沉郁说为主。

前人对“秦州城北寺”曾有下面的解读：

> 因见寺前渭水，乃怪其何太无情。我正愁时乃独自向东，而不与我俱往

乎，水无心也，而怪不俱往，怨恨何极。

——林兆珂《杜诗钞述注》

范德机云："渭水无情而知东向，为臣子者，有人性而不知尊王之义，此子美愁时便有取于水也。"姑存其说，然观"极"字亦未然。

——王嗣奭《杜臆》

此诗专赋一事。因城北寺见渭水而思归也。

——张溍《读书堂杜工部诗集注解》

二章咏城北寺也，首句明点秦州，结仍逗出客感……渭水在秦州，东流于长安，叹己之不得趋朝也。

——杨伦《杜诗镜铨》

上面的论述，普遍认为"秦州城北寺"专赋城北寺，因见渭水而思归。如果真是这样的话，那么此诗中杜甫的愁，则见之于渭水。渭水无情，反照着杜甫的孤独、无奈、失意、无助。

其实，杜甫心灵上对儒学孜孜不倦的追求，对国家社稷近似痴迷的关切，对诗歌创作不断进行创新、发展的艺术态度，使其心灵并没有畅游在狭小的天地，其孤独也是个体生命有限与宇宙无垠之间的孤独，是个人能力无法在社会动荡中充分发挥安定作用的孤独。他的这种大孤独，在"秦州城北寺"里的反映，就是"清渭无情极"，就是"愁时独向东"。

渭水东流，杜甫西征。就秦州行而言，杜甫一家老小，好不容易从华州"因人作远游"到秦州，面对东流渭水，怪不俱往，显然与当时杜甫的初衷不相符。"因人作远游"，他初到秦州，不会就有思归之意。况且，他当时除秦州之外，也没有归的去处。杜甫到秦州时，也许曾产生过对朝廷的不满态度，但这种不满，并没有影响到他对国家安危的关切。杜甫既然已经离开华州，离开仕途，也就脱离了与朝廷的依附关系，要想再次走进朝廷，进入仕途，在刚离开之际，显然不合常情。

"秦州城北寺"是一首写景咏怀诗。袁枚在《随园诗话》中说："凡做诗，写景易，言情难。何也？景从外来，目之所触，留心便得；情从心出，非有一种芬芳悱恻之怀，便不能哀感顽艳。”杜诗中的景就是城北寺，就是隗嚣宫。杜甫初到秦州，是冲着隗嚣宫来的。隗嚣的故事对“百忧复相袭”的杜甫来说，要远比秦州其他景物更能吸引他的咏叹。杜甫内心的那份对事物对国事超常的敏感，投射到“苔藓山门古，丹青野殿空”的城北寺时，“明月”“露珠”“浮云”“溪风”的意象自然而然交织在一起营造出“愁”的感怀：渭水东流，流至长安。比隗嚣更有野心的安禄山、史思明，使长安以至更多的地方惨遭战乱。破碎的山河，什么时候能像“开元全盛日”那样兴盛？

如果把这首诗看成偏重吟咏胜迹的诗，那就太过于简单了。

其实，杜甫在诗里已经告诉了他的意图。对遗迹进行简单的描述，就是便于我们透过简单寻找诗中隐蔽的复杂的情愫。为什么这样说？因为这胜迹曾经的主人不是别人而是隗嚣。当王莽政权在诸如隗嚣等“复汉”势力的围攻中瓦解，当光武帝刘秀从血腥中逐步掌握政权，天下几近复汉时，隗嚣仍然要得陇望蜀，实现他的所谓的霸业，最终却恚愤而死。隗嚣其他为人方面暂且不说，单就这一点，映射在唐时的现实里，从安禄山身上，杜甫寻找到了隗嚣的影子。只不过，一个发生在后汉，一个发生在开元盛世之后。一个发生在长安之西，一个发生在长安之东。一个是在动乱中想图谋霸业，一个是在安宁中想取得江山。一个在历史中已经消逝，一个的继承者仍在现实里实施杀戮、制造祸乱。

当年那个月亮初升的夜晚，后汉、唐朝两个朝代，隗嚣、安禄山、杜甫三个人物，就这样出奇地汇聚在秦州城北的半山腰上，就这样进行了一次跨越历史，跨越时空的碰撞与审视。

当然，杜甫在这次碰撞里也不完全是一个清醒者。从儒士的角度看，杜甫对隗嚣、对安禄山的是是非非看得清清楚楚。然而，杜甫毕竟是一个儒士，尽管他曾做过儒臣，但他无论如何也看不透隗嚣、安禄山这样的政客与其他政客或者政要们相互对峙的种种意图或者计谋。那些人，也许就是为时代的混乱而来，为在混乱中争夺话语权而来。而杜甫却偏偏就是那个时代安宁的守护者，就是那个混乱时代的矫正者。他自身的一些不能言说的遭际，也许在这次历史的碰撞中，让他的情愫显得谨小慎微。但这种谨小慎微的情愫里，始终流淌的是他对家国事的款款深情。

“清渭无情极，愁时独向东”。杜甫在秦州城北寺的游览，最终结果完全表现在这两句诗里。“愁”毫无疑问是这首诗的诗眼。“我生之初，尚无为，我生之后，逢此百罹。”杜甫从华州走到秦州，从秦州又到七百多年前隗嚣住过的宫殿，抚古思今，愁的是历史上的事情又有重演，愁的是这重演的历史悲剧上演的地域更广阔了，带来的灾难更深重了。愁的是民生疾苦，愁的是在这样的罹难之际，他因为仕途而不能置身于匡扶正义的前沿阵地，愁的是他自己又该如何解决“胸怀大志”与“报国无门”的两难选择。愁的是他、他身边的妻小又如何在秦州生存下去。“愁时独向东”是杜甫困厄、疾苦之中忧国忧民的再一次体现。七年后的大历元年，杜甫在夔州时，一脉相承，将“愁时独向东”扩展、升华，在《秋兴八首》里写了“夔府孤城落日斜，每依北斗望京华”的著名诗句。

诗歌之魂粲于幽深（上）

“秦州城北寺”诗可以说为《秦州杂诗》定了一个诗风清新沉郁，内容丰富充裕，诗情婉转迤逦的基调。

为了能全面了解这首诗，有必要对“城北寺”和“清渭”作一些探讨。

城北寺：方位处所。寺的本义为古代官署的名称。秦以官员任职之所，通称为寺。新旧唐书里“寺”除指官署、官名以外，也指佛教的庙宇。如《旧唐书·高宗》“九月癸巳，改九成宫为万年宫，废玉华宫以为佛寺”等。杜诗中的城北寺，是指一处官署处所，还是指一处佛教寺院？杜诗研究者如钱谦益，基本上以寺院来注解。其依据是《元和郡县图志》《方舆胜览》等史籍。

《元和郡县图志》完成于唐宪宗元和八年（813），是我国最早又最完整的地方总志。该书卷第三十九陇右道（上），共有九处提及到隗嚣。

《方舆胜览》在《新编方舆胜览卷之六十九》天水军山川目麦积山条有：山之北曰雕巢谷，又有隗嚣避暑宫，对面瀑布泻出于苍崖之间，亦胜景也。在题咏目中有：清渭无情极。杜甫秦州杂诗：“秦州城北寺，胜迹隗嚣宫。”隗嚣据陇西天水郡，寺即其故居。在寺院目中，只列了华藏院、瑞应院。

从时间概念上讲，《元和郡县图志》很可能是距杜甫最近的一部地理志。但该书九处涉及的隗嚣的记载中，很难看出隗嚣宫具体所在位置。钱谦益以此注释，其实也含糊不清。倒是宋朝的祝穆、祝洙父子在《方舆览胜》中“隗嚣据陇西天水郡，寺即其故居”的注释值得重视。可惜，这个注释在历史上没有引起重视。

隗嚣从公元23年到33年，称雄于陇西、天水，并建国称帝。隗嚣为自己建有两处宫殿。一为麦积山的避暑宫，一为秦州城北山上的宫殿。隗嚣一亡，宫殿变迁兴衰，用于他用也有可能。但七百多年后，杜甫的诗里却没有一点寺庙的痕迹。

《清一统志》载："崇宁寺在州东北山上。本隗嚣故居，后建为寺。"清距后汉，有一千多年的历史，但此记载较为可信。

综上所述，杜甫所言城北寺，是方位处所的表述，当指隗嚣宫。具体位置在秦州城东北约7公里的被人称"皇城"的半山腰上，现有城墙遗迹。而深深吸引杜甫在"胜迹"里徘徊的是隗嚣其人其事，并非隗嚣当年宏大、华丽，后又冷清、破败的宫殿。

清渭：即渭河，在杜诗里是地域、国家的概念。《诗》："泾以渭浊，湜湜其沚。"孔颖达疏："泾水以有渭，故见其浊。"在古代渭水清，泾水浊。渭河流域基本上是唐朝的政治中心。杜甫在来秦州之前，除年少求学，后游齐赵外，特别是在仕途中，基本上是在渭河流域奔走、变迁的。

天水隗嚣宫遗址

唐朝诗人在诗中常有清渭诗句。如卢照邻有"草变黄山曲，花飞清渭流"，杨炯有"汉国临清渭，京城枕泾河"。杜甫在诗中，除"清渭无情极"外，还在《奉赠韦左丞丈二十二韵》《秋雨叹》《哀江头》分别有"尚怜终南山，回首清渭滨""去马来牛不复辨，浊泾清渭何当分"，"清渭东流剑阁深，去住彼此无消息"等诗句。从杜甫用"清渭"一词的习惯看，杜甫在"秦州城北寺"诗中的"清渭"概指唐朝江山河流。

李济阻等人在《杜甫陇右诗注析》一书中根据"城北寺"所处的位置认为，"在隗嚣宫所见的，实际上是渭河的支流藉河。"从地理位置看，站在城北寺的确只能看到稭河。但我们却不能说杜甫当年把河的名称搞错了。如果用“耤河”，在诗里所包含的意蕴就寡淡多了，远不及“清渭”那么隽永、富有张力。杜甫写这首诗时，虽身处耤河之滨，但胸怀的是以渭河为代表的唐朝的江山河流，因此，他用“清渭”来抒发感情，最为恰当。

以渭河流域为中心的唐朝在唐玄宗后期，处在风雨飘摇之中。杜甫离开“安史之乱”的中心来到秦州时，虽然安禄山已死，但叛军仍然猖獗，大唐的江山仍然处在危难之中。而所有这些，除唐王朝自身的原因以外，杜甫更多的认为罪魁祸首是安禄山。如今，当他在秦州徘徊于同样要自立为王的后汉隗嚣的宫殿遗迹时，百感交集。他从安禄山身上看到了隗嚣的阴魂不散。因此，他在城北寺表达的当为对家国事“清渭无情极”的情感。

“清渭无情极，愁时独向东”。这里的“极”当为动词，是至、到达的表述。当所有人间的无情到达、汇聚城北寺时，杜甫一如既往，心田里流淌的还是“愁时独向东”的心血。“百忧复相袭”（《送率府程录事还乡》）可以说，因为忧国愁生，杜甫在自己的诗里，与“愁”有了难解之缘。

回首叫虞舜，苍梧云正愁。（《同诸公同登慈恩寺塔》）

战哭多新鬼，愁吟独老翁。（《对雪》）

吹角向月窟，苍山旌旆愁。（《送韦十六评事充同谷防御判官》）

一片花飞减却春，风飘万点正愁人。（《曲江二首》）

来秦州之前的愁，多的是大愁是国之愁。来秦州之后，在秦州特殊的环境里，他经过凝神息虑，默然自识之后，饱含深情，对家国事的关切仍然强烈。只不过，他借秦州风物、秦州山水，从“秦州城北寺”开始，在以后包括同谷诗里，将这种关切表现得更为内敛，更富有生机，更具有天工而已。

实际上，杜甫在《秦州杂诗》中从“满目悲生事”点题之后，“秦州城北寺”就为以后的18首诗的写作搭起了骨架，使其始终在这一骨架内，像凤凰的翅膀一样，再生五彩缤纷的羽毛，进而自由飞翔。在这一点上，浦起龙在《读杜心解》中有很好的理解：

其二，就秦咏秦，明点出‘秦州’字。意在通盘布局安顿，但就其名胜处述而志之，不专为寺咏也。故下半不黏寺说，仍就‘清渭无情’，萦拂远游一笔。

诗歌之魂粲于幽深（下）

“城北寺”诗是如何为二十首《秦州杂诗》“通盘布局安顿”的呢？

从诗中可以看出，杜甫通过对隗嚣这位古时秦州人特殊的回忆与思考，倾诉了杜甫一腔委婉、愁苦的爱国热情。而这些又是通过诗中秦州图经、自然风物、人物历史和缘情体物的情趣这四大标志内容来完成“风景就是心景”这一审美过程的。

秦州图经：秦州城东北山上之城北寺，遗弃却不失壮观的隗嚣宫。

自然风物：秦州月、秦州风、秦州河。

人物历史：古之隗嚣，当时之安禄山、史思明。

情趣：渭水秋声——怀想中“独向东”的愁思。

如果我们将《秦州杂诗》的四大标志勾勒出来，下面图表会更清晰一些：

秦州杂诗	秦州图经	自然风物	人物、历史	情趣	气氛
第一首	秦州内外	陇山风物	杜佐或其他人	述怀	陇阪迂回
第二首	秦州城北	城北寺，渭水	隗嚣，安禄山	忧国	渭水秋声
第三首	秦州地域	汉、少数民族风情	外来尚武青年	忧秦之危	悲秦箫声
第四首	秦州之夜	悲云，寒蝉，独鸟	奏鼓角之人，杜甫	忧生	风木含悲
第五首	秦地牧马	牧场	健壮的马，老马	喻世	马鸣催征
第六首	秦州关隘	城楼，林鸟	兵卒，使节	伤时叹秦	邦国殄瘁
第七首	秦州城郭	阴云，塞月，孤城	使臣	感时	忧边映月
第八首	秦州驿道	暮色，马匹，羌笛	张骞，东征兵卒	慨时	哀音暮笛
第九首	秦州驿亭	竹，柳，庭院	官员，使臣	体物自嘲	无为商音
第十首	秦地雨势	雨景，军营，村落	使客，稚童，倦卒	忧边松懈	雨浸心泪
第十一首	秦州古塞	黄鹄，苍鹰	将士，鼓手	叹息	凄迷呜咽

（续上表）

秦州杂诗	秦州图经	自然风物	人物、历史	情趣	气氛
第十二首	秦州寺院	清泉，老树	游客杜甫	悲世	老境萧索
第十三首	秦州东柯	河流，田垄，村落	村人	自述	桃源渺渺
第十四首	秦州之邻	仇池仙境	古时道人	遥念	幻想清音
第十五首	东柯之雨	雨中东柯	阮籍，庞公，杜甫	解嘲	雨落足音
第十六首	东柯之境	白云落日，流水修竹	稚童、杜甫	自问	晴空长嗟
第十七首	秦州居所	阴雨，庭院，蚯蚓	杜甫，家人	伤感	阴郁哀叹
第十八首	秦州边塞	阴云，烽火，羽檄	传檄，守戒兵士	感事	檄飞马嘶
第十九首	秦州边陲	边陲战事，秦州烽火	李广，杜甫	欲战不允	鼙鼓传音
第二十首	秦州内外	朝廷，风景名胜	新朋老友，杜甫	诉情言志	曲终奏雅

需要说明的是上面图表所示中“气氛”指体验者杜甫写每一首秦州杂诗时，对整个组诗协调而产生的内在感受。

从上面图表“气氛”项里，我们也可以清楚地看出，除首、尾两首诗外，其余每一首诗所传递的，是带有悲剧性的、沉郁、凄美的忧生忧民忧国曲调。而所有这些又都是围绕“渭水秋声”这一秦州特定氛围展开，并最后发出“愁时独向东”的千古长吟。

同时，“秦州城北寺”不仅统摄了秦州杂诗的走向、基调，还为以后杜甫在同谷抒发“我能剖心血”“再光中兴业”，在夔州抒发“每依北斗望京华”做了“愁时独向东”这样的准备。

清人张溍在《读书堂杜工部诗集注解》里说《秦州杂诗》“此廿首诸法具备，所当细玩。”

《秦州杂诗》其二首联“秦州城北寺，胜迹隗嚣宫”看似平淡无奇，却很自然地把地理环境，人物与古迹的关系点了出来，为下面景物的抒写和感怀营造了氛围。同时也为整个秦州杂诗奠定了写作的基调。

颈联“苔藓山门古，丹青野殿空”以潮湿、清凉、新鲜的苔藓映衬古旧的山门，以仍然醒目的雕梁画栋来反衬隗嚣旧宫的荒废景象。一古一空，古的是山门，空的是殿宇。也许，这里的一切随着主人的离去，也早该退出历史舞台了。但杜甫这时的立场却是中立的，退与不退，他留下了空白。

“月明垂叶露，云逐度溪风”，赵次公对前句曾有“言月色明白于垂叶之露也”的注释。明月清澈，可以照见挂在草叶上的露珠，自然也可以洞见城北寺里其他一切。世界在此刻也许处在静寂、空明之中。然而，缘自杜甫所处位置的溪风（更多的缘自杜甫精神世界的焦虑、不宁）飘然而上，云随之飘荡，心绪为之飘荡。这两句诗，描写清新有加，抒情过渡天衣无缝。

尾联“清渭无情极，愁时独向东”顺承上面两句，溪风起而白云游，白云游而心绪动。天上、地下、过去、现在、动与静、人与社会，浑然一体。渭水东流，清渭倒影里又现大唐山河破碎，战火纷飞，社会动荡，民穷财匮的景象。曾为臣子，忧国忧民；今为游客，愁心所向。杜甫借水东流，关切的依然是大唐何时才能得以安宁，大唐的民众何时才能得以安宁。清王夫之在《姜斋诗话》中曾对这两句中间的转折极为推崇。他说“情语能以转折为含蓄者，唯杜陵居胜，‘清渭无情极，愁时独向东’‘柔橹轻鸥外，含凄觉汝贤’之类是也。”杜甫的这两句诗将沉郁之风又发挥到淋漓尽致的程度。

流连于古迹奇景，轻弹古时人物之哀乐，借自然风物之清明，浇胸中忧国愁生之沉郁块垒，是“秦州城北寺”的艺术魅力所在。

“秦州城北寺”作为写给朋友的组诗之一，如前所述，它的基调，引导了此后的18首诗的走向。此后18首诗以它为骨架，展开翅膀，为后人呈现了在清新沉郁基础上或活泼、轻灵，或雄健、浑朴，姿态雅致、悲壮圣洁的美丽飞翔。

以清新有加，过渡自然的“月明垂叶露，云逐度溪风”写景抒情为参照，在此后的诗里就有“秋听殷地发，风散入云悲”（其四），“无风云出塞，不夜月临关”（其七），“所居秋草静，正闭小蓬门”（其十），“秋花危石底，晚景卧身边”（其十二），“边秋阴易久，不复辨晨光”（其十七），“风连西极动，月过北庭寒”（其十九）等。

复以“清渭无情极，愁时独向东”沉郁的忧国愁生为参照，杂诗其三，透射出了对当时秦州安危的担忧；其四在鼓角声发的黄昏之际感叹的是“吾道竟何之”；其五抒发的是“哀鸣思战斗，迥立向苍苍”的意志；其六悲叹的是“那堪往来戍，恨解邺城围”；其七伤叹的是“属国归何晚，楼兰斩未还”等。可以说，杜甫经过初到秦州城北寺“愁时独向东”的忧愁，看到地处危难之中的秦州，如同整个大唐的形势一样，他渴望的是“故老思飞将，何时议筑坛”（其十九），像凤凰一样“我能剖心血”“一洗苍生忧”！

正是有杜甫在“胜迹隗嚣宫”里这样的抒怀，陇右的一些山川胜景、古迹文物、乡风民俗等才有了杜甫之清新沉郁一般的美丽诱惑。在这美丽诱惑里，杜甫在陇右的归隐思想也就变得虚无缥缈。

第八章

寻幽礼佛——杨枝晨在手

一、取供十方僧：杜甫的僧寺游历

杜甫行为上与佛事的关联性（上）

像匆忙的行者，杜甫行走在陇右的大路上，一边是缥缈逶迤出现的“道”，一边是时时召唤的“隐”。左顾右盼，杜甫既没有朝左又没有朝右。他停住脚步，耳旁的一切暂时得到安静的时候，他需要安静或者需要疲倦后的一种安静的休息。

的确，被忙碌与忧思折磨得瘦削，以至有些邋遢的杜甫，内心世界也实在需要得到一些安慰与休息。这时候，寻幽礼佛成了一种慰藉。

事实上，佛教对杜甫心灵的安慰远远多于道教。无论是求学与漫游时期，还是长安十年，以及秦州以后的岁月，杜甫在诗歌里留下的佛教的迷人影子，让后人探寻不止。

应该说，杜甫秦州之行，是他人生中的关键转折之行。

仔细看，杜甫秦州之后的诗歌对佛教内容的涉及往往承接了之前的内容，并进一步得到升华，但没有特别强的连贯性。是远离长安的秦州、同谷没有一定的环境，让杜甫在公元759年秋冬的诗歌里，更进一步去寻幽礼佛？还是他在陇右处境尴尬时，心路也发生了微妙的变化呢？

杜甫在秦州、同谷期间，受到的精神气候影响除“安史之乱”带给士人的焦虑、自己的内省与宽容外，便是秦州、同谷独特的地域风情和文化影响，还有唐朝儒、道、佛三教并立，并由此所产生的包容与和谐的大的精神气候影响。

在陇右，佛教对杜甫的影响很特别：虽然一如既往有对佛教寺院的游览，但没有刻骨铭心的寺院图经；虽然与僧人有过密切的交往，但没有多少佛教的禅机与觉悟；虽然诗作涉及佛，但这“佛”是生计的佛，是儒士的佛，是综合了众多因素的佛，是杜甫式“漫成”与“浑与”的佛。

野寺残僧少，山园细路高。
麝香眠石竹，鹦鹉啄金桃。
乱水通人过，悬崖置屋牢。
上方重阁晚，百里见秋毫。

——《山寺》

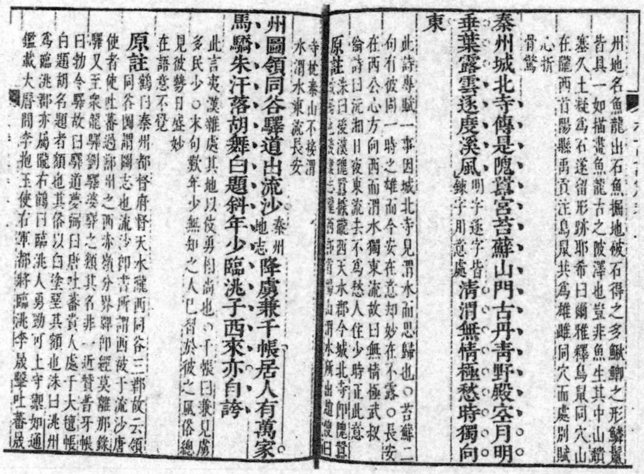
州地名魚龍出石魚掘地破石得之多鰍鯽之形鱗鬣皆具一如描畫魚龍古之陂澤也豈非魚生其中山嶺塞久土凝爲石遂留形跡耶希曰爾雅釋鳥鼠同穴山在隴西首陽縣禹貢注鳥鼠共爲雌雄同穴而處別賦心折骨驚

秦州城北寺，傳是隗囂宮。苔蘚山門古，丹青野殿空。月明垂葉露，雲逐度溪風。明字逐字皆鍊字用意處清渭無情極，愁時獨向東。

此詩專賦一事因城北寺見渭水而思歸也○苔蘚二句有彼周一時之雄而今安在意却妙在不露○長安在西公心方向西而渭水獨東流故曰無情極武叔論詩曰沉湘日夜東流去不爲愁人住少時正此意

原註 [illegible] 寺枕秦山不接渭水渭水東流長安

州圖領同谷，驛道出流沙。秦州地志降虜兼千帳，居人有萬家。馬驕朱汗落，胡舞白題斜。年少臨洮子，西來亦自誇。

此言夷漢雜處其地以彼勇悍尚也○千帳曰兼見虜多民少○末句歎年少無知之人已習於彼之風俗總見彼勢日盛妙在語意不覺

原註 鶴曰秦州都督府督天水隴西同谷三郡故云領同谷圖謂圖志也流沙即書所謂西被于流沙唐使者使吐蕃過鄯州之西赤嶺分界碑即經莫離那錄驛又至衆龍驛劉驛婆驛之類其名非一近贊普牙帳曰勃令驛故曰驛道夢弼曰唐吐蕃貴人處于大氈帳自題胡名題者額也其俗以白塗塈其額也洙曰洮州爲臨洮郡亦屬隴右鶴曰臨洮人勇勁可上守禦如通鑑載大曆間李抱玉使右軍都將臨洮李晟擊吐蕃

| 清·张溍注《读书堂杜工部诗集注解》

这首写被誉为“中国四大石窟”之一的麦积山石窟的诗，往往被看成一首绝佳的自然生态环境诗作。宋代赵次公十分肯定地说“此篇实道山寺之景物耳”（《杜诗赵次公先后解辑校》）。遥想当年，盛唐秦州被这样优美的自然环境滋润，实在有福。

从四世纪的南北朝开始到唐代，是佛教在中国的全盛期。佛教寺院的兴盛也是理所当然的事。李映辉先生根据《唐会要》《唐六典》《旧唐书》的记载，统计出在唐玄宗时全国就有寺院5338所。而唐前期陇右道的寺院数目排列在第十位（《唐代佛教寺院的地理分布》）。杜甫到秦州时，秦州有多少寺院不得而知。杜甫所写的山寺，就是麦积山。

麦积山石窟始建于十六国后秦时期（5世纪初），后经北魏、西魏、北周和隋、唐的续建，以及五代、宋、元、明、清等时期的重修，成为中国石窟艺术的重要组成部分。麦积山石窟，也是世界石窟艺术史上公元5世纪初至13世纪最为壮美雄奇、绚丽多姿的篇章之一。北周时，秦州历任军政官员均笃信佛教，并极力扶持佛教发展，甚至亲自参与开窟造像，其中又以大都督李允信开凿的第4窟（俗称上七佛阁）最为壮观，其悬立于崖面，是麦积山石窟东崖最为引人注目的洞窟。在这一事件影响下，官民信众，纷纷捐资开窟，洞窟几乎布满了东西两崖可以利用的崖面，佛寺（当时称灵安寺）香火也很兴盛。唐景龙二年（708）和开元二十二年（734）的两次大地震，使麦积山山体受到严重破坏，但寺院香火仍然不绝。杜甫当年到麦积山石窟，和大多数人一样，也许就是冲着这香火因缘来的。

和现在绝大多数人一样，到了麦积山后，杜甫也许并未进入石窟参观游览。这种与杜甫平时所作所为不相符合的行为，可以看成是二十多年前的地震造成进入石窟栈道损坏的原因所致。但我却认为，杜甫之所以没有深入石窟，进而在诗里没有深入礼佛的缘由，很可能是因为在这里碰到赞公的原因。

杜甫除在秦州写过《山寺》外，离开秦州4年后的广德元年，在梓州也写过一首同题诗：

野寺根石壁，诸龛遍崔嵬。
前佛不复辩，百身一莓苔。
虽有古殿存，世尊亦尘埃。
如闻龙象泣，足令信者哀。
使君骑紫马，捧拥从西来。
树羽静千里，临江久徘徊。
山僧衣蓝缕，告诉栋梁摧。
公为顾宾从，咄嗟檀施开。
吾知多罗树，却倚莲华台。
诸天必欢喜，鬼物无嫌猜。
以兹抚士卒，孰曰非周才。
穷子失净处，高人忧祸胎。

岁晏风破肉，荒林寒可回。
思量入道苦，自哂同婴孩。
——《山寺》

同样是山寺荒残的景象，杜甫在梓州陪人游览山寺后，发愿布施，祈佑神天，而这种现象在秦州的《山寺》里则了无痕迹。秦州之《山寺》提供给我们的是佛家寺院占尽优美山水这么一个概念，是公元759年秦州有这么一个佛家寺院的文本。而文本后面又隐逸了杜甫当时对佛家的细微态度，隐逸了他遇到赞公时的那种愉悦心境。

如果把杜甫在秦州时的《山寺》作为探究当时秦州佛寺的参照，那么，我们还会看到陇右的南郭寺、太平寺、法镜寺等。

与麦积山相同，杜甫抒写秦州南郭寺也以景见长。但秦州城南的南郭寺自杜甫以后，就一直沉浸在杜诗的荣光之中。

山头南郭寺，水号北流泉。
老树空庭得，清渠一邑传。
秋花危石底，晚景卧钟边。
俯仰悲身世，溪风为飒然。
——《秦州杂诗》其十二

南郭寺，在隋唐时已初具规模。该寺宋代称“妙胜院”，清乾隆十五年敕赐为“护国禅林院”。现在南郭寺观音殿旁有一八角攒尖顶小亭，内有水井，清澈见底，水味甘美，四时不竭，就是杜甫诗中所指的“北流泉”。南郭寺有一株古侧柏，黛色霜皮，中分两丫，枝干如劈，横卧南北。两枝间寄生一黑蛋树，北侧枝下还有一株槐树，生机勃勃地支撑着古柏。这柏，便是“老树”。至于秋花钟楼，凡为寺院，十有八九，当为俱全。秋花易传，卧钟易敲，赵次公也理所当然言“秋花在危石之底，晚景照卧钟之边，皆道实事”（《杜诗赵次公先后解辑校》）。可惜的是，宋代的赵次公还不知杜甫所写的北流泉泉水至今与岁月盈盈相伴。

由此有一个问题，杜甫当时将南郭寺的实景顺手拈来，写成诱惑的诗，会传递出怎样的信息呢？有一种可能是：老树与空庭相得，清渠自一邑传注，各得其所，各适其宜。知冬夏冷暖，顺自然而生，不因人事而悲喜，不因万物变幻而悲叹。但当时的杜甫因牵于世事，俯仰多悲，连溪风也为之飒然，萧索冷落了他。

如果说杜甫因傍晚南郭寺的场景而生发的个人隐秘心境不易被捕捉的话，后来的人们已将他的这种诗的意愿或者诗的信息过滤，只剩下各得其所，各适其宜，独特无二的寺院风景了。也正因为如此，后人在南郭寺杜少陵祠里塑杜甫像时，塑得一脸富态，还略带了春风得意的样子。而坐落在北流泉之旁的现代雕塑家何鄂雕刻的汉白玉杜甫像，风骨铮铮里透着不灭的仁慈、安详。

也许，唐朝的那个傍晚，真的如张溍在《读书堂杜工部诗集注解》里说的那样："得字从空字生来，犹俗言正得此意。妙在下，得不甚稳"，杜甫也隐隐感觉到秦州之行的空落。

杜甫行为上与佛事的关联性（下）

从杜甫在陇右写佛教寺院的诗看，杜甫在寺院里停留时间最长的还有法镜寺。

身危适他州，勉强终劳苦。
神伤山行深，愁破崖寺古。
婵娟碧藓净，萧摵寒箨聚。
回回山根水，冉冉松上雨。
泄云蒙清晨，初日翳复吐。
朱甍半光炯，户牖粲可数。
拄策忘前期，出萝已亭午。
冥冥子规叫，微径不敢取。

——《法镜寺》

对于这个杜甫曾有较多时间停留，甚至于携一家老小在这个寺院居住一个晚上的法镜寺，古来因为种种原因，考证、注释的人并不多。而现代的人认为，它就位于甘肃省西和县北 12 公里的石堡乡石堡村的五台山支脉崖壁上。该寺建造于北魏太和年间。根据杜甫"朱甍半光炯，户牖餐可数"的描写看，这个隐在崖上无人识的佛寺，当时规模不小。

杜甫离开秦州，一路南行，穷山恶水，把他给折腾够了。从卤城盐官出发，过寒峡，已经走得筋疲力尽。勉强打起精神，继续赶路，终还是因为路途遥远，而感到神伤。天黑路远，他正愁没有办法时，遇到了这个崖寺，便借寺食宿。第二天清晨，杜甫起来首先看到的是还有绿意的竹子，其次是那些落了叶却在冬天早晨泛着光亮的树枝。由近及远，千回百转的水围绕崖寺流淌；由低至高，松树枝叶上清亮如雨的冬天早晨的雾松重重叠叠。重重叠叠之上，天空中冬天早晨特有的似雾非雾似云非云而权当云看待的云，蒙住了清晨亮丽的红日。杜甫正当为此感到遗憾时，早晨的太阳又从云翳中吐出来。太阳一出，由上而下，寺院屋舍建筑隐约发亮，门窗上的窗格清晰可数。这般寺中气象，令人流连忘返。拄着木棍游览寺中景象，也忘了赶路。清晨登眺，至午始出藤萝，又闻子规声声，呼唤前行，再也不敢取径搜奇……至此，杜甫留下了关于法镜寺的更多诗的隐秘。

赵次公言："神虽伤于山行之深，而愁已破散，以逢崖边古寺也。"杜甫的愁，果真破散了吗？冥冥子规的出现，对杜甫当时真实的情绪流露可能是一种参照。

| 天水甘泉镇太平寺

浦起龙言："结四（拄策忘前期）就过境作余韵，留取不尽。"那么，杜甫当时的怅然，是留给了那些寺院风物呢，还是留给了寺中菩萨？

王嗣奭言："山行而神伤，寺古而愁破，极穷苦中一见胜地，不顾程期，不取快捷方式，见此老胸中无宿物，于境遇外，别有一副心肠，搜冥而构奇也。""无宿物"是说杜甫坦直，再也没有留恋此寺其他风物呢，还是佛、物两忘，心无挂碍呢？既要胸无宿物，又要搜冥构奇，实在难为了杜甫。

雪潇言：“我们从杜甫的《法镜寺》这一首诗里，其实也窥出了杜甫的诗圣之‘法眼’，那就是‘目下有尘’。”这也许是隔了千年的比照：千载之下，身历如见。

每一次阅读《法镜寺》，相信千百年以来每一个人的阅读体验不尽相同。而千百年里，一些人在法镜寺亲身所见，也不能恢复到当初杜甫的场景之中。时间的距离，表述的距离，阅读的距离……所有一切都不能逾越距离的障碍。

然而，不管距离的障碍如何厚实和隐蔽，从《山寺》到《南郭寺》，再从秦州到通往汉源路上的《法镜寺》，我们发现，杜甫关于佛教寺院的诗，一直在围绕着寺院的风物而写。在这些寺院的门前，他没有阐述对佛的向往；在这些晨钟暮鼓里，他没有对佛事进行参悟；在这些相映成趣的寺院风物里，他也没有找到心灵的恬静。他为什么这样？他的这些寺院风物诗想告诉人们什么？他在诗中又隐逸了什么？有心者，需沉思。

杜甫大体与赞公一道，在距离西枝村赞公土室不到6里路程的甘泉（今天水市麦积区甘泉镇），去了一趟太平寺。

太平寺是佛教寺院，这是杜甫在诗中直接并且是一开始就告诉给人们的信息。在此信息的招引下，人们以为这次诗人会在寺院里如同他早期游龙门奉先寺那样，“已从招提游，更宿招提境”式的“欲觉闻晨钟，令人发深省”了，或者若后来离开同谷，到成都时有“唯有摩尼珠，可照浊水源”式地对佛事进行一些参悟。可是，人们的期望仍然不会在这里得到满足。在太平寺里，杜甫对那里的一眼泉水特别感兴趣，跟随泉水进入了亦真亦幻的美妙境界：

招提凭高冈，疏散连草莽。
出泉枯柳根，汲引岁月古。
石间见海眼，天畔萦水府。
广深丈尺间，宴息敢轻侮。
青白二小蛇，幽姿可时睹。
如丝气或上，烂漫为云雨。
山头到山下，凿井不尽土。
取供十方僧，香美胜牛乳。

北风起寒文，弱藻舒翠缕。
明涵客衣净，细荡林影趣。
何当宅下流，余润通药圃。
三春湿黄精，一食生毛羽。

——《太平寺泉眼》

依高冈而建的寺院，与树木、丛草连在一起，杜甫将人们引入这个自然、和谐的寺院。当人们以为杜甫即将进入到与该寺院相融的氛围里，寻求一种宗教式的休憩或解脱时，杜甫忽然转向，将关注的目光投向了那眼从石头下喷涌不尽的泉水。

传说中海眼一般的泉水盈盈。晴日之下，泉水之中，仿佛神话中的青白二小蛇在泉中忽而翩翩起舞，忽而打闹戏水，因此才会“如丝气或上，烂漫为云雨”。可当人们沉浸在这种梦幻般的仙境时，杜甫将人们拉回现实。泉水是从山头石缝间自然流出的盈盈不绝的泉水，它甘甜胜似牛乳，能供寺院及其他云游十方的僧人饮用。泉水盈盈，还会映照许多因人所见的风景来。杜甫还告诉人们倘若可能，他将引此泉水，浇灌他的药圃，以致在“三春湿黄精”以后得到“一食生毛羽”的境界。

关于这首诗，我最看重王嗣奭在《杜臆》里的评述：“此篇俱是画意，寺凭高冈而疏散，下连草莽，便是好画景，与‘齐鲁青未了’同妙，但大水殊耳。海眼在石间而接以‘天畔萦水府’，妙矣，而‘萦’字尤妙；‘取供十方僧’，皆出自水府，而海眼乃水府总结头，故有‘萦’字。此水‘香美胜牛乳’，故引润黄精，与他产不同，而一食可仙也。‘宅下流’从卜居念头来。”

在这里，太平寺泉眼的神异，泉水的明净，以及环境的幽美，都大大超越了对太平寺本身的介绍。在这里，尽管与其他对陇右寺院的陈述不同，更多地引用了“招提”“十方僧”等佛教用语。但这些作为“泉眼”的陪衬，最后给杜甫的幻想却是如同道教徒般追逐成仙。当然，杜甫之所以在佛寺里会有道家的幻想，一为期望生活轻松、安定，二为赞美这个“泉眼”的需要。

为杜甫所动的这个神异的“泉眼”千年之后，仍然丰盈可叹，饮之清凉、甘美。现在，人们可在太平寺赏玉兰花、品“泉眼”水，咏杜甫诗，而杜甫“一食生毛羽”式的期望倒不能实现。

如果杜甫的《太平寺泉眼》诗是在替梦释义的话，现在的太平寺周围的人们，就把杜甫释梦的时刻凝聚成了一种纪念：请人在进入太平寺前的岔路口塑了一尊杜甫像。像高大、瘦削，头颅高仰，胡须微翘，神情悲苦、傲然。这雕像，是我所见到的最为传神的杜甫雕像之一。

实际上，杜甫陇右寺院诗，一方面反映了唐朝陇右的佛教寺院因地而建的建筑需要，以及独特鲜明的寺院风物。一方面说明杜甫现实的、自由的思想，在平常时刻应运在佛教寺院的反映：泪珠在眼边等着，诗人的黑夜比白天漫长。

二、杖锡何来此：僧俗陇月向人圆

杜甫与僧人的交往（上）

如果说寺院是僧人、游人、一切向善的人寻找心灵憩息的一方净土的话，那么，与寺院僧人的交往，则是俗人对自己心灵后花园一草一木的真切触摸。

作为俗人的杜甫，在陇右与僧人的交往，其实是在毫无准备的情况下深入进行的。而他一旦与僧人有了交往，便显得特别诚恳。也由于生活等诸多原因，杜甫在陇右与僧人的交往，又显得至真至纯，有些朴实和可爱。

事实上，在陇右，从杜甫诗里能看出，与僧人的交往其实也只是与赞公的交往。

关于赞公，像历史上许多不被后人所熟知的僧人一样，他的谜团仍然还是一个雪球。杜甫在秦州写《宿赞公房》有一注，为“赞，京师大云寺主，谪此安置”。

杜甫在此诗所指唐朝的大云寺，在长安即现在西安朱雀街南怀远坊东南。这个大云寺，隋开皇四年（584）所建，原叫光明寺。之所以改为大云寺，与当时的有预谋的寺僧有关，更与武则天有关。那是公元689年秋天的事。《旧唐书》在《则天皇后纪》里的叙述很有感情：“有沙门十人伪撰《大云经》，表上之，盛言神皇受命之事。制颁于天下，令诸州各置大云寺，总度僧千人。”宋开玉在《杜诗释地》中称“武则天游此寺，寺僧宣政进奉《大云经》，经中有女主之符，称武则天是西天弥勒佛下凡，应该取代唐朝做天下君主。武则天十分赏识，下令将《大云经》颁布天下”。如果按照这种说法，自武则天时期，这个大云寺的一些僧人就已开始参与政治了。

依照目前的史料，我们还不知道赞公的俗姓、法号以及籍贯等（高天佑先生在《杜甫陇蜀纪行诗注析》一书中认为：“赞上人，又称赞公，本名李衔，排行第十一。”高先生主要根据大历五年杜甫诗《长沙送李十一衔》之“与孺子避地西康州”来证，实属牵强。浦起龙认为杜甫《长沙送李十一衔》中的李衔，是同谷期间所言“山中儒生旧相识”的那位“儒生”)。按杜甫自己的加注，说赞公在天宝末期，是长安大云寺的寺主。所谓寺主，指管理佛寺事务的僧人。《唐六典》言“每寺上坐一人，寺主一人，都维那一人，共纲统众事”。既然寺主也有参与管理佛寺事务的权力，后人所推测的赞公与房琯来往过于密切便有理由。元明之际的赵汸在他的东山精舍里论及杜甫的《宿赞公房》时说：“杜公与房琯为布衣交。及房琯罢相，公上疏争之，亦几获罪，由此龃龉流落。赞亦房相之客，时被谪秦州，公故与之款曲如此。”由此及彼，赵汸之论将房琯、赞公、杜甫划在了同一条战线上。

房琯作为政治家，仕途上起起落落不足为奇。而僧人因过于参与政治，遭遇谪贬的，史上并不多见。

赵次公在注杜甫的《别赞上人》时曾有独到见解，即：“今取杨（柳）［枝］字以见赞当春方为寺主来秦州，而已见豆熟之际矣。公宿赞公房曰：杖锡何来此，秋风（以）［已］飒然。字同一义。旧解惑杨（柳）［枝］字出佛书，更引为齿木之用云云，徒为赘矣。”

“杨枝晨在手，豆子雨已熟。”依照赵次公的见解，杜甫这两句表明时间季节概念的诗隐藏着赞公来秦州的时间，这就是在乾元二年的春天，赞公在长安大云寺当寺主时被朝廷谪贬到秦州。

当年武则天令天下诸州置大云寺，秦州自然也会置有大云寺。曾在长安大云寺当过寺主的赞公被谪贬到秦州，会不会安置到了秦州的大云寺，而当时的麦积山佛寺会不会叫大云寺，这也还都是谜（据刘雁翔先生考证，秦州大云寺在秦州区关子镇)。赞公是被贬僧人，他所在的寺院，条件肯定比长安大云寺艰苦。按照政治家通常的观点，从长安大云寺被贬到秦州的大云寺特别需要政治家的柔肠与善心。这种柔肠与善心能不能体现在赞公身上是模棱两可的事。唐朝时对僧人的管理甚为严格。俗人若要剃度为僧必须要经过官方的许可。如私自剃度将会受到《唐律》中相关法律的制裁。《唐律疏议》私人道条载“诸私入道及度之者，杖一百；（若由家长，家长当罪。）已除贯者，徒一年。本贯主司及观寺三纲知情者，与同罪。若犯法合出观寺，经断不还俗者，从私度法。即监临之官，私辄度人者，一人杖一百，二人加一等”，唐朝有如此严格的法度，若僧人与统治集团之间有矛盾冲突，或者僧人直接危及到了统治集团的统治利益，那么，统治集团对僧人的惩治不会轻到什么地步。

赞公遭谪贬，很可能有两个原因造成。一个是他犯了寺规，被当时长安大云寺驱除。作为寺主的赞公，因犯寺规被驱除的可能性小。赞公遭谪贬的另一个原因可能如赵汸所言，是赞公参与政治，又站队站在了强大的政治集团的对立面一方。

唐朝的法律可能在这时候对赞公起到应有的作用：谪贬。

赞公究竟被贬到了什么地方，杜甫的诗里有所交代。

杖锡何来此，秋风已飒然。
雨荒深院菊，霜倒半池莲。
放逐宁违性，虚空不离禅。
相逢成夜宿，陇月向人圆。

——《宿赞公房》

无疑，这是杜甫在深秋第一次见到赞公，住宿在了赞公住处后写的诗。仅仅40字的诗，却向后人传递了重要的信息。

杜甫与僧人的交往（中）

有意思的是，杜甫住宿在赞公处的诗不唯《宿赞公房》这一首。《西枝村寻置草堂地夜宿赞公土室二首》，同样是住宿在赞公住处后的诗作。

为了能说明问题，我们不妨再次看看《西枝村寻置草堂地夜宿赞公土室二首》诗：

出郭眄细岑，披榛得微路。
溪行一流水，曲折方屡渡。
赞公汤休徒，好静心迹素。
昨枉霞上作，盛论岩中趣。
怡然共携手，恣意同远步。
扪萝涩先登，陟巘眩反顾。
要求阳冈暖，苦涉阴岭沍。
惆怅老大藤，沉吟屈蟠树。

卜居意未展，杖策回且暮。
层巅余落日，草蔓已多露。

——《西枝村寻置草堂地夜宿赞公土室二首》其一

天寒鸟已归，月出山更静。
土室延白光，松门耿疏影。
跻攀倦日短，语乐寄夜永。
明燃林中薪，暗汲石底井。
大师京国旧，德业天机秉。
从来支许游，兴趣江湖迥。
数奇谪关塞，道广存箕颍。
何知戎马间，复接尘事屏。
幽寻岂一路，远色有诸岭。
晨光稍朦胧，更越西南顶。

——《西枝村寻置草堂地夜宿赞公土室二首》其二

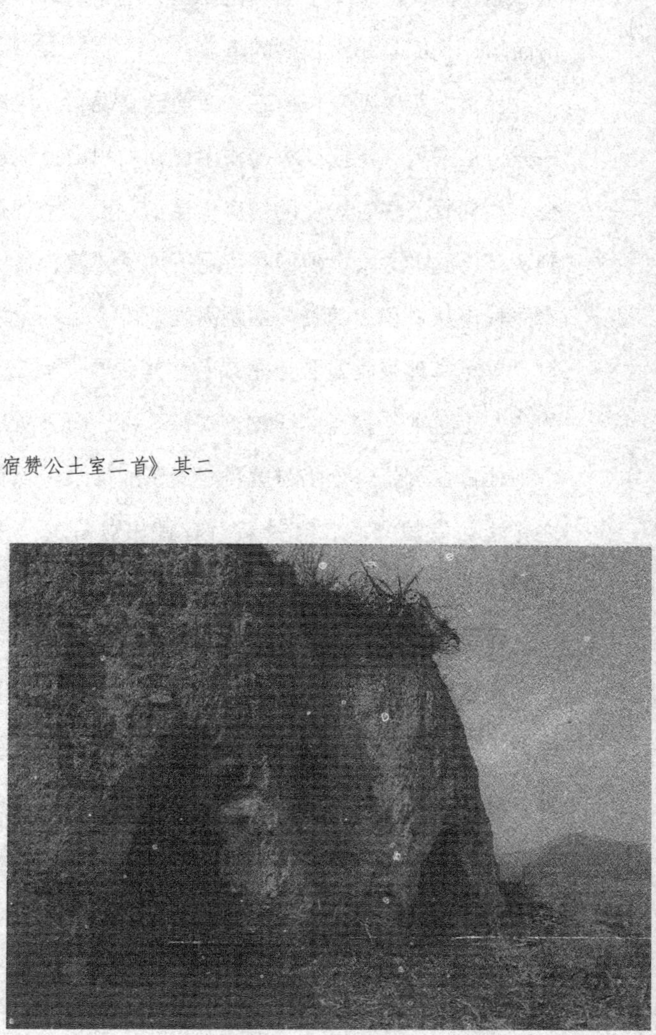
｜天水甘泉镇西枝村赞公土室

《宿赞公房》及《西枝村寻置草堂夜宿赞公土室二首》，提到了两处赞公的住处：赞公房，赞公土室。

赞公房与赞公土室究竟是不是一个地方？历来没有人关注。从诗的内容看，《宿赞公房》显然为杜甫第一次意外遇到赞公时的作品。此赞公所住之房又显然与后来赞公土室分别在两个地方。

赞公房，是赞公被谪贬到秦州时为参与修建、恢复山寺（麦积山）而临时居住的僧房。

麦积山（山寺）在唐景龙二年（708）和开元二十二年（734）

两次大地震中，受到严重破坏，山体下的寺院可能也遭破坏。重建寺院又是理所当然的事。赞公遭到谪贬，理论上就有可能参与到重建寺院的僧众里。

僧房，是僧人居住的房舍。谢灵运《山居赋》中“临浚流，列僧房”的景况，显然不是当年麦积山山寺里僧房的景象。而张籍在《逢贾岛》里所写“僧房逢着款冬花，山寺行吟日已斜”中款冬花之争春吐蕊的景象，又显然与麦积山山寺里雨荒菊黄、霜打池莲的景象不能相比。因为地震，因为谪贬的身份，赞公在麦积山山寺的僧房简陋、荒凉是相对正常的事。

杜甫之所以到麦积山寺，在前已有说明。从地理位置及交通状况看，杜甫同常人一样，从东柯谷走捷径去麦积山。在麦积山，他还没有来得及观看石窟，就遇到了赞公，并到赞公临时居住的僧房里住了一夜。于是就有了《宿赞公房》诗。因为意外遇到赞公，欣喜之余，他便在诗题下加了“赞，京师大云寺主，谪此安置”之注。如果参照杜甫从麦积山随赞公到距离麦积山不足二十里路的西枝村这一情况，参照《西枝村寻置草堂地夜宿赞公土室二首》里提及“赞公土室”，杜甫在《宿赞公房》里加注的“安置”则不宜当“安放、安排”讲，而只能是当“就寝，安歇”理解。

杜甫在赞公这个临时就寝、安歇的房子里与赞公亲切交谈，之后写了“同病相怜之作也。有惊愕意，有赞意，有聊相慰藉意，无怨意”（浦起龙《读杜心解》）的《宿赞公房》诗。

而赞公土室，是赞公被谪贬到秦州西枝村一个寺院后，在附近居住的土窑。

土室就是依土山土崖挖成的作为住室的山洞或土屋，窑洞应该是土室最为贴切的称谓。窑洞的产生与自然地理、经济发展有密不可分的联系。在中国古代，特别是北方，这种窑洞最为常见。而且在一些诗人笔下又很有诗意。唐王绩的《策杖寻陶士》之“策杖寻隐士，行行路渐赊。石梁横涧断，土室映山斜”，宋代章甫的《春日村居》之“土室宜冬夏，柴门玩岁时”，金元时期邵亨贞的《赋陶九成瓮牖朝光书室》之“土室融融曙色，山窗晏晏春眠”等等都将自然、环境、人之真意融合一起，境界旷远。“瑶台夏屋，不能悦其神；土室编蓬，未足忧其虑。”是古人对窑洞的辩证理解。古代的一些隐士，也常筑土室而居。特别是明末清初，有一大批明朝遗臣、儒生居土室而明心志。像王夫子“明亡，益自韬晦。归衡阳之石船山，筑土室曰观生居，晨夕杜门，学者称船山先生”；毛奇龄“明亡，哭于学宫三日。山贼起，窜身城南山，筑土室，读书其中”；张盖“明亡后，谢诸生，悲吟侘傺，遂成狂疾。尝游齐、晋、楚、豫间，归自闭土室中，虽妻子不得见”（以上均见《明史》）等等。

土室或窑洞产生的自然条件主要以黄土为主，因为黄土高原土质深厚坚实，开挖洞穴不易倒塌。甘肃的窑洞分布主要集中在陇东窑洞区：大部分在甘肃省东南部与陕西接壤的庆阳、平凉陇东地区，以及天水渭河流域一带。就地质而言，唐朝秦州的西枝村，处在昆仑秦岭地槽褶皱地带与陇中黄土高原的过渡地带。想想赞公当时居住的土室，虽不如陕北、陇东一带的窑洞结实，但也不至于差到那里去。

结合地理情况，赞公的土室当在距麦积山西北不足二十里，西枝村响灵寺一旁的土崖上。西枝村是一个古村落，村前有寺庙一座，叫响灵寺。寺里有“古西枝邨”匾额。匾的背面有“大明洪武十年仲秋上浣重建”的题字。洪武十年是公元1273年，以后700多年的1926年，这个寺庙又得以重修。我想，倘若如此，这个寺庙就有可能在当年与赞公有了缘分，与杜甫有了缘分。

因为是被谪贬的僧人，赞公就住在这个庙一旁土崖的窑洞里。

因为是由赞公引领杜甫到了西枝村，杜甫自然就住在了这庙旁的土室。而且，一住就好几天。

历史的一个焦点也就在公元759年深秋聚焦在了西枝村，聚焦在了当时的土室。焦点人物一个是仕途遭殃，心善多虑的诗人，一个是遭受谪降的僧侣。他俩的行为举止，他俩的思想交流与宣泄，他俩对生命与自由的理解，对生存与享受的追求，对友情与信念的阐释……以及所有关于私人领域的一切都曾存在于那些时光里。泛着白光，亮着松枝的土室可以见证这些，和煦的秋阳和起伏的山冈可以见证这些。

《西枝村寻置草堂地夜宿赞公土室二首》《太平寺泉眼》《别赞上人》等，仅仅是留在时间长河里的几枚碎片。此后，许多人从这闪着历史光芒的碎片里企图得到能映照自已的光芒。

杜甫与僧人的交往（下）

这里，有一桩公案需要澄清。

清浦起龙在《读杜心解》里有“自郭而来，先至土室。西枝村更与土室冈岭相隔”的心解。这一解，给后人又留下许多争论。

既然是“自郭而来”就说明是杜甫自秦州城而来。而秦州城距西枝村有多远呢？陈贻焮先生在《杜甫评传》里通过对诗句及杜甫身体状况的研究，认为“假定他从清早出城到起更返回赞公土室歇宿总共走了四五十里，那赞公所居寺院当在秦州城南离城二十多里、离西枝村十多里的地方”。

陈先生之说，为一家之言。但许多人据杜诗里的“出郭眄细岑”的诗句，或认为西枝村距离秦州城很近，或认为距甘泉太平寺不远的西枝村并非当年杜甫去的西枝村……，凡此种种，人们对杜甫的行迹及赞公是否谪贬在秦州开始了争论。高天佑先生更是将赞公所在西枝的地点说成在同谷，即今成县县城附近。

霍松林先生在为高天佑《杜甫陇蜀纪行诗注析》一书所写的《序》里曾言：“我是秦州（今天水市）人，对秦州城郊一带很熟悉，一出郭就可以‘眄’到的这种景象，是绝对没有的，何况城南的南郭寺与城北的隗嚣宫，杜甫已在《秦州杂诗》中写过了！至于秦州人所说的‘西枝村’，则在距州城东南60华里的山谷间，一出郭怎能望见?”

由此，赞公土室的位置就比较模糊起来。

其实，依我看来，这个问题，杜甫自己就有明确交代。

杜甫从诗题上已经明确，是“宿赞公土室”。那么，杜甫与赞公开始卜居的时间一定是在“宿赞公土室”的翌日。既然是“宿赞公土室”，那么第二天一早要卜居，杜甫与赞公就要出这窑洞。人一旦从窑洞里面往外走，首先感觉到的是窑洞的外围或窑洞门的边缘轮廓，其次才感觉窑洞外面的世界。杜甫正是抓住这一瞬间感觉，以“郭”通“廓”，传神地写出了当时的感觉与动作。“神于诗者，妙合无垠”，这就是杜甫的诗艺。只可惜，杜甫传神的诗艺被后人理解偏了，硬是要在“城郭”上找出一个说法。而实际上西枝村离秦州近七十多里，杜甫不可能天未亮从秦州城赶了许多路到赞公土室，再和赞公“恣意同远步”去寻置草堂。赞公土室不在别处，就在今天水市所属甘泉镇东北大概3公里的地方。

1980年春，山东大学《杜甫全集》校注组的一些人来西枝村考察，后来在《访古学诗万里行》一书中留下了这么一段文字：

> 杜甫到西枝村有两个目的。一是为了会朋友，诗中的赞公原来是长安大云寺住持，也因房琯案而被贬到秦州，就住在西枝村的窑洞里，杜甫与他是长安时的旧友，政见一致，当赞公邀他前来一游时，便欣然而往；二是为了在西枝村寻找一块安家立命之地，后来因为没有找到向阳干燥的地方，“要求阳岗暖，

苦涉阴岭冱”，他身体不好，怕潮湿，所以只好作罢。

此前有一年春节，我独自一人到西枝村，望着当年赞公居住的土窑，望着阴暗的窑壁不敢近前。那时，我由于独孤和渺小而产生的内心的恐怖，传递在周围，传递在脚下的碎石上，以致脚步趔趄才能朝土室窥探。后来，当我慢慢徘徊在土室上方的山坡，又感觉到精神的压力从四周传来。阳光迷蒙，微风发冷，那个后来杜甫听说“亭午颇和暖”的地方黛色般的阴郁。我努力想象着当年杜甫和赞公在我的视野范围相扶相携，出没山冈寻找适合安家场所的身影；努力回味着当年他俩在窑洞里就着柴火叙谈的任何一种温馨、感人的姿势；努力追寻着他俩当年在火炉旁的残茶沉渣；努力倾听他俩对人间世事交流的只言片语……然而，我什么也没有得到。也许是历史相隔太久，也许是我的努力还没有走上正轨，也许是我的心智不足……我只能以失败告终。我想，当年那些秋阳，那些秋夜，那些难得的时光属于杜甫，属于赞公。而属于我的那个春节午后的太阳摇摇欲坠，就要下沉在即将来临的黑暗里。

我父亲曾说过，人睡觉之前要走许多的路。现在，当我再次站在面目全非的赞公土室面前，仍然感到窑洞黑得像漆。当年，杜甫和赞公在这样黑得像漆一样的窑洞里，有过透彻、明亮的交流。当然，以具体时间来衡量，杜甫比赞公更早走出了黑得像漆的窑洞。杜甫需要走的，无论是生存之路，还是心灵之路，还有很多。

赞公是杜甫在长安时的旧友。

至德二载（757）春，“安史之乱”的战火在长安城里燃烧。被安史叛军抓回长安的杜甫，得到人身自由以后，只能在长安城的亲朋好友处度日。《大云寺赞公房四首》记载了身染疾病的杜甫在大云寺居住或避难的情况。

心在水精域，衣沾春雨时。
洞门尽徐步，深院果幽期。
到扉开复闭，撞钟斋及兹。
醍醐长发性，饮食过扶衰。
把臂有多日，开怀无愧辞。
黄鹂度结构，紫鸽下罘罳。
愚意会所适，花边行自迟。

汤休起我病，微笑索题诗。

——《大云寺赞公房四首》其一

诗起首便把杜甫离开乱世红尘，到大云寺清净地界后的一种超脱、圣洁的心理状态全盘托出。进而叙写大云寺内实际佛寺状况。之后，是杜甫在大云寺起居、饮食、行为的适意表达。赞公用上好斋饭招待杜甫，并与之亲切交流、开导。如此几日，杜甫病痛消除，心身舒泰。赞公索诗，杜甫应允，两相愉悦。

《大云寺赞公房四首》另外三首诗，或谢赞公赠送履巾，赞美赞公其德，状写傍晚寺中雨景；或写通宵不寐及所闻、所见、所感，以“夜深殿突兀”映衬“明朝在沃野，苦见尘沙黄”的感叹；或叙惜别之情，以“近公如白雪，执热烦何有”极尽时势不稳，困居长安时的烦躁心绪。

也许是命运安排，也许确实是一种缘分。杜甫在《大云寺赞公房四首》诗中有“艰难世事迫，隐遁佳期后”的诗句。两年多后，世事多变，杜甫和赞公终又在秦州相会。“相逢成夜宿，陇月向人圆”，天地感叹，时空相通。

如果说在长安大云寺，杜甫对赞公还抱着敬仰与敬佩心情的话。那么在秦州，杜甫暂时离开世事羁绊，暂时与佛教寺院的环境保持一定距离的情况下，与赞公就成了相知相伴的朋友：彻夜促膝长谈，同煮一壶老茶，携手披榛觅路……如此等等。等杜甫念及秦州城中的家小，回到秦州城后，仍然真诚寄书，请赞公在西枝西北相对和暖的地方再给他卜居。然而，人生之苦，苦在心与身都同时飘荡，找不到安宁之处。杜甫不得不离开秦州，只好告别了赞公。

百川日东流，客去亦不息。
我生苦飘荡，何时有终极。
赞公释门老，放逐来上国。
还为世尘婴，颇带憔悴色。
杨枝晨在手，豆子雨已熟。
是身如浮云，安可限南北。
异县逢旧友，初欣写胸臆。
天长关塞寒，岁暮饥冻逼。

野风吹征衣，欲别向曛黑。
马嘶思故枥，归鸟尽敛翼。
古来聚散地，宿昔长荆棘。
相看俱衰年，出处各努力。
——《别赞上人》

三、颇带憔悴色：禅意各有稻粱谋

杜甫的内心佛事（上）

显然，赞公在秦州并没有成为引领杜甫走向佛界的导师。

杜甫在秦州、同谷期间也并未成为虔诚的佛教徒。然而这并不能说明，杜甫在陇右就根本与佛了无瓜葛。实际上，杜甫在陇右与佛之缘若即若离，若隐若现。

“本来缘有地，从地种花生。当来元无地，花从何处生”，这是《六祖坛经》中对二祖慧可和尚的颂辞。以此颂辞来理解杜甫在陇右与佛的因缘，会悟出一二。

杜甫在陇右寻访佛寺，在佛寺写抒情诗，和僧人交往，所有这些其实与他在陇右之前和陇右之后并没有多少差别，所流露出来的佛家思想是否也承前启后呢？

有必要选读一下杜甫在陇右之前的诗。

高标跨苍穹，烈风无时休。
自非旷士怀，登兹翻百忧。
方知象教力，足可追冥搜。
仰穿龙蛇窟，始出枝撑幽。
七星在北户，河汉声西流。
羲和鞭白日，少昊行清秋。
秦山忽破碎，泾渭不可求。
俯视但一气，焉能辨皇州。
回首叫虞舜，苍梧云正愁。
惜哉瑶池饮，日晏昆仑丘。

黄鹄去不息，哀鸣何所投。

君看随阳雁，各有稻粱谋。

——《同诸公登慈恩寺塔》

这是天宝十一载（752）秋天的诗。当时，杜甫同岑参、高适、储光仪、薛琚等落拓文人同游慈恩寺塔（大雁塔）作同题诗。游佛教寺庙，其他诗人的诗作较多强调佛与寺。而这时的杜甫，自己虽然“卖药都市，寄食友朋”，但他简略阐述登慈恩寺塔“方知象教力，足可追冥搜”的佛教之力后，以自己的视野，用自己的感情，抒发了自己内心独特的感受。当然，胸怀百忧的诗人，登上大雁塔，放眼望去，表面强盛、繁荣的大唐，已经蒙上了一层忧愁的颜色。忧愁的诗人不得不“回首叫虞舜”，向圣人先贤倾诉自己的悲哀与忧愁。这首诗，与其他诗人的同题诗相比，境界宏大、壮阔，独领风骚。

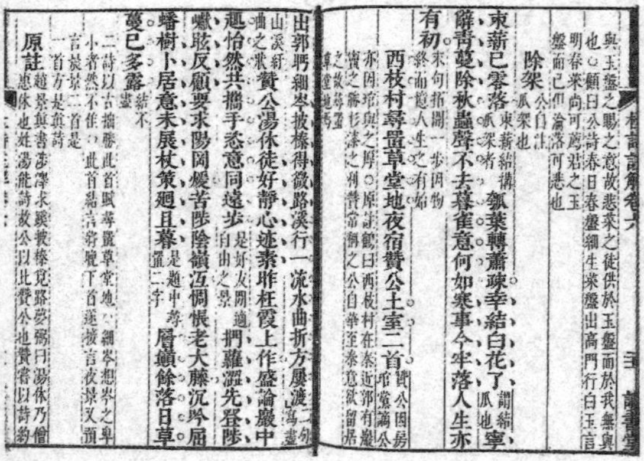
除架

束薪已零落，瓠葉轉蕭疏。幸結白花了，寧辭青蔓除。秋蟲聲不去，暮雀意何如。寒事今牢落，人生亦有初。

西枝村尋置草堂地夜宿贊公土室二首

出郭眄細岑，披榛得微路。溪行一流水，曲折方屢渡。贊公湯休徒，好靜心跡素。昨枉霞上作，盛論巖中趣。怡然共攜手，恣意同遠步。捫蘿澀先登，陟巘眩反顧。要求陽岡煖，苦陟陰嶺沍。惆悵老大藤，沉吟屈蟠樹。卜居意未展，杖策迴且暮。層巔餘落日，草蔓已多露。

原註

清·张溍注《读书堂杜工部诗集注解》

同时，这首诗证明，杜甫继承儒家衣钵，在自己的社会（写作）实践中不仅同当时更多的文人一样，融合了佛教等宗教情感，更多地融合了自己对创作的，对社会的，对政治的诸多情感诉求。自然，杜甫的诗里也就没有像岑参一样的精神上对佛的皈依。

国家有难，众生亦将受难，佛岂能无视。

此后五年的至德二载（757）春，杜甫在长安大云寺与赞公在一起。杜甫当时写《大云寺赞公房四首》，上面已有初步介绍。现在，我们有必要通过该诗再进一步看看杜甫对佛教的认识。

“心在水精域，衣沾春雨时。洞门尽徐步，深院果幽期”，这是赞公所处的幽静的大云寺。

“醍醐长发性，饮食过扶衰”，这是对斋饭的赞美。

“汤休起我病，微笑索题诗”，这是僧人与诗人关系融洽的表述。

“道林才不世，惠远德过人”，这是以名僧美誉赞公。

“天阴对图画，最觉润龙鳞”，这是观佛教图画，慨自己觉悟。

“梵放时出寺，钟残仍殷床”，梵音缭绕，钟声殷地。足见大云寺佛事兴盛。

在这里，杜甫除虔诚盛赞大云寺的庄严、清净，佛事的兴盛，以及赞公的功德以外，还流露出了对这方清净之地的向往：“艰难世事迫，隐遁佳期后。”可惜，当时红尘有碍，二年后依然红尘有碍。

再看看杜甫离开陇右以后的诗：

牛头见鹤林，梯径绕幽深。
春色浮山外，天河宿殿阴。
传灯无白日，布地有黄金。
休作狂歌老，回看不住心。
——《望牛头寺》

这是诗人广德元年（763）相对集中的几首佛教诗之一。杜甫游览完牛头寺，傍晚时分再度回望，感叹油然而生。诗中“不住心”为《金刚经》之要义。我国佛教界，特别是南佛教非常看重“不住心”，主张一切心念，无所系着，才可进入空灵清静的真如之境。

浦起龙说：“由望而及寺中所见。即长明之灯，宝胜之地，而喜其法轮昭焕，境界清华，遂猛然自悔曰：‘吾何戚戚狂歌为也！’”

杜甫这时候好像要心静入禅了。

特别在晚年时期，杜甫的佛诗，“洋洋洒洒，如翻水成，诗境愈老愈熟”（浦起龙语），对佛的向往也愈加迷恋。

玉泉之南麓山殊，道林林壑争盘纡。
寺门高开洞庭野，殿脚插入赤沙湖。
五月寒风冷佛骨，六时天乐朝香炉。
地灵步步雪山草，僧宝人人沧海珠。

塔劫官墙壮丽敌，香厨松道清凉俱。
莲花交响共命鸟，金牓双回三足乌。
方丈涉海费时节，玄圃寻河知有无。
暮年且喜经行近，春日兼蒙暄暖扶。
飘然斑白身奚适，傍此烟霞茅可诛。
桃源人家易制度，橘洲田土仍膏腴。
潭府邑中甚淳古，太守庭内不喧呼。
昔遭衰世皆晦迹，今幸乐国养微躯。
依止老宿亦未晚，富贵功名焉足图。
久为谢客寻幽惯，细学何颙免兴孤。
一重一掩吾肺腑，山鸟山花共友于。
宋公放逐曾题壁，物色分留待老夫。

——《岳麓山道林二寺行》

这是大历四年（769）在湖南的诗作。此后一年，杜甫生命的灯熄灭于尘世。

引《岳麓山道林二寺行》全诗，一为再次体验阅读的愉悦，体味阅读的通感。杜甫的浑成与漫与也可一知。二则由此可见，作为个体的杜甫，在自由实践的生命旅途中，其自然山水、生存阅历、生命意识等一旦与佛教结合，佛教也会成为一种内存于他的人格的基本精神结构（可杜甫一生挂碍太多，而生命留给他的时间太少）。如果可能，佛我一体，内在超越的境界不但会出现在杜甫诗里，也会表现在他的方方面面。

但是，以上所说，杜甫在陇右却只能勉为其难。

杜甫的内心佛事（下）

赞公在长安大云寺时，为释门寺主。他在主持大云寺事务的同时，不但让临时到大云寺的杜甫感觉到佛寺境地的庄严、幽净（“心在水精域”“扫除似无帚”），体味到佛事的兴盛（“梵放时出寺，钟残仍殷床”），一时融到了佛法境地（“灯影照无睡，心清闻妙香”，“天阴对图画，最觉润龙鳞”），也让杜甫体悟到赞公的谦和、友善与施予（“把臂有多日，开怀无愧辞”，“晤语契深心，哪能总钳口”，“深藏供老宿，取用及吾身”）。可以说，大云寺的赞公是杜甫实实在在的僧友。

秦州时的赞公显然有别于大云寺时的赞公。

在秦州，杜甫第一次见赞公，是在空寂的山寺（麦积山）。“杖锡何来此”？两人邂逅相遇，惊异的首先是杜甫。

在几近荒凉的山寺，闻足音而喜的是旧时僧友。这激动的心，怦然跳动，声音恐怕也会惊动山寺的空寂了。那会儿，周围的落叶停止了飘动，鹦鹉表达着痴迷的神情，空山充实，梦竟成真。从春到秋，过去的是飒然而逝的岁月，迎来的是促膝长谈的现实。菊因雨荒算什么，莲为霜倒又如何。过去的终归要去，该来的，云淡风轻也好，云翻雨覆也罢，一切终归要来，正如一切终归要去一样。不以来而喜，不因去而悲。烛光见风，薪火明灭。圆月在窗扉之外，在山之巅，在陇之上，圆月慢慢地落在了人心上。

极力还原当年杜甫与赞公的第一次重逢场面，人们会发现，杜甫除了惊喜、愉悦之外，还有对世事的禅悟，对僧友的安慰。而隐约可见的，是赞公淡淡的哀愁。

此后，当杜甫到赞公土室，两人再次彻夜不眠之后，赞公作为僧人好像又回到了僧人的本真里，诚如杜甫所赞“赞公汤休徒，好静心迹素”。但赞公与杜甫的礼佛却各有不同。

首先以卜居的过程来说。

西枝村一带，风光尚好。这些让杜甫又起了动念：找一处地方安家。

杜甫对安家之地的首要条件是“要求阳冈暖”。在这一条件下，杜甫便给我们呈现了他和赞公卜居的三部曲。

第一，披榛探路，涉阴越岭；怡然携手，恣意同步。这在《西枝村寻置草堂地夜宿赞公土室二首》其一里有所表现。

一位是放下曾经“奉儒守官”的信念，实实在在为生存着想的“小老头”；一位是被谪降他处，暂时放下佛事的“老僧人”。两位上了年纪的人在秦州西枝村一带的卜居图，应该很感人。王嗣奭在《杜臆》里有如下言语：

> 公之卜居，要得僻静无人之境，故不登高山，不遵大路，而细芩微径，流水屡渡，正公所属意者。溪本一水，两涯元无正路，行则或渡而左，或渡而右，曲折有趣……结庐人境，心远地偏，彭泽之见，较高一着。

当然，王嗣奭后面所指，是评说他人之见。可按图索骥，杜甫之真意起码也隐藏在里边。

第二，足力疲倦，语乐夜永；品茗证悟，来朝寻胜。这部曲，宏大、隽永，意蕴深藏。在《西枝村寻置草堂地夜宿赞公土室二首》其二里表现更浓。

其中，于平常里与赞公同究佛境之趣，当为杜甫陇右礼佛之典范。

白天奔波，腰腿酸痛，回到土室，却又是另外一种情趣：燃薪代烛，汲水煮茶的夜话。

夜话里肯定又谈到了过去（过去是人类前行时不绝的主题）那些事。那些在长安时的事，无论对杜甫来说，还是对赞公来说，都是挥之不去的事。对赞公来说，他原本可以在大云寺静心修行；对于杜甫来说，他原本可以在朝廷谏过匡邪。可是，大千世界，受相行识，眼耳鼻舌身意，无不被红尘忧扰；色声香味触法，无不被融入社会接受验证。盛唐已衰，乱祸纷起。唐玄宗不明不白去成都避难，马嵬坡带走了杨贵妃。唐肃宗不明不白当上了皇帝，朝廷里又多了一个张良娣。玄宗派房琯等旧臣来新朝辅佐，肃宗信任的还是李辅国。房琯平叛失利被罢官，杜甫冒死相救，最后被贬出长安。赞公和尚，想必也好论国家大事，亦可能与房琯友好，最后被谪降秦州。

“大师京国旧，德业天机秉。从来支许游，兴趣江湖迥。数奇谪关塞，道广存箕颖。何知戎马间，复接尘事屏”，体味这些诗句，会令人凛然兴起，肃然生敬。与其说这是在赞誉并安慰赞公，不如说这是杜甫在参佛。当时泰然处之的与其说是僧人赞公，还不如说是俗子杜甫。

杜甫认为，赞公您是从京国来的大师，不管因为什么原因，不管身遭什么不幸，您会像道林、许洵先哲大师那样，淡然处之而不羁云游之旅。面对那些兵戎之事，那些尘世之事，您亦可以持戒、忍辱、精进、禅定。而留给我的，就只有精进吗？

杜甫参悟至此，只有打住。晨光熹微，西南之处，是他还要去卜居的地方。

第三，卜居未成，寄诗再卜；西枝西暖，往来风流。这表现在《寄赞上人》里。此部曲，情真意切，对未来充满期望。诚如浦起龙语“预拟定居后情事，萧然有高致”。

与赞公这位僧人的最后交往，是杜甫为生活所迫不得不离开秦州的时候。

在秦州，杜佐也好，阮昉也好，街坊邻居也好，杜甫最留恋的是赞公。

在《别赞上人》诗里，可以进一步得到赞公作为被谪降僧人心绪不展的印证。“赞公释门老，放逐来上国。还为世尘婴，颇带憔悴色”，在杜甫看来，赞公您是释门老人，放逐到此，红润的脸膛，依然掩藏不住憔悴的颜色。这憔悴是因为您在春天被谪降的事吗？如果是，那么实在不必。“是身如浮云”，浮云南北，您可随遇而安。如果不是，憔悴之色因我而起，那么实在也不必要。人生即苦，何况我这辈子就苦在飘荡，飘荡又不知道何时才能终结。你我相看，都是上了年纪的人了，人生苦短，但你我还有尚未完结的尘缘，得各自努力、保重才是。

至此，杜甫在秦州与赞公的一段佛缘就可以终结了。

那么，杜甫与赞公在秦州的来往，如许多人在讨论杜甫的佛教信仰时所引证的那样，是杜甫佛事的证明吗？问题并不简单。

依赵汸之论，赞公在长安大云寺时与房琯有交，再依赞公被谪降一事而论，赞公释儒兼备，既是释门僧老，又是儒士之人。他既管理大云寺的佛事，又参与讨论国家大事。正因为如此，身为儒生，心怀国家的杜甫，在长安时就可能在大云寺与赞公有深交。

赞公谪降秦州，无论对他的佛门修持，还是对他的儒士之举，都是不轻的打击。他到秦州，按照唐朝（《唐六典》）的法律，其自由程度很可能会受到限制。他除了化缘、修行外，还会受到当地僧团（寺）的管束。

杜甫到秦州，人身相对自由。他偶遇赞公后，与赞公的交往，主要集中在叙旧、游访、生计之上。

这样一来，关于杜甫在秦州的佛教诗也就集中在对佛寺的游历，以及喜逢僧友并与之交往的日常生活里。

在与赞公的诗里，杜甫几次提到释门大师汤休、支遁（道林）、许洵。单独看，好像借此赞誉赞公。实际上，这或许是杜甫以诸先哲为榜样，或许是杜甫社会交往中礼节性的应酬（杜甫对已上人等都有同样的赞誉）。自然，杜甫在与僧人交往，或者礼佛之时，不可避免地带了社会化或平民化的情感因素。杜甫将对佛教的情感，对社会的认识，对人生的思考，对生计的追求，对自然山水的赞赏都水乳交融般糅合在了一起，呈现给世人丰润美妙、意趣盎然的佛诗。从某种程度上说，这不是真正的礼佛。然而，他的那些诗，无论到是“昨枉霞上作，盛论岩中趣。怡然其携手，恣意同远步”，“土室延白光，松门耿疏影。跻攀倦日短，语乐寄夜永”，还是“放逐宁违性，虚空不离禅。相逢成宿夜，陇月向人圆”，“是身如浮云，安可限南北”，“相看俱衰年，出处各努力”等，又何不是既饱含了对生命情韵的感悟，又生发着佛的智慧之花呢。

杜甫在秦州这种生活化、生命化、儒家化了的佛教因缘，在同谷得到继续发展。

生活化的佛缘，当在《法镜寺》诗里再次显现。那是一次“山行而神伤，寺古而愁破”（王嗣奭《杜臆》）的佛寺游历。

生命化的佛缘，当在近同谷的《石龛》诗里。听“伐竹者谁子，悲歌上云梯。为官采美箭，五岁供梁齐。苦云直簳尽，无以应提携。奈何渔阳骑，飒飒惊蒸黎”这样悲悯的歌谣，何不“识心见性”？生命化的佛缘，亦在住同谷后的《乾元中寓居同谷县作歌七首》里，那里面有对生命悲苦的千古绝唱。

石峡局部

儒家化了的佛缘，当在《凤凰台》里得到充分体现。“恐有无母雏，饥寒日啾啾。我能剖心血，饮啄慰孤愁。心以当竹实，炯然无外求。血以当醴泉，岂徒比清流”这种刳心沥血护持凤凰的表述，不仅仅只在护持自己的理想，还在于让人想起各地佛寺墙壁或其他地方上的那些图画。那些类似佛经中摩诃萨埵投身饲虎、尸毗王舍身救鸽的故事。现在，故事深入到杜甫的心灵里，他愿以此“再光中兴业，一洗苍生忧”！

可以说，杜甫在陇右的佛事，亦是他独有的、人格化了的佛事。“佛教思想中关于善、同情、宽容等方面的内容，与植根在杜甫思想中的“民胞物与”思想，很自然地结合在一起。更重要的是，杜甫对佛教的接触和了解，还在一个层面上反映了中国文化对佛教文化的态度，即‘拿来主义’下的佛教中国化。杜甫对佛教的态度，显然是为我所用，他吸取的是佛教中的善的思想和献身精神”（刘明华《杜甫研究论集》），刘明华先生的论断，应该是很中肯的。

释门称定慧，儒师著诚明。

派分示三教，理诣无二名。

上面所引为唐贞元、贞和间的名臣，位至卿相的陇右天水人权德舆在《与道者同守庚申》中的诗句。他倡导的以儒为根本的儒、释、道调和立场，在此前，杜甫已经经过了实践。

DU FU
ZAI
LONGYOU

殇

卷五

殇

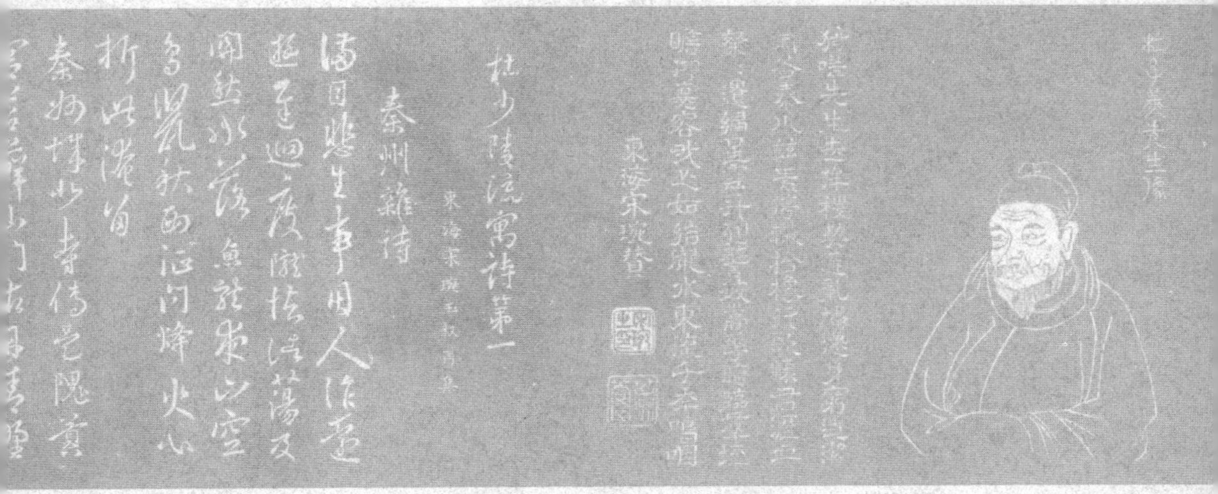

杜甫在陇右的苦痛，最大的是心灵苦痛。心灵的苦痛，来源于他的孤独与凄凉。而孤独与凄凉，又来源于陇右的几个人，以及与这几个人的交往。

譬如并非是杜昉之子的杜佐。他与杜甫之间的鸿沟。

譬如汉源县令周克殷、同谷判官韦十六，他俩与杜甫之间不得不说的事。

再譬如李白、高适、郑广文，他们与杜甫之间的相邻友谊。

杜甫与这些人之间，是否存在着真诚与淳朴、欺诈与伪善、谎言与蒙骗、舞弊与虚饰这些人的本性的成分呢？

杜甫是一个敏锐易感而缺少城府的人。

在陇右大地上，杜甫的疾苦，上承长安十年，下接成都草堂之后。如果从纯粹的生存问题上看，他的疾苦，主要来自两方面：一是穷苦，二是病苦。从诗中探究他的疾苦，感觉特别悲痛。

在疾苦中，杜甫一句一唏嘘，一行一沉郁，家国情仇仍然不离其左右。

在陇右，杜甫有对“况我饥愚人”的定位，有对平民的感恩与感怀，有对适宜于自己本性生活的追求与认识，更有对妻小及友人的愧疚和遗恨。走出陇右的杜甫还意识到，在这人世上，他充其量只是一名游子而已。

然而，杜甫毕竟是杜甫。穷途末路，在经历陇右的磨砺与沉淀后，他最终为了领略天空中的阳光，打碎自身的“地窖”式的锁链，已努力向上飞去。

第九章

心灵苦痛——今我独凄凉

一、须汝故相携：他年情分半壁河山

杜甫与杜佐不得不说的事（上）

世路险阻是人生不得意的外在原因之一。

杜甫在陇右的困苦，除自然的、生活的困苦之外，精神上的苦痛煎熬更为深重。

细说起来，杜甫是一个敏锐易感的诗人，于人于事的关注广泛而真挚。然而，这种特有的敏感，再加之细致入微的真挚与认真，使他所关注、关切并需亲身去体验、行动的一些事却经常与他事与愿违，或者擦肩而过时，他的伤痛也就愈加巨大且深入。这些伤痛，有的杜甫已写入他的诗里，有的则不能从他的诗里看到（按莫砺锋先生的推断，杜甫一生很可能写了3330余首诗，而现在我们只能看到的诗也仅仅一千多首）。尽管如此，从杜甫的一些事及诗的前后关联里，我们还能感受到他的痛，穿过时空，也给我们带来了痛。

通常人们认为，杜甫在秦州所依靠的人主要是侄儿杜佐。的确如此，从杜甫在秦州的诗里就能看出杜甫对侄儿的热望。这种热望，是亲情的显现，也是杜甫困苦之中无奈的热望。

但奇怪的是，仔细考察，杜甫在秦州的三个多月时间里与杜佐交往的次数并不多，时间也不长。他写给杜佐的诗也仅仅有四首。从诗中可以看出，杜甫坦诚地向侄儿表达了自己客居异乡，仰仗侄儿的意愿，甚至说是乞求。但意愿也好，乞求也罢，杜佐好像很不给杜甫面子，反倒是因为杜甫的出现而消失了，像从人间蒸发了一样。

杜甫写给杜佐四首诗即《示侄佐》《佐还山后寄三首》，诗从侧面反映了杜甫与杜佐的关系。

杜甫很可能在同一地点的两个不同的时间，给侄儿杜佐写了这四首诗。

多病秋风落，君来慰眼前。
自闻茅屋趣，只想竹林眠。
满谷山云起，侵篱涧水悬。
嗣宗诸子侄，早觉仲容贤。

——《示侄佐》

山晚黄云合，归时恐路迷。
涧寒人欲到，林黑鸟应栖。
野客茅茨小，田家树木低。
旧谙疏懒叔，须汝故相携。

——《佐还山后寄三首》其一

杜甫的一生中，纯粹意义上的亲情（与妻子、弟妹、儿女相关）诗，像《月夜》《忆幼子》、《元日寄韦氏妹》等，丰富了中国诗史上“儿女亲情”的内容。而在陇右短短五个月的时间里，他又集中写出了范围更广（包括亲友在内）的、悲情浓郁的亲情诗，如《梦李白二首》《有怀台州郑十八司户》《月夜忆舍弟》《乾元中寓居同谷县作歌七首》等。

杜甫涉及杜佐的四首诗，仍然为亲情（较宽范围）诗，写的是人处困境时与至亲的往来关系。而正是透过这种至亲的“人际关系”的表述，杜甫当时的内心情感也随之有了流露。

如果我们把这四首诗的时间、事件离析出来的话，会得到意想不到的事。

《示侄佐》，应该是杜甫到秦州城找了客栈先住下，看看秦州城的情况，再打听打听东柯谷的位置，然而给杜佐写了信或捎了话，杜佐从东柯谷到秦州城后杜甫所写的。杜甫毕竟是当过一个小官的人，他也沾了祖父杜审言的光，自己和家里人从不向官府交纳税赋。他刚到秦州，还能拿出一些小钱，过一段好生活。杜佐得到杜甫的消息，来秦州城看望杜甫。当时杜甫正好生病，又身在异乡，看到侄儿来看他，很是感动。又因为杜甫还有事求杜佐，于是恭维杜佐“嗣宗诸子侄，早觉仲容贤”。问题是，杜甫在恭维杜佐的同时，无意中也把自己给抬高了。他比杜佐为阮咸，自己就若比阮籍了。在人们眼里，无论怎样说，阮籍的名声要远远比阮咸高得多。杜佐是什么样的人，他看到族叔这样的比拟，心里舒不舒服，值得打一个问号。

《佐还山后寄三首》从时间上说，肯定要比《示侄佐》晚。这从“白露黄粱熟”中就能得到验证。写作的地点，当在杜甫从东柯谷回到了秦州城，杜佐再次从东柯谷来秦州看望杜甫以后。

杜甫一个人到东柯谷，被东柯谷世外桃源般的风光迷住了，住的时间也比较长。起初，他住在杜佐家里。后来，又住在新结识的隐者阮昉那里。从杜甫写给阮昉的诗及秦州杂诗里可以看出，杜甫和阮昉脾气更加相投。在阮昉那里，他没有约束，放得更开。像“清诗近道要，识子用心苦”诗，两人首先从诗中能寻得人生苦乐，能觅得天地日月。像“东柯遂疏懒，休镊鬓毛斑”诗，一派无拘无束，壶中日月长，话里天地宽的样子。如果不投机，杜甫断然不会有这样的表现。如果带了家舍，杜甫也不会不常常注意自己的仪表形象。杜甫在东柯谷里如“何时当茅屋，送老白云边”等这样的幻想，如“采药吾将老，儿童未遣闻”等这样的畅想，可能是与阮昉一道畅游后的结果。“移情”阮昉，又很可能让杜佐感到不舒服。杜佐有意疏远杜甫。

杜甫在东柯谷的自然山水中陶情怡情，一方面遇到了阮昉这样的知音，一方面却忘记了他“因人作远游”来秦州的目的，而将诗人的随意性发挥到了淋漓尽致的地步。以至后来，他从东柯谷前往山寺（麦积山），在麦积山遇到赞公，与赞公相处几天，最后顺路回到秦州城，造成与东柯谷的杜佐不辞而别的事实。杜甫随珠弹雀、得不偿失的做法，给他以后与杜佐相处，甚至长期在秦州居住都带来了巨大的隐患：一旦听说相邻的“南州”更好，并得到“南州”佳主人的邀请，便不得不离开了秦州。

《佐还山后寄三首》，实际上是杜甫苦苦相求杜佐的诗。

杜甫原本不想离开东柯谷，只是阴差阳错，去了一趟山寺（麦积山）后，事件发生了变化，便再也没有回到东柯谷。

东柯谷到麦积山不足三十华里的路程，步行往返用一天的时间，即使对杜甫这样身体不好的人来说也是不成问题的。可是，杜甫到麦积山遇到赞公，就再没有返回东柯谷。他先住在赞公的临时住房，后随赞公到西枝村，再随赞公卜居、游甘泉太平寺。这样一来，他索性回到了秦州城，而没有绕回一个圈子去东柯谷告别杜佐和阮昉。

杜甫毕竟还是从东柯谷去的麦积山，当时没有回到东柯谷，杜佐自然不放心。几天后或者更长的时间以后，杜佐从东柯谷来秦州城探视。见到杜甫，问明情况，杜佐心里也许不舒展，但没有表现出来，他还答应给生活已陷入困境的杜甫一些谷子和薤白。杜佐走后，杜甫在秦州城里迟迟得不到杜佐允诺的东西时，便放下诗人的面子，放下族辈的尊严，开始向杜佐乞求。

“旧谙疏懒叔，须汝故相携”，杜甫很诚恳地说明自己的不是，请求侄儿帮助。

“老人他日爱，正想滑流匙”，杜甫对黄粱（谷子）粥的渴望，到了入神出画的地步。在杜甫之前，很可能还没有哪一位中国诗人写出这种饥饿、可怜的生活场景。

“甚闻霜薤白，重惠意如何”，最后，杜甫连吃的薤白（秦州人称小蒜）也开始向侄儿乞求了。

对于杜甫的乞求，杜佐显然没有响应。倒是阮昉从东柯谷给杜甫送来了薤白三十束。杜甫很感动，为此写《秋日阮隐居致薤三十束》，诗中“不待致书求”一句耐人寻味。它也许是在告诉世人：曾经允诺送谷物和薤白的杜佐没有兑现允诺。杜甫致书再次相求后，仍然没有响应。没有对阮昉致书相求，却得到阮昉的相助。

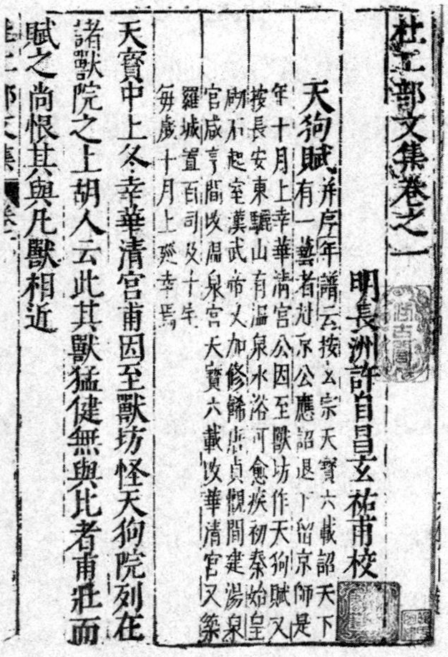
杜工部文集卷之一
明長洲許自昌玄祐甫校
天狗賦并序 年譜云按玄宗天寶六載詔天下
有一藝者赴京公應詔退下留京師又是
年十月上幸華清宮公因至獸坊作天狗賦又
按長安東驪山有溫泉水浴可愈疾初秦始皇
砌石起宇漢武帝又加修飾唐貞觀間建湯泉
官咸亨間改溫泉宮天寶六載改華清宮又築
羅城置百司及十宅
每歲十月上延幸焉
天寶中上冬幸華清宮甫因至獸坊怪天狗院列在
諸獸院之上胡人云此其獸猛健無與比者甫壯而
賦之尚恨其與凡獸相近

明刻本《集千家注杜工部诗集》

对于诗人来说，语言是诗人内心世界通往外部世界的一个桥梁。问题是，当人们通过外部世界的结构，意欲抵达内心世界时，看到的并不仅仅是诗人自己营造的桥梁。桥梁或路周围的那些环境，那些必不可少的环境，对于铺设桥梁或路来说，其影响又是必不可少的。杜甫在秦州，又到东柯谷，与杜佐交往的前前后后那些不得不说的事，让人们很容易探究杜甫写给阮昉的诗的真意。这就是除了真诚的感激以外，一定还有其他什么。

实际上，若仔细读杜甫现存所有关于亲情（宽泛意义上的）诗，我们会感到，那些亲情诗里，更多的是牵挂，是关爱，是温情，绝没有埋怨与嗔怪。而从杜甫《佐还山后寄三首》诗里，隐隐看出的是说不出口的怨情。这种怨情在写给阮昉的诗里又旧话重提，明白无误地用“不待致书求”这样的词语，表达对杜佐的嗔怪。同样，人们在这里也可以看出，杜甫与杜佐之间关系的不甚融洽。

造成杜甫与杜佐关系不融洽的原因，在杜甫这方面，主要原因是诗人自由、随意的天性，不能在现实生活中处理好随意与世故、自由与规矩等理想与现实的关系。这样，他就相应地承担了由此产生的亲情之间的伤痛，承担了生存意义上的艰难与苦痛。

杜佐没有进一步帮助杜甫，却还有其他一些原因。

杜甫与杜佐不得不说的事（下）

关于杜佐其人，人们对他的了解普遍局限在一是“玮之子”，二是“佐终大理正”这两点上。

目前考证最早给杜诗编集的人是樊晃，他在唐大历时曾任润州刺史。樊晃所编《杜甫小集》六卷，在序中称“《文集》六十卷，行于江汉之南”。可惜，这六十卷杜诗，多已亡佚。这样《文集》里是否还有其他关于杜佐的诗，不可得知。韩愈云：“平生千万篇，金薤垂琳琅，仙宫敕六丁，雷电下取将，流落人间者，泰山一毫芒。”我们今天所读的杜诗，是整个杜甫诗的泰山一毫芒而已。

清钱谦益对《示侄佐》注：“世系表。佐出襄阳杜氏。殿中侍史玮之子。”后来，仇兆鳌也引了这一说法。并引《旧唐书》言：“杜佐终大理正。”

钱谦益所说的“世系表”指《新唐书》中的“宰相世系表”。但是，新唐书世系表里存在着两个杜佐。

先看杜玮之子杜佐（暂且称甲杜佐）。

首先应该说明，与杜甫相关的“玮”，在成书早于《新唐书》，由林宝编撰的《元和姓纂》里却是：“纬，殿中御史。”

《广记》亦指出："《新表》（即《新唐书宰相世系表》下同）七二上作㬚，则殆从日者是而从'纟'者讹。"

《新唐书宰相世系表二》有如下表：

景恭，康城公。	德裕。	敬则。	元志。	暐。殿中侍御史。	信字立言，刑部外郎，杭州刺史。	师古。
				孝辅。	清。	师古，吉州刺史。

《新唐书宰相世系表》是二十四史中唯一皇室王族之外谱系的臣表，它对唐代历史、社会等许多方面的研究有重要的参考价值。然而，亦有难以避免的错误。如上表中信与清之子均为师古。对此后人对世系表曾有较多的校注。岑仲勉先生在《元和姓纂四校记》考证"清之子师古当误"。

依据《新唐书宰相世系表》，杜㬚的身世可用下表表述：

元志。	暐。殿中侍御史。	信字立言，刑部外郎，杭州刺史。
		礼。
		佐。
		梅。

岑仲勉先生在《元和姓纂四校记》言"试就《新表》勘之，知信之昆弟有礼、佐、梅三人"。

现在，我们考证一下，此甲杜佐是不是与杜甫有过接触的杜佐。

与杜佐相关，《新唐书世系表》中，至少有两个杜信存在。《新唐书》艺文志里记载"杜信《东斋籍》二十卷。字立言，元和国子司业"便是其中一个。

这个杜信，据王力平先生在《中古杜氏家族的变迁》中引《关中金石录·唐太子宾客杜信碑》文言："此碑立于元和十四年，碑文称杜信历任国子司业、刑部员外郎、杭州刺史、太子宾客，祖父元志，官杭州刺史。父暐，殿中侍御史。"

同时，吴钢先生主编《全唐文补遗》第六集收录了杜信撰写的碑文，即《大唐故侍御史江西道都团练副使郑府君（高）墓志并序》。杜信写这篇碑文时所署官职为"朝议郎守洛阳县令赐鱼袋"。同时，杜信在碑文里还有明确的时间即"贞元二十一年正月二十六日"，也就是公元805年。唐朝时，能做到县令一级的人，年龄最起码也得过20岁。假若杜信写该碑文时年龄大致在45岁左右，那么，在乾元二年（759）

时，杜信也才刚刚出生，自然，他的弟弟甲杜佐还尚未出生。

由此可知，这位杜信主要活动于贞元至宪宗时期，即元和十四年（819）前。公元 819 年到 759 年，大致有 60 年。如果此杜信比较高寿，活了 80 岁的话。那么，他的弟弟甲杜佐在公元 759 年时，理论上的年龄应该小于 20 岁。一位不足 20 岁的人脱离家乡，归隐他乡的可能性也是很小的。

显然，杜甫在秦州时交往的甲杜佐，不是有个哥哥叫“杜信”的杜佐，自然也并不是钱谦益所说的杜暐之子。

既然不是杜玮之子甲杜佐。那么，又是哪位杜佐呢？

《新唐书宰相世系表》表二亦有：

淹，字执礼。相太宗。	敬爱。							
	敬同，中书舍人、东阳公。	从则，工部侍郎。	自达。	繁。	佐，大理正。	元颖，相穆宗。		审礼，京兆少尹。
						元绛		审权，字殷衡。相宣宗、懿宗。

这个表格里的杜佐暂且称乙杜佐。

表中元颖之后的空格，岑仲勉先生在《元和姓纂四校记》言“今《新表》元颖、元绛之下，误空一代，故审礼等恍如元颖等之孙，考《考异》（钱大昕《二十二史考异》）五〇云：‘按审权即元绛子，中间不应空格’”的校语。后世对这个表的争议，主要集中在杜审礼、杜审权之后的考证上。

《旧唐书》称：“杜审权，字殷衡，京兆人也。国初莱成公如晦六代孙。”

《新唐书》称：“如晦五世孙元颖，贞元末（805）及进士第，又擢宏词。数从使府辟署，稍以右补阙为翰林学士，敏文辞，宪宗（806–820）特所赏欢。”

杜淹是杜如晦的叔父。这样，根据新旧唐书上面所载，杜佐之父与《新表》无异，当为杜繁。

杜繁之子为乙杜佐，乙杜佐长子杜元颖，次子杜元绛。杜元颖在唐穆宗（821–824）朝时，曾位至辅相。杜元绛之子杜审权，懿宗（860–874）时，召拜吏部尚书。

《旧唐书》对杜元颖、杜审权有较多的记载：

杜元颖，莱公如晦裔孙也。父佐，官卑。元颖，贞元末进士登第，再辟使府。元和中为左拾遗、右补阙，召入翰林，充学士。手笔敏速，宪宗称之……元颖自穆宗登极，自补阙至侍郎，不周岁居辅相之地。辞臣速达，未有如元颖之比也。

元颖弟元绛，位终太子宾客。绛子审权，位至宰相，自有传。

杜审权，字殷衡，京兆人也。国初莱成公如晦六代孙。祖佐，位终大理正。佐生二子：元颖、元绛。

元颍，穆宗朝宰相。绛位终太子宾客。绛生二子：审权、蔚，并登进士第。

审权，释褐江西观察判官，又以书判拔萃，拜右拾遗，转左补阙。大中初，迁司勋员外郎，转郎中知杂。又以本官知制诰，正拜中书舍人……

在新旧唐书等史料里，杜元颖当宰相，好像口碑不如侄儿杜审权当宰相时好，这些，是另外话题。

杜元颖是贞元末（805）的进士，从时间上推断，如果他这时的年龄最大为45岁左右，那么他的父亲乙杜佐在公元759年时应该在30岁以上。从年龄上讲，这位乙杜佐在秦州与杜甫有过接触是极有可能的。

岑参曾写过一首《送杜佐下第归陆浑别业》诗。

岑参是天宝四年（745）或天宝十四年（753）年进士，杜佐（暂且称丙杜佐）当时也应试了，但没有考取，岑参作诗安慰他。岑参好像知道了丙杜佐要归隐的意思，也表明了自己的态度。

从参加进士科考的情况看，丙杜佐和岑参的年龄应该差不多，或许他比岑参小一点。杜甫比岑参大三四岁。这样推断，丙杜佐也比杜甫小十多岁是可能的事。

综上所述，杜淹之六世孙，杜繁之子乙杜佐和岑参相识的丙杜佐同为一人，是当年与杜甫在秦州有过交往的杜佐。

杜佐未考上进士，再加上后来“安史之乱”，便决定离开中原，到相对偏僻的陇右，到“东柯好崖谷”“阳坡可种瓜”的东柯谷去韬光晦迹，图谋实现自己宏大的蓝图，确实很有眼光。后来他的儿子和孙子当了宰相，就充分证明他的行动，是把握住了现实，也改变了现实。自己考不上进士没什么，退一步天高地宽。在东柯谷静心培养儿子，又时刻关注时局，等待时机，方显英雄本色。这种现实的、宏大的谋划，在杜佐心中一旦形成，那将是浇灌了心血的铜墙铁壁。这样的堡垒，面对杜甫纯真的、无拘无束的倾诉，显然只会无动于衷。

对于杜甫西行原委，杜佐也许当时看得很明白。他到秦州城看望杜甫，只是尽一份亲戚的微薄人情。况且，在我看来，杜佐很可能是看清了杜甫这种一厢情愿，沉溺于自己无拘无束创造的诗的天地里，而并不善于谋略，并不善于经营，并不善于生计，更不能承担起振兴杜氏家族的重任，才采取相应冷淡的态度。同时，杜甫一家七八口人的生活，要依靠他来接济，这对于自给自足、并不十分富有的他来说，也是不现实的。

当然，杜甫细微敏感的神经，也很可能捕捉到了杜佐对他的冷漠。只不过他除在给阮昉的诗里有所流露以外，便只有默默地接受，默默地接受由此带来的其他苦痛。

二、今我独凄凉：崇高精神相邻友谊

孤魂相飘寄亲朋

与杜佐的冷淡不同，杜甫除无奈地接受冷酷的现实以外，对杜佐以及陇右其他人的态度，用现代的话说，是抱以同情和理解。

由己溺己饥推而广之地理解人、体谅人，是杜甫在陇右对待他人的原则与标准。对于他曾有所求，而未得到回报的如杜佐等人，对于别人曾期许，他亦有所盼，却又最终不能兑现期许的如周克殷等人，杜甫都予以宽恕。

从某种程度上说，杜甫在陇右是孤独的，更是凄凉的。他在苦痛和贫病交加的困厄里借酒浇愁，愁夜难眠。也许妻子杨氏的善解人意，以及与儿女的短暂玩乐，会暂时让他得以安慰，但长久却不能得到解脱。

“故人何寂寞，今我独凄凉。老去才虽尽，秋来兴甚长。物情尤可见，词客未能忘。海内知名士，云端各异方。”杜甫写诗给陇右之外的亲朋好友，以排遣自己胸中的孤寂。然而，愈是这样，他胸中凄凉的垒块，就愈为显得凄苦。

前边所引，为《寄彭州高三十五使君适虢州岑二十七长史参三十韵》前八句。写这首诗时，高适为彭州刺史，岑参为虢州长史。二人各自为官，基本属于仕途稳定，生活无忧的状态。而杜甫客居秦州，正身患在当时很难医治的疟疾病。杜甫在叙述自己对二位的思念之情后认为，二位学富五车，才高八斗，可与沈约、鲍照漫步诗坛。之后，杜甫笔力一转，传述自己客秦状况："无钱居帝里，尽室在边疆。刘表虽遗恨，庞公至死藏。心微傍鱼鸟，肉瘦怯豺狼。陇草萧萧白，洮云片片黄。"

这便是杜甫在秦州时的状况。当然，像"肉瘦怯豺狼"这样说自己的瘦弱，未免有些夸张，但"心微傍鱼鸟"说自己对事物、对人情世故的细微体察，倒也是杜甫的特点。在这首诗的最后，杜甫向高适、岑参提出了隐晦的，且意味深长的乞求："会待妖氛静，论文暂裹粮。"

如果说杜甫身患疟疾，在"今我独凄凉"的氛围里，寄予高适、岑参的仅仅是相互安慰、相互鼓励，并相约在"会待妖氛静，论文暂裹粮"这样叛军全灭、社会安定的情况下欢聚一堂的话。那么此后在《寄岳州贾司马六丈巴州严八使君两阁老五十韵》诗里，还特别记述了他和贾至、严武在朝廷"忆昨趋行殿，殷忧捧御筵。讨胡愁李广，奉使待张骞"这般意气风发的为官情景。当然，兴之所至，杜甫也没有忘记"青蒲甘受戮，白发竟谁怜"这样因疏救房琯招致孑身寥落的事情。

这里需要说明，杜甫对高适、岑参等人可以说是推心置腹的。他除真诚地称赞高适、岑参的诗艺，谈论一些世事以外，也还有像上面"论文暂裹粮"这样投石问路，意欲投奔彭州的乞求之意。这里不说岑参，略说高适。

曾和杜甫、李白共游梁宋，又到长安游玩的高适，"安史之乱"后，已不再是杜甫真正意义上的朋友了。高适入哥舒翰幕府，充任掌书记。哥舒翰守潼关时，高适以左拾遗转监察御史的头衔佐之。哥舒翰兵败投降被杀，他脱身追上西逃的玄宗，上书为哥舒翰辩解，责骂了几个宦官和已死的杨国忠，并为玄宗开脱，说"陛下西幸蜀中，未足为耻也"，于是玄宗不仅不追究其败逃之罪，反而"嘉之"。后来，他反对房琯"诸王分镇"的主张，又博得肃宗的欢心，获任兼御史大夫、扬州大都督府长史、淮南节度使，受命平永王璘。当时诗坛上的领袖人物，名声籍甚的李白因在永王璘的幕府，也遭受牵连之罪，被流放夜郎。这样一位可以说有些文过饰非，欺君罔上的诗人，也可以说在文坛上一心想挤兑他人，抬高自己的政客诗人，在杜甫困居秦州时，怎能伸出援助之手呢。

虚怀乐善的杜甫，除了给高适、岑参等人诉说自己在陇右的遭遇，即属私密性的困境与问题外，还给张彪诉说了一些事情的原委。在《寄张十二山人彪三十韵》诗里，杜甫以张彪“天宝末，将母避乱”这一在当时为人所赏的事迹为蓝本，通过“独卧嵩阳客，三违颖水春。艰难随老母，惨淡向时人”的颂辞，赞美了多艺，而且学仙的张彪。之后杜甫真情道出了自己的情况：

疏懒为名误，驱驰丧我真。
索居尤寂寞，相遇益愁辛。
流转依边徼，逢迎念席珍。
时来故旧少，乱后别离频。

尽管上面所引诗，是回忆秦之前的华州事。但“疏懒为名误，驱驰丧我真”也为实情之一。

杜甫在给张彪的诗里，还有一个担忧，即：“此邦今尚武，何处且依仁。”而此时所厚望的“仁”当是杜甫思想之核心所在。

孟子言：“君子所以异于人者，以其存心也。君子以仁存心，以礼存心。仁者爱人，有礼者敬人。爱人者人恒爱之，敬人者人恒敬之。”杜甫不但厚望“仁”之所至的是大唐河山的安稳，还厚望的是君臣之间的“仁道”，人与人交往之间的“仁达”。对杜佐，他是“仁达”以待，对周克殷，他也是“仁达”以待。这种“仁达”的心境，体现在给张彪的诗里，就是“穷愁正摇落，回首望松筠”这样穷且高尚的心志。

在写给友人的诗里，杜甫精神上的苦痛若隐若现出现在情绪控制的范围内。苦痛也就如平湖大江之上的一叶小舟，任由杜甫摆渡。春和景明，风和日丽时，这苦痛的倒影若蛇身游弋，隐没在山光水色里。阴霾时光，苦痛的蛇，游弋久了，沉闷而跃，腾出暗波欲与天公试比高。若是月黑风高，暴雨急切，风涌大江，江湖聚涌峡谷，苦痛骤然而为蛟龙。蛟龙入水，浪击高峡，又翻江倒海，一泄无遗，其势悲壮宏阔，其韵高远难绝。

天台隔三江，风浪无晨暮。

郑公纵得归，老病不识路。
昔如水上鸥，今为罝中兔。
性命由他人，悲辛但狂顾。
山鬼独一脚，蝮蛇长如树。
呼号傍孤城，岁月谁与度。
从来御魑魅，多为才名误。
夫子嵇阮流，更被时俗恶。
海隅微小吏，眼暗发垂素。
鸠杖近青袍，非供折腰具。
平生一杯酒，见我故人遇。
相望无所成，乾坤莽回互。

——《有怀台州郑十八司户》

郑十八司户即郑虔，根据吴钢先生主编《全唐文补遗·千唐志斋新藏专辑》所收载的墓志，即《大唐故著作郎贬台州司户荥阳郑府君并夫人琅琊王氏墓志铭并序》所言，“经一考，遘疾于台州官舍，终于官舍，享年六十有九，时乾元二年九月廿日也。”

郑虔长杜甫20岁，但同杜甫一样，亦是一位才高命骞的人。杜甫和郑虔是十分要好的朋友。现存杜甫诗里，有《陪郑广文游何将军林十首》《醉时歌》《九日五首》等二十二首诗。像“诸公衮衮登台省，广文先生官独冷。甲第纷纷厌粱肉，广文先生饭不足”为杜甫的名句。杜甫在陇右写了二首（另一首为《所思》）怀念郑虔的诗。

《有怀台州郑十八司户》这首杜甫来到秦州不久后所写的诗，实在是杜甫“己溺己饥”“心微傍鱼鸟”式的，用今天的话说是换位思考，替别人着想的例证。

台州与秦州相距千里。秦州为陇上，台州为沿海。天涯海角，即便是要来秦州与杜甫相见，或回到大唐都城长安，路途遥远，郑虔又老且病，再加之战乱之后，郑公还能认得归路吗？这种细微的设想，唯有有此经历的杜甫能设想出来。

风浪迭起，晨暮更迭，山鬼在岭，蝮蛇缘树……所有的路程、环境，岂是像罝罘这网中之兔一样，鸠杖青袍，眼暗发白的垂暮之人能逾越得了？故人杯酒，前事难寻，相望无成，今皆寥落，乾坤莽莽，何时重聚？

杜甫深陷在为郑虔设想（其实也是自己设身处地的现实）的人生生老病死、世事难料的险恶环境里不能自拔。这其中，也隐藏了他对郑虔的期许：愿冥冥上苍，莽莽乾坤保佑郑虔，保佑一切都能好起来，从此不再吟唱悲歌，从此不再陷入孤独。

台州是孤独的，秦州亦是孤独的。身处困厄，杜甫为郑虔构想的那些孤独，那些险恶，那些绝望，那些苍苍茫茫中的一线光明的期许，也是为自己构想的。然而正因这是一线期许，就愈显得期许的珍贵与无奈，就愈显得孤独与苦痛的强大与无奈。如果没有这一线期许，如果一切都到了绝望的地步，那么，未来对于杜甫、对于郑虔来说也就无所谓了：一切随波逐流，一切随光阴而逝。

三百五十年前，已过八十高龄的王嗣奭饱经沧桑，对《有怀台州郑十八司户》有九鼎之言：

> 想象郑公孤危之状，如亲见，亦如亲历，纯是一片交情。止恨其不得归耳，却云“纵得归”，“老病不识路”；又云“性命由他人，悲辛但狂顾。”一字一泪。“相望无所成”，则兼彼己言之，悲郑亦以自悲也。

杜甫对郑虔构想的期许，得到了些许实现，或者说安慰。大抵是郑虔得到杜甫的诗笺，立即给秦州的杜甫做了回复，于是杜甫有诗于后：

> 郑老身仍窜，台州信始传。
> 为农山涧曲，卧病海云边。
> 世已疏儒素，人犹乞酒钱。
> 徒劳望牛斗，无计劚龙泉。
>
> ——《所思》

曾经的期盼与许诺临时得到丁点回报后，接下来杜甫又陷入困惑。他无能为力去帮助郑虔。“赖有苏司业，时时乞酒钱”（《戏简郑广文虔兼呈苏司业源明》），想当初在天宝十四载时，郑虔还能得到苏司业的帮助，现在苏司业也帮不上忙了。郑虔如杜甫所说，纵然是深埋地下的龙泉宝剑，他又有什么权力与能力去掘取出来，使其生辉呢？杜甫只有在秦州的某一角落，举头徒劳相望吴越之地台州了。事实上这以后，杜甫再也没有得到郑虔送来的信息。乾元二年九月下旬，郑虔因病辞世。

举头相望，虽然属徒劳之举。但诚如熊十力所言“然真正认识心者，却是于心之行相而透悟心体，既见心体，方是真正认识心，易言之，即是真正认识精神”（《原儒》），杜甫心之行相，就在于“己溺己饥”的悲郑亦自悲，就在于他微妙诉说他人苦痛的同时，亦把自己的苦痛诉说给他人。

招魂几许为李白

从根本上说，秦州之前的长安十年以及此后求仕时期，杜甫精神上的苦痛，主要由理想仕途与坎坷仕途之间碰撞失衡所致。

自秦州始，杜甫的精神苦痛又主要游离在流离失所的生存困窘、灰暗的人情世故与追求深邃、博大、自由、精诚的精神之间的矛盾层面上。当然，自秦州以后，他对至爱亲朋的关怀与牵挂，对大众常人的细微关切，则延续了他自长安以后所承担的那份始终如一又愈来愈重的情感劳累重担。譬如他对好友李白的关怀与牵挂。在长安，他在《饮中八仙歌》中说“李白一斗诗百篇，长安市上酒家眠。天子呼来不上船，自称臣是酒中仙”。天宝四年，他与李白相别，写“秋来相顾尚飘蓬，未就丹砂愧葛洪。痛饮狂歌空度日，飞扬跋扈为谁雄”（《赠李白》）。这些诗，除往来唱和外，也抒发一些感触。但感触毕竟还是感触，对灵魂的触动并不太深。那么，现在我们看看陇右时杜甫写给李白的诗。

死别已吞声，生别常恻恻。
江南瘴疠地，逐客无消息。
故人入我梦，明我长相忆。
君今在罗网，何以有羽翼。
恐非平生魂，路远不可测。
魂来枫林青，魂返关塞黑。
落月满屋梁，犹疑照颜色。
水深波浪阔，无使蛟龙得。

——《梦李白二首》其一

浮云终日行，游子久不至。
三夜频梦君，情亲见君意。
告归常局促，苦道来不易。
江湖多风波，舟楫恐失坠。
出门搔白首，若负平生志。
冠盖满京华，斯人独憔悴。
孰云网恢恢，将老身反累。
千秋万岁名，寂寞身后事。

——《梦李白二首》其二

再啰唆说一点。当时唐肃宗李亨派高适等一干人马镇压自己的弟弟永王李璘，也把李白关入浔阳狱中，后又被流放贵州夜郎。李白流放未到夜郎之地，就遇赦往回返了。杜甫写《梦李白二首》时并不知道李白遇赦之事。

杜甫的《梦李白二首》，可以说是千古梦魂之绝唱。

如果要通俗地理解，我觉得以我辈俗人的思想，杜甫一开始就于冥冥之中问李白：你是死了呢，还是活着？如果死了，那我也就知道这个世上再也没有你李白呼唤我的声音了；如果你活着，却为什么跟死了一样，不再有个声响，让我日夜恍恍惚惚、一惊一乍、伤痛又悲凉呢？

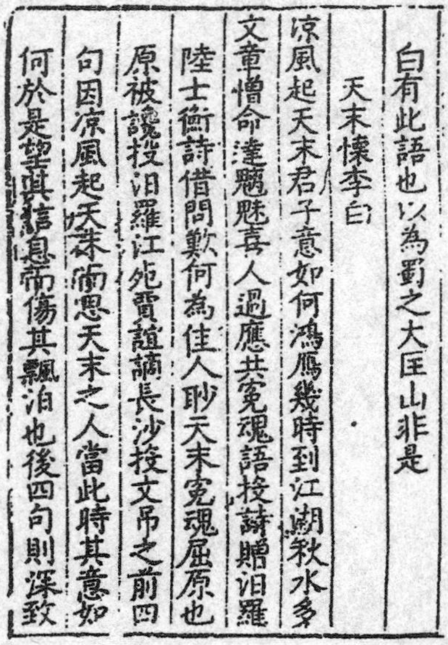
白有此語也以為蜀之大匡山非是
天末懷李白
涼風起天末君子意如何鴻鴈幾時到江湖秋水多
文章憎命達魑魅喜人過應共寃魂語投詩贈汨羅
陸士衡詩借問歎何為佳人眇天末寃魂屈原也屈
原被讒投汨羅江死賈誼謫長沙投文弔之前四
句因涼風起天末而思天末之人當此時其意如
何於是望其信息而傷其飄泊也後四句則深致

｜明•林兆珂撰《杜诗钞述注》

其实，像我这般理解诗，恐怕这世上所有的诗人都会谴责我了。但我相信，诗人之所以存在，而且之所以有伟大的诗人存在，他的诗所传递出的信息，会让众多的人接纳，并会以微妙的、千差万别的方式向他的诗的最真挚的情感部分靠近。

《梦李白二首》一出世，自中唐之后，诗中的真挚情感，浸润了无数人的心灵。也让中外许多人从杜甫的诗里，现实地理解或体悟了生与死、灵与魂之间最真诚的沟通方式：招魂！

关于《梦李白二首》古今中外的人已经说了很多，我想画蛇添足的是：杜甫这种真挚或者说苦痛的情感，在此前已经存在于他的日常生活当中。只不过，是以零碎或者游丝飞絮的方式，存在于杜甫的生活里。从大的层面说，他对国家社稷的情感也曾出现过类似招魂式的倾诉，如《同诸公同登慈恩寺塔》之“回首叫虞舜，苍梧云正愁”，如《无家别》之“人生无家别，何以为蒸黎”；从个体或相对小的范围讲，他招魂式的苦痛倾诉亦不少，如《自京赴奉先县咏怀五百字》之“入门闻号咷，幼子饿已卒，吾宁舍一哀，里巷亦呜咽”，如《得舍弟消息》之“骨肉恩书重，漂泊难相遇。犹有泪成河，经天复东注”等。在陇右之前，由于杜甫日常生活面较广，与较多层面上的人有过较多接触，他的招魂式的苦痛倾诉，也就被其他更为重要的倾诉所淹没。尽管如此，那些碎片或游丝飞絮的苦痛，仍然在一些诗里交织成雨雾，罩在那里，酝酿日后更强烈的暴风骤雨。而陇右，为杜甫这种强烈的苦痛倾诉提供了一个由表入里的环境条件。简言之，就是异于中原略带西域色彩的风情，艰难的客居生活，以及较为孤寡的人际交往等。但这些，也仅仅是由表入里的过程，是外因，是一些步骤。当所有这些逐渐凝聚并与杜甫仁爱之心，与杜甫对李白的尊重态度，与李白因参与永王璘起兵被流放这一事实等本质内核汇聚在一起后，生死两茫茫的苦痛自然裂变、放大，并宣泄而出。

还是应该记住先贤们对《梦李白二首》的评价：

其身虽不至，而三夜入梦，斯为情亲矣。

——宋·赵次公

亦幻亦真，亦信亦疑，恍惚沉吟，此长恻恻实景。

——明·王嗣奭

此诗云水深，波浪阔。

——明·林兆珂

二诗传出形离精感心事，笔笔神来。

为彼耶？为我耶？司声一哭。

——清·浦起龙

形愈疏而情愈笃，千古交情，惟此为至。然非公至性，不能有此至情。非公至文，亦不能写此至性。

——清·仇兆鳌

在秦州期间，杜甫还写了另一首怀念李白的诗：

凉风起天末，君子意如何。
鸿雁几时到，江湖秋水多。
文章憎命达，魑魅喜人过。
应共冤魂语，投诗赠汨罗。

——杜甫《天末怀李白》

也许是精诚所至，杜甫苦痛的招魂真给把李白的魂魄招回来了。之后，杜甫得到李白生还的消息，写了下面的诗：

昔年有狂客，号尔谪仙人。
笔落惊风雨，诗成泣鬼神。
声名从此大，汩没一朝伸。
文彩承殊渥，流传必绝伦。
龙舟移棹晚，兽锦夺袍新。
白日来深殿，青云满后尘。
乞归优诏许，遇我宿心亲。
未负幽栖志，兼全宠辱身。
剧谈怜野逸，嗜酒见天真。
醉舞梁园夜，行歌泗水春。
才高心不展，道屈善无邻。
处士祢衡俊，诸生原宪贫。
稻粱求未足，薏苡谤何频。

五岭炎蒸地，三危放逐臣。
几年遭鹏鸟，独泣向麒麟。
苏武元还汉，黄公岂事秦。
楚筵辞醴日，梁狱上书辰。
已用当时法，谁将此议陈。
老吟秋月下，病起暮江滨。
莫怪恩波隔，乘槎与问津。

——杜甫《寄李十二白二十韵》

王嗣奭曾说过，此诗分明为李白作传，其生平履历备矣。当然，这又是杜甫的另一番风景。

三、邑有佳主人：恰如亲密相互塑造

离开秦州，且行且思

杜甫“因人作远游”到秦州，意欲依靠的主要人物杜佐因故没有依靠上，我想当时的杜甫为此可能背了好多包袱，他的心病也可能越来越多。杜甫不像他所崇拜的李白那样，狂妄、浪漫、及时行乐、不受羁束。从性格上讲，杜甫与李白截然不同。杜甫谨小慎微，是属于忧郁型的那种心特别“细”的人。

本来，按杜甫对人的热忱态度，他在陇右除了普通人以外，应该还有官吏帮助他。他也毕竟在朝廷做过官。在朝廷，他跑龙套、跟过班，上朝下朝，风光过一时，也认识过不少官员。但是，在杜甫陇右诗里，反映与当地官吏来往的诗并不多。其《秦州敕目薛三璩授司议郎毕四曜除监察与二子有故远喜迁官兼述索居凡三十韵》显然可以证实，他在秦州某一个官府里，得到某一位官员的允许，见到了敕目。但他与这位官员的交往，肯定很平常。也许是见一二次面的交往而已。在陇右，他本来可以与一位县令有良好的交往，并得到他的帮助。当时的一个县令，假若有诚意，要帮助杜甫一家人的衣食着落是不成问题的。遗憾的是，事情并不如人所愿。

那一年的秦州多风多雨，秋天很短，大多秋高气爽的日子被过早而来的初冬取代。气候的寒冷和生活上的艰难，更使他多忧多虑多病。他不得不考虑离开秦州。

这里需要说明的是，历来杜甫研究者均认为杜甫离开秦州前往的目的地是同谷，但我认为，杜甫前往的目的地首先是汉源。

历史上如王嗣奭、仇兆鳌、浦起龙等均认为，杜甫《积草岭》诗中涉及的“佳主人”均为同谷县令。现当代学者如冯至、陈贻焮、韩成武等都认为“佳主人”亦为同谷县令。而高天佑先生独辟蹊径，在《杜甫陇蜀纪行诗注析》一书中认为“佳主人实乃赞公”。在此，我认为，“佳主人”既不是同谷县令，更不是赞公，而是汉源县令。

汉源县令的邀请之辞，人们完全可以在杜甫《发秦州》《积草岭》诗里想象出来。

《发秦州》想告诉给人们杜甫“一岁四行役”中的一次行役。对于这次“行役”，杜甫有自己的理由。诗一开始，他先从自身上寻找理由：“我衰更懒拙，生事不自谋。无食问乐土，无衣思南州。”“懒拙”为人的天性，是与生俱来的人性的恶之一。问题是杜甫在此之前用了一个“衰”字。这个看似无心搭配的字，把正值壮年的杜甫此时的心境透露了出来。他不仅是因为生事不自谋的原因，不仅是因为天气渐渐冷了，衣服渐渐单薄了的生存原因，而且还有心境的困顿不堪。作为诗人，他更需要立即摆脱这种“心”的困扰，放牧自己的心情于一个新鲜的、水草丰美的牧场。“汉源十月交，天气如凉秋。草木未黄落，况闻山水幽”这样的诗句，包含着杜甫在寒冬来临之际的追求：清新、纯真的向往里有对生命的呵护。

当然，秦州东面尚未结束的“安史之乱”，西面少数民族扰攘这样的形势，也是杜甫诗中强调的。在说出“此邦俯要冲，实恐人事稠”的原因之后，杜甫又给人们一个十分耐人寻味的问题：“应接非本性，登临未销忧。”如果我们把这两句诗放到杜甫来秦州以后的大环境，特别是与人相处的环境里体味的话，就会体悟到杜甫拙于交际的一些情况。

“大哉乾坤内，吾道长悠悠”，在困苦里，杜甫依然没有泯灭对美好未来的向往与追求。当他和妻小经过艰难跋涉，到“飕飕林响交，惨惨石状变”的积草岭，感到“衰年岁时晚”时，他眼前幻想的仍然为“邑有佳主人，情如已会面”的美好场面。

然而，这一次，他又遇到了严重的打击。无论是他对生活纯真的幻想也罢，还是他精确预约的梦的诗也好，一切都处在打击之中。

杜甫在《积草岭》里有原注为“同谷界”。此说明，杜甫经赤谷、铁堂峡、盐井、寒峡、石龛辗转来到积草岭，一路上经历了辛苦，又遇到阴云连着峰峦，白日时隐时现，林风飕飕，山石怪异的景况。年老岁暮，杜甫对于这种跋涉，对于这种险恶的环境，不能不感觉到疲劳与厌倦。然而，一想到前方还有“来书语绝妙”的佳主人和他的同僚，杜甫就来了精神。

另外，《积草岭》诗还提供了其他几点：

一是杜甫离开秦州南行要去的第一个目的地是汉源，而非同谷。杜甫到汉源后，“佳主人”却不在汉源。

二是此积草岭离他要去的第二目的地栗亭的路程还有百里。

三是，此积草岭也为分路之岭，往西南，可到鸣水（一说明水）县，往东（钱谦益曾言“梦弼曰：东西别行。东则同谷，西则明水也”）可到他要去的地方。那么他要去哪里？是同谷吗？不是。此积草岭按杜甫的原注，属于同谷界，但显然不是同谷县治所在地。积草岭在今陇南市西和县城东南，距同谷（今陇南市成县）县治距离比较近，而不是杜甫所言“百里”。显然，这首诗还隐藏着不为人们所了解“写作背景”。它，又是什么呢?

《发秦州》诗曾有“汉源十月交，天气如凉秋。草木未黄落，况闻山水幽。栗亭名更嘉，下有良田畴”的交代。这是杜甫接到“佳主人”“来书语绝妙”介绍和秦州一些人的介绍后得到的印象。诗中“汉源”“栗亭”并不是因为写诗而搭配的词语，而是两个地名。这可以从诗中叙述气候与物产，以及后来《积草岭》中“邑有佳主人”和“来书语绝妙”中得到印证。

汉源之谜与汉源县令

现在，我们具体来说汉源。

这里，先从史料中挑选“上禄县”来考。《旧唐书》对陇右道成州、上禄的记载为：

> 成州下：隋汉阳郡。武德元年，置成州，领上禄、长道、潭水三县。贞观元年，以潭水属宕州，又割废康州之同谷县来属。州理杨难当所筑建安城。天宝元年，改为同谷郡。乾元元年，复为成州。
>
> 上禄：汉县，属武都郡，白马氐之所处。州南八十里仇池山，其上有百顷

地，可处万家。晋时，氐酋杨难当据仇池，即此山上也。晋朝招慰，乃置仇池郡，以难当为守。梁置南秦州，又改为成州。隋以上禄为仓泉县，又复为上禄。

《新唐书》成州条有：

成州同谷郡，下。本汉阳郡，治上禄，天宝元年更名，宝应元年没吐蕃，贞元五年，于同谷之西境泥公山权置行州，咸通七年复置，徙治宝井堡，后徙治同谷。

上禄，中。没蕃后废。有仇池山；有盐。

《新唐书》亦云：

汉源。中下。没蕃后废。

遥想汉源

吐蕃人在宝应年中（762—763）曾占领过陇右的秦州、同谷一带。吐蕃人一占，后来的唐王朝就把汉源县给废置了。《新唐书》同时说有“上禄”“汉源”二县，且同是“没蕃后废”，这样一来，给后来的正史增添了不少似是而非的麻烦。

不过，这倒说明上禄县由隋朝的仓泉县易名而来。对此，《元和郡县图志》有如下补充：

（成州）管县三：上禄，同谷，长道。

州城，即杨难当所筑也。

上禄：本汉旧县，属武都郡。后魏改为阶陵县，周武帝改为仓泉县。隋开皇三年罢郡，县属成州，大业三年改为上禄县。

上禄县县治，据香港中文大学教授、台湾中央研究院院士严耕望先生考证："成州治所上禄县在长道上县南五十里，则当在今礼县东南八九十里无疑……则唐上禄县故城对今西和县而言，当在今县城北或西北约二三十里……唐代之成州、同谷郡治上禄县（今西和北偏西约二三十里），在故历城、建安城东十里。"（《唐代交通图考》）。

1983年，甘肃省人民政府批准"西和县驻地设立汉源镇"并非空穴来风。

上禄的来源清楚了，但史书仍然不能解开汉源之谜。那么，其他史料又如何呢？

张溍在《读书堂杜工部诗集注解》中曾注：

鲍曰汉源成州属县。梦弼曰成州有栗亭。州魏置。栗亭县在唐为栗亭馆。

这条注很值得参考。张溍的注解，可以理解为，汉源是成州的属县。栗亭在当时比较有名，是重要的驿站。

最能证明汉源县之来源，进而能分析出杜甫与汉源、栗亭、佳主人之关系的，是唐天宝末进士登科，唐建中元年（780）为礼部侍郎，后常担纲大诏令起草的于邵所作的《汉源县令厅壁记》，全文如下：

周克殷，列爵惟五，实分子男之位。洎秦汉以降，或令或长，虽小有差，其揆一也。皆铜印墨绶，秩六百石。非理道之君，爱人如子，则不能为官择人矣。国家坐进此道，至于忧勤，爰增禄秩，以劝能者。皇帝观兵朔方之岁，始上禄县更名汉源，将复禹旧绩，以从人欲。其山川形势，土地风俗，近镐千里，华风不闲，多乎哉！盖小国以聚大国之义也。且夫南呀蜀门，东豁雍畤，西走连碛，北逾大漠，四郊憧憧者，于是乎终。故有狱市之烦，供亿之费，上咨郡府，下用临恤。非贞固不足以干事，非廉慎不足以率人，清静则可乎不扰，忠恕则可乎求瘼。时谓京兆韦子，当公府之选，推而有之。至于今，人易受赐，邑则称理，闻之见之，政参乎前。从事虽疲于改易，用举自多于颖脱，我则无贰，不其难乎？嗟乎！绊骥已久，及瓜将代，顾此屋壁，何其寥寂！前芳无闻，后进奚睹？记者史家之流也，亦所以发挥厅事，启迪人物。又知韦公授受之始，其或继之者，从而记之，前后相映，光采洽人。乾元三年孟夏之日记。开元中，有柴希言自滏阳县尉拜，以清白名闻，迁洛水县令。天宝中，有郭瞻自永康县尉拜，甚有有事，秩满游河朔，遇乱未知所适。至德中，有郭伯阳自某官拜，恂恂如也，迁洋州司马。其余日月某通名氏失之，不得次于公之列耳。

为通俗易解，现将《汉源县厅壁记》试作转译：

周克殷，可以分颁爵位至诸侯第四等第五等之位。及秦汉以来，或是县令或是县长，虽小有差别，但其准则一样。都有系上黑色绶带的铜制印章以显职权，并享有六百石俸禄。自古以来，不讲理法的人，不爱民如子的人，是不能被选择为官之人。国家坚守这样的道理，以忧虑勤劳，增长禄位来奖励能人。（唐肃宗）皇帝观兵灵武那年（至德初），将上禄县更名汉源县，恢复昔日事迹，以顺从人心。汉源县山川地势，土地风俗，耕田千里，多像中原风俗啊！这里虽然是一个小小的县但却有大国一样的仪制、法度。汉源南临蜀门，东通京都，西去可连接沙漠，北面又能通到大漠，四面遥远不知其边方可为止。因此自然有狱讼和集市贸易，所交税赋和所拨资费，按照需要，或上报郡府，或体恤百姓。在此种情况下，非坚守正道不足以干事，非廉洁谨慎不足以率人，此心性纯正则不为其它所动，忠诚宽厚则能访求民间疾苦。当初是京兆韦公子（韦十六），在公府上推选（周克殷）为县令。到现在，人人受恩赐，乡邑赞理政，所闻所见，政事通前。干事虽疲于变动，办关键之事却才华显露。此般我等不能为其所。唉，拘束不能施展其才已久，现在任职期满，回头看厅壁，何其寥寂！前者没有留下芳名，后者又何以观赏。古今记事的人及历史学者，都发挥厅壁功能，以启迪人物。这样，其他被韦公（判官）授予此职的继任者，也可以厅壁记事，使其前后辉映，光彩沾人。乾元三年（760）四月记。唐玄宗开元年时，有县尉柴希言从滏阳来此相拜，后以清白闻名，升任洛水县令。唐玄宗天宝年，有县尉郭瞻从永康县来此相拜，进而有事，任期届满，游历河朔，遇“安史之乱”，不知其人在适合他的什么地方任职。唐肃宗至德年，有不知其官的郭伯阳来此相拜，严肃恭谨，后升迁洋州司马。其余时间某通名报姓的人，来此相拜又失去其姓氏者，不再公布列于此。

《全唐文》收录的这篇《汉源县令厅壁记》，对于考证汉源县的演变有重要的帮助，对于证明杜甫当初为什么从秦州要赴汉源，最后又到同谷以及杜诗中“佳主人”是谁，大有裨益。

第一，该文“皇帝观朔方之岁，始上禄县更名汉源”明白不过地说明，唐肃宗至德初（756）汉源县由上禄县改名而来。而汉源县县治如上所引在今西和县偏北二三十里。

第二，杜甫从秦州出发，最初的目的地并非同谷，而是汉源。

第三，杜甫赴汉源，是受汉源县县令周克殷的邀请。佳主人实为周克殷。至于周克殷为什么要邀请杜甫，杜甫赶到汉源，又为什么要去栗亭，从栗亭又为何要回到同谷，虽然没有直接史料证明，但依杜甫前后诗歌和该《汉源县令厅壁记》便端倪可察。

《积草岭》一诗中的“邑有佳主人”之“邑”，实指汉源县，“主人”当为周克殷。

杜甫在陇右如同路人的昔日朋友

周克殷为什么要邀请杜甫呢?

这里先说说杜甫昔日的朋友韦十六。

乾元二年（759）仍在陇右做官的韦十六完全可以帮助杜甫。

至德二载（757），杜甫身陷囹圄，在叛军统治的长安城里，他曾与韦十六一起出没在长安城。后来，杜甫投奔肃宗，韦十六的去向史料没有记载。但肃宗移至凤翔后，调配各地防务官吏，将韦十六调遣到“郡当贼冲者”的同谷当防御判官，佐理政事。韦十六到同谷时，杜甫又作《送韦十六评事充同谷防御判官》诗相送。诗开头写“昔没贼中时，潜与子同游。今归行在所，王事有去留”。由此看来，韦十六与杜甫当初的交情比较好。诗里的一些诗句足以证明，如“昔没贼中时，潜与子同游”，如“府中韦使君，道足示怀柔。令侄才俊茂，二美又何求”，如“且夫恋良友，握手步道周。征兵远壑静，亦可纵冥搜。题诗得秀句，札翰时相投”。

这样的朋友，到同谷当判官，不帮杜甫似乎说不过去。

唐睿宗（684）时，唐朝政府为统领当地军队、适应边防的需要，特在边关一带设立节度使（后又设立观察使），行使当地军政大权。判官，是这些节度使或观察使幕府的文职幕僚。武幕僚是带兵打仗的武夫，而文幕僚，一般有副使、行军司马、判官、掌书记、支使、推官、巡官等。地方上的事务大权，也尽在这些文职幕僚的掌握中。如行军司马掌管军籍、符伍、号令印信等。判官掌管的就更有实权，据《通典》

云：“掌判仓、兵、骑、胄事。”各藩镇往往尽委钱谷支计于判官。“中唐以后，这些人实际上是控制州县的实权派。”（陈茂同《历代职官沿革史》）。

从前面所引的《汉源县厅壁记》里可以看出，周克殷与判官韦十六有着特殊的关系。韦十六所充任的同谷判官，虽然没有品秩，但却很有实权。周克殷的县令就是在韦十六至德年充任判官后，由韦判官推举的。韦十六当初与杜甫有过结交，他很可能把自己与杜甫的结交，在不知什么场合下透露给了周克殷。杜甫来秦以后，周克殷又不知从什么途径得知了消息，于是他想做个顺水人情，便邀请了杜甫。之后，周克殷或者核对清楚杜甫已不再是左拾遗或华州司功参军之类的官了。或者将邀请杜甫之事后来告诉了韦十六，韦十六知道杜甫的耿直脾气，眼里容不得半粒沙子，便露出不悦。周克殷察言观色，他还有半年的时间任期将满，能不能继任，也得处理好与韦十六的关系。“从事虽疲于改易”的他很可能后悔邀请了杜甫。

从于邵《汉源县令厅壁记》里又明显地可以看出，当时的韦十六就在同谷，而且具有一定的实权。于邵好像当时在秦州、同谷一带活动过，对秦州、同谷的情况有所了解。他的一篇《秦州都督吴人写真赞》可以佐证。《汉源县令厅壁记》的真实性不容置疑。

在秦州最困难的时候，杜甫很有可能想到了韦判官。而这时，杜甫恰巧又接到了秦州以南的汉源县令的来信，邀请杜甫到他那儿去。杜甫当然很高兴。一位在八世纪中期苦难深重的人口大国从事着人类最纯真的诗歌创作，并以此延伸他善良的、再光中兴业的仕途理想的人，一旦遇到同情、接济他的事，还有什么理由能阻止他去接近呢?

杜甫一家人到汉源，兴许赶了一个空，周克殷他们并没有在汉源。这样，他们在衙役们的指点下，又往东去栗亭。与汉源相比“栗亭名更嘉”，更重要的是，十有八九，周克殷、韦十六就住在栗亭驿馆。到了栗亭，或许周克殷、韦十六又不在栗亭，他等又等不住；或许是人一阔就容易变脸，韦十六韦判官、周克殷周县令在栗亭格外冷落了杜甫。

汉源也罢，栗亭也好。再好的地方，再适宜于人居住的地方，如果没有好的人气，没有好的人与人的交往，也只不过是路旁一块看似还有点意思的石头，多看几眼也可以，一眼不看也可以。尽管石之外表下藏的是美玉，但美玉没有被人发现，没有被人养护，那还是一块石头。栗亭虽好，却无杜甫立身之地。杜甫只好又向西而返，前往同谷，接受生活与精神上的痛苦煎熬。

公元 759 年秋冬对于杜甫来说，最难处理或者说最为苦痛的就是，当他开始向生活屈服，并由此需要朋友或者亲人的帮助时，没有朋友或者亲人帮他离开苦难。近在咫尺的杜佐、赞公、韦十六帮不了他。远在他乡的岑参、高适帮不了他。他还要牵挂郑广文、李白，牵挂弟弟、妹妹。他心胸宽广，他心思细腻，他善念丛生，他苦难深重。

如果说秦州之前，杜甫的苦难更多表现在对自己仕途和对国家社稷这两个主题上的话。那么，自秦州开始，他为不同的抒情主体普遍染上沉郁的基调，用不同的形式，更多地呈现出了个体生命的苦痛。自然，这些苦痛也包括了人与人之间真诚沟通的缺失，包括了他内心的、精神的尽情倾诉得不到相应的响应等等。杜甫是孤独的。

事实上，正是杜甫的凄凉与苦痛成就了杜甫的诗歌。

突然想，假若杜甫在秦州得到了杜佐的真诚帮助，在东柯谷安下家来。假若杜甫在汉源或栗亭得到韦十六和周克殷的帮助，那杜甫的以后又会是什么样子呢?

那时在陇右，有谁能识得杜甫这一腔苦痛却因为苦难而伟大的灵魂，又凤凰吐血般地铸就着诗歌辉煌的殿堂呢?

杜甫内心的苦痛，只有自作自受。他只有靠心灵的自我啃噬来苦度时日，谁也救不了他。

第十章

陇右疾苦——贫病转零落

一、丧乱饱经过：在饥饿与病痛里忍耐

在穷苦中煎熬

在中国历史上，诗人穷至杜甫恐怕就不能再穷下去了。若再穷，只会涌现出无数的乞丐，而不会成就杰出的诗人。

杜甫之穷，穷在生计，而不在心志。

生计之穷，有时会使人举步维艰，有时会使人人不像人，甚至会影响个体的生命，会动摇人的心志。

杜甫在陇右的穷，可谓穷到了极点。长安十年，尽管他也曾“朝扣富儿门，暮随肥马尘。残杯与冷炙，到处潜悲辛”地过着十分艰难的生活，但在长安，他当时更多考虑的是一个人的生活问题。而从华州西行到陇右，他一个人的艰难困苦，变成一家七八口人的艰难困苦。这种变化，不仅是量上的变化，也从一定程度上考验着杜甫的适应能力与生存能力。

显然，我们不能不遗憾地看到，杜甫对环境变化的适应能力还很低，通俗地讲，他养家糊口的能力远远低于他诗歌创作的非凡才能。

我有时想，大唐盛世虽然在天宝中遭受劫难，但此前中国历史上积淀下来的青睐诗歌的风气，总不会因“安史之乱”而荡然无存吧。虽然说当时诗坛，以至权贵之间总是飘扬着李白、王维的大旗，但杜甫的诗歌，即便不被当朝权贵赏识，也总能在陇右碰到当地官吏或者大户人家的赏识。如果赏识，他的生计问题也就解决了。可惜的是，他不像同时代的一些诗人，如王维，如高适，因为诗而衣食无忧。唐朝是中国诗歌辉煌的时代，然而，对杜甫的诗歌而言，那个时代又好像是一个色盲患者（连杜甫自己在晚年也感叹“百年歌自苦，未见有知音”）。杜甫诗歌在那个时代的遭遇，或许还能找到大象无形、大音稀声之类的托辞。而对于杜甫的贫穷，一味地去寻思生存能力的问题，我至少为我以及同我一样的人感到悲哀。

在此探究杜甫在陇右的疾苦，似乎有耻笑之嫌。关于他人的痛苦，自有史以来，史书上有太多的记载，并且多的是以戏谑的、甚至是欣赏的口吻去记载，而少的是悲悯与关怀。杜甫在陇右的疾苦，上承长安十年，下接成都草堂之后。他对穷苦与疾病的体验，凝结成艺术的诗传递下来。从诗中探究他的疾苦，感觉特别悲痛。

杜甫在陇右的疾苦，如果从纯粹的生存问题上看，主要来自两方面。一是穷苦，二是病苦。穷苦和病苦，作为一种社会和生命相互交织在一起的现象，对大多数人来说是与生俱来的。而经历穷苦，遭遇疾病，承受穷苦而又改变穷苦、摆脱穷苦，承受疾病、战胜疾病又是大多数人的经历和将要经历的。杜甫对这两者的社会体验和生命体验，更多地反映了社会、文化以及道德的内涵。

先说穷苦。

风急天高猿啸哀，渚清沙白鸟飞回。
无边落木萧萧下，不尽长江滚滚来。
万里悲秋常作客，百年老病独登台。
艰难苦恨繁霜鬓，潦倒新停浊酒杯。

——《登高》

这是大历二年（767）杜甫九月九日重阳登高时，回忆自己一生艰难困苦，羁旅多病，穷困潦倒后的诗作。余厚洪先生曾感叹“‘万里’一联含八九层意：他乡做客一可悲，经常做客二可悲，万里做客三可悲，况当秋风萧瑟四可悲，登台易生悲愁五可悲，亲朋凋零独去登台六可悲，挟病而登七可悲，此病常来八可悲，人生不过百年却在病中过九可悲”（《试论杜甫疾病与杜诗风格形成之关系》）。意味深长的是，杜甫在秋风中对穷愁疾病“艰难苦恨”的感慨，同样在陇右出现过。

从陇右诗看，杜甫在陇右的穷苦主要以两种形式表现：一种是告诉别人自己的穷苦并寄以期望帮助；一种是诠释自己对穷苦的理解并倾诉生命对于穷苦的体验。前者如“甚闻霜薤白，重惠意如何”（《佐还山后寄三首》），“天长关塞寒，岁暮冻饥逼”“我生苦飘零，何时有终极”（《别赞上人》），“无钱居帝里，尽室在边疆”（《寄彭州高三十五使君适虢州岑二十七长史参三十韵》）。后者如“身危适他州，勉强终劳苦”（《法镜寺》），“此时与子空归来，男呻女吟四壁空”（《乾元中寓居同谷县作歌七首》），“长安卿相多少年，富贵应须致身早”（《乾元中寓居同谷县作歌七首》），“穷愁正摇落，回首望松筠”（《寄张十二山人彪三十韵》），“囊空恐羞涩，留得一钱看”（《空囊》）等。当然，这两种形式也常常会以水乳交融般的形式呈现。

| 成县杜少陵祠

在第一种“穷”的形式中，杜甫几乎是低三下四地乞求，几乎是赤裸裸的叫穷。一个曾经的八品官吏，到了这种地步，足见他的穷苦并非一般。而他所乞求、所叫穷的对象是他认为亲戚朋友的人，像杜佐、高适等。他向族侄杜佐乞求薤白时，用的是委婉、商量的口吻。“重惠意如何”，你看给我寄一些如何？而向杜佐乞求黄粱（谷子）时，将自己对黄粱的渴望尽情流露出来。现在，人们通过“老人他日爱，正想滑流匙”的诗句，可以想象出一千多年前杜甫穷苦、饥饿的形象。而这种形象，或许不是真实事实的存在，而是杜甫通过对真实事实的幻想而刻画的艺术真实的一个形象罢了。这种形象尽管我们不能亲眼所见，但凡是对穷苦生活有过经历或者有过了解，

甚至不曾经历或不曾了解，但具有敏锐观察力、超凡想象力，或者具有相应文化素质的人，只要冥想，杜甫那种带着矜持特色的贫穷与可爱的诗人形象就会历历在目。

有时，杜甫还干脆直截了当地说出自己穷苦的境地。“无钱居帝里，尽室在边疆”，他在给高适和岑参的诗里就这样找原因。

如果杜甫善于削尖脑袋往上爬，善于经济，手头多些银两，即便是“安史之乱”，他在像长安这样的大城市里安家过相对平安的日子也是不成问题的。可是，杜甫很清楚自己的情况，早在给韦济的诗里就说“窃为贡公喜，难甘原宪贫”（《奉赠韦左丞丈二十二韵》）。后来在陇右，他又说“处士祢衡俊，诸生原宪贫”（《寄李十二白二十韵》）。原宪，是春秋时期与子贡他们同时代的人。据《仲尼弟子传》载：“原宪摄敝衣冠见子贡，子贡耻之，曰：‘夫子岂病乎？’宪曰：‘吾闻之，无财者谓之贫，学道而不能谓之病。若宪，贫也，非病也。’子贡惭而去。”由此可以看出，原宪是一个落魄潦倒的士人。杜甫以原宪之典，于贫穷里仍操守着士人的情操，同时不甘于贫穷。可是，操守士人的情操，不甘于贫穷，并不等于能够摆脱贫穷。事实上脱离仕途以后，杜甫没有更多的银两，只能暂时投靠他人。他虽然试图通过采摘一些草药变卖等谋生手段来改善生活，但他还是在陇右一次又一次地感受了穷苦带给他的诸如“天长关塞寒，岁暮饥冻逼”这样的磨难。

当然，杜甫毕竟是杜甫，如果静下心来，他对穷苦的理解就会异于千百年来其他诗人或文人对穷苦的理解。请看他下面的诗：

翠柏苦犹食，明霞高可餐。
世人共卤莽，吾道属艰难。
不爨井晨冻，无衣床夜寒。
囊空恐羞涩，留得一钱看。

——《空囊》

宋人赵次公在谈及《空囊》诗的前四句时说：“公虽贫穷，而所食所饮，皆神仙之物，亦以自志其清如此。无它，以世人共卤莽不明，而吾道适值艰难不遂也。”对于“卤莽”，赵次公随后又注“字则庄子云：耕而卤莽之，其实也卤莽而报予。”以后大凡人们注解杜甫之“卤莽”均没有其它异议。漳州师范学院教授、博士生导师林继中在《杜诗选评》中将“卤莽”变为“鲁莽”，并注解：“鲁莽，粗疏。此联意谓‘众人贵苟得’，得过且过，自己则意在行兼济之道，故难免艰难过日。”林继中先生之说，不妨一存。

王嗣奭在《杜臆》里所说“道家春食朝霞，而公初年亦有志于学道上，至于囊空无以给食，因发叹以翠柏虽苦，尚犹可食，明霞纵高，其可餐乎”，虽然过分忠于道家成仙之餐饮一说，以至于有将杜诗的意味变淡之嫌。可他随后说“落句虽用成语，却有萧然自得之意，故不可及”，却也十分中肯。

杨伦在《杜诗镜铨》里说“写穷况妙在诙谐潇洒”。

对于杜甫的《空囊》这首诗，很多人还是认为，杜甫写穷，写得诙谐，自嘲之意十分浓郁。其实，杜甫的这首诗，仅仅从诗面理解，还不能达到体味其深广含义的目的。清金圣叹对此有较为深入的认识，他说“君子亦有囊。君子囊，亦欲其不空。君子囊空，亦且感愤成诗乎？须知《空囊》一篇，是先生自写不改之乐，非写不堪之忧也。吾党守志之士共辨之”，之后，他对《空囊》作了详细分析：

上“翠柏”二句，便是正写艰难，影写卤莽也。必是翠柏，则虽苦犹食；必是明霞，则虽高犹餐。然则所食所餐，盖已甚寡。此非君子不畏饥寒以杀身，而无奈以礼处身，以义处心，吾守吾道，之死无二，不能学当时小儿，甘者即食，卑者亦餐，卤莽觅活，腼颜人世也。一解。

前一解，是先生自写骨力。后一解，是先生自写襟怀。看他“不爨”下又加“井冻”，则不惟无食，兼无汤饮。“无衣”下又加“床寒”，则不惟无衣，兼无幞被。夫人至于通晨彻夜，饥寒备极如此，他人已不知有几许悒郁侘傺，先生却有闲胸襟，自戏自谑。题是《空囊》，诗偏以不空作结，便以一文钱能使壮士颜色真遂不至于大坏也者。

翠柏明霞，空中妙文，冻井寒床，实地苦事。卤莽艰难，实地苦事；囊留一钱，空中妙文矣！

诚如金圣叹所言，《空囊》一诗，不仅仅透露出杜甫在秦州时的困窘状态，也传递了杜甫之礼之义，以及杜甫面对穷苦的相对旷达的襟怀。而正是杜甫诗中对待穷苦的相对旷达的艺术处理，才让人感觉到杜甫的穷苦，是苦不堪言，苦彻心肺，苦入骨髓。

在《空囊》一诗里，杜甫对于穷苦的诉说很明晰，并没有对穷苦作一波三折的表现。他通过用典，通过“不爨”（爨：为烧火做饭之意）“井冻”“无衣”“夜寒”“囊空”“一钱”“恐”“羞”“留”“看”等词、字的组合、构架，再加之“翠柏”“明霞”“世人”“吾道”以及“食”“餐”“共”“属”营造的氛围，融入了对社会、人生的个人情感认识。

“我生何为在穷谷，中夜起坐万感集”（《乾元中寓居同谷县作歌七首》其五），杜甫最后在陇右对穷苦的追问，也许至今没有一个全面的回应。追问也就一直响彻人类的天空。

在病痛里忍耐

除穷之外，杜甫在陇右面临的又一生命苦痛是疾病折磨。

杜甫之前，中国还没有哪一位诗人在自己的诗歌里，对自己的疾病有特别多的叙述与透视。而杜甫在诗歌里对疾病的涉及，除了是一种个体生命的痛苦体验外，更多的还是他心灵苦痛得以抒发的一种形式。

年侵腰脚衰，未便阴崖秋。

当期塞雨乾，宿昔齿疾瘳。

——《寄赞上人》

衰年关鬲冷，味暖并无忧。

——《秋日阮隐居致薤三十束》

多病加淹泊，长吟阻静便。

——《寄岳州贾司马六丈巴州严八使君两阁老五十韵》

贫病转零落，故乡不可思。

常恐死道路，永为高人嗤。

——《赤谷》

水清石礧礧，沙白滩漫漫。
迥然洗愁心，多病一疏散。
——《白沙渡》

远游令人瘦，衰疾惭加餐。
——《水会渡》

仅仅通过这些陇右诗句看，杜甫当年未老先衰的形象就会出现在眼前。48 岁的他，单薄、瘦削，身板有些佝偻，双眼昏花，胃寒腹冷，腰腿不便，虚火上攻，牙齿疼痛。疾病的折磨，不得不使他时时感到生命的衰败。疏散、懒拙，以及时而出现的颓丧，也自然成了他外在的表现。生存的欲望，物质的需要，不得不使他挣扎在疾病与穷苦之间。作为诗人，他亦将疾病——这生命的阴面，以及生命走向死亡的过程体验记录了下来。如果说上面所摘诗句的记录与体验还显得有些零星的话。我们重读他的《寄彭州高三十五使君适虢州岑二十七长史参三十韵》中的章节，就更能体悟他身患疟疾时的情景。

三年犹疟疾，一鬼不销亡。
隔日搜脂髓，增寒抱雪霜。
徒然潜隙地，有腼屡鲜妆。
何太龙钟极，于今出处妨。
无钱居帝里，尽室在边疆。
刘表虽遗恨，庞公至死藏。
心微傍鱼鸟，肉瘦怯豺狼。
陇草萧萧白，洮云片片黄。

这是八世纪时杜甫在秦州古城一处昏暗的房屋里写的诗句。那处租住的房屋被拥挤在古城的一个角落，旧而歪斜。多雨的深秋，细雨从屋顶瓦缝溜到屋内，阴湿冰冷。杜甫顾不得风雨，他急需躲避的是疾病的纠缠。几天前，或者是在挣扎写诗的当天，疟疾又一次与受难的杜甫不期而遇。杜甫在小屋里发病，时冷时热，浑身发抖，疼入骨髓。他不知道如何是好。他和那处小屋一块儿要塌毁了，要消失了，要溶入阴暗的大地了。然而，这同一屋檐下还有妻小。他心里还有那么多想法要去触摸、去探索、去实现的事，他只能起身和疟疾抗争。哪怕是自己装扮成男不男、女不女、人不人、鬼不鬼的样子，只要疟疾离他而去。

这要人命的疟疾，是一种流行性疾病，我国传统医学文献中早就有记载。“疟之始发也，先起于毫毛，伸欠乃作，寒栗鼓颔，腰脊俱痛；寒去则内外皆热，头痛如破，渴欲冷饮”“疟者之寒，汤火不能温也；及其热，冰水不能寒也”（《素论》）。疟疾最厉害时，是发冷期或寒战期，患者全身发抖，下巴抖动，即所谓的“寒栗鼓颔”。紧接着是发热期，高热，头痛剧烈，口渴，多想喝凉水，即所谓的“头痛如破，渴欲冷饮”。疟疾一般发病有“日作”，“间日而作”“间二日或至数日发”等周期。根据杜甫饮食不佳，多病，造成免疫力低下的情况，杜甫在这次疟疾中没有昏迷而亡，实属万幸。

清末民初成县杜少陵祠（张忠提供）

中国古代治疗疟疾，一般用针刺和草药疗法。现在我们不知道当时杜甫用没用针刺以减轻症状，也不知道杜甫在秦州是不是找到了治疗疟疾的主要药物——常山和青蒿。但从诗中可以看出，万般无奈的情况下，杜甫化妆成人不是人，鬼不是鬼的模样来禳解。

关于杜甫对这次疟疾的禳解，好像有很多人对此耿耿于怀。他的这种用道家的或者说相信巫术的禳解之法，与现实主义诗人的称号很不相符。然而，我觉得这事发生在八世纪的秦州，发生在杜甫的身上很正常。杜甫虽然略识药性，也试图以采药卖药来养家糊口。但他毕竟还不是一位行医者。况且，早他七十多年就成书，旨在为大众疗伤养病的孙思邈编撰的《千金翼方》里就有类似治疗疟疾的“法术”。在医学医术远不如现代发达的八世纪，对付疟疾这样的疾病，用什么样有效或无效的方法，均在情理之中。

有必要说明的是，大概是754年，杜甫在长安时，就患过疟疾。对于这次疟疾，杜甫在《病后过王倚饮赠歌》里有这样的记录：

王生怪我颜色恶，答云伏枕艰难遍。
疟疾三秋孰可忍，寒热百日相交战。
头白眼暗坐有胝，肉黄皮皱命如线。

按照医学原理，疟疾发作几次后，病患者会出现贫血现象，长期患病可导致严重营养不良和严重贫血。杜甫离开秦州，在四川时疟疾再次发作，“疟病餐巴水，疮痍老蜀都。飘零迷哭处，天地日榛芜。”（《哭台州郑司户苏少监》），疾病对杜甫生命的蚕食仅疟疾一项，就足以使他不能长寿，就足以让我们不能更多地读到他的诗。诗人之命，岂是哀哉？

在陇右，穷苦的黑手把杜甫一步步推向山穷水尽的地步。在这个相对漫长的过程中，杜甫试图摆脱牵着他的穷苦的黑手，一个人去桃花源般的地方“阳坡可种瓜”，或者“采药吾将老”；试图到“栗亭名更嘉，下有良田畴”的地方去，解决“无食问乐土，无衣思南州”的问题。兴许他的力量太单薄，无法挣脱穷苦的大手，兴许他还未矫正对穷苦根源的认知。穷苦的手，就一件件剥去他身上的衣服，一次次打碎他即将要端起的饭碗。他也只有与穷苦结伴、迷茫地在陇右大地徘徊。

在陇右，疾病的魔鬼一次次使用各种伎俩，隔三差五折磨杜甫。病魔也知道人是铁饭是钢，一顿不吃心发慌的道理，于是就让杜甫的牙齿疼痛，让杜甫暂时与粗茶淡饭隔绝。即使是病魔有所疏忽，杜甫匆忙中进了饮食，病魔也会立即让杜甫胃寒胃痛。病魔知道杜甫要在陇右寻找他理想的安家之地，知道杜甫要游览陇右美好风物，便不时抽打他的双腿，让他的双腿酸痛难行。病魔喜怒无常，它把对杜甫的肆虐当作自己的乐趣，一会儿将杜甫推往火山边缘烘烤，一会儿将杜甫摔进冰窖受冻。杜甫用尽浑身解数，想摆脱病魔肆虐，他恐吓，求饶，反击……以至于筋疲力尽，身瘦如柴，弃之陇右萧萧原野，连豺狼都嫌弃不吃。

如此生存与生命的危机，出现在杜甫离开仕途之后，出现在秦州、同谷之地，是有意呢还是无意？当然，任何人都有可能遇到这样的危机。问题是杜甫经历这样的危机的同时，他的苍凉心境也容纳了贫穷愁苦。穷途末路时，他将沧桑世事、坎坷遭遇反刍、溶解，然后感叹出诗的沉郁之声。这不能不说在承受穷苦、坎坷与疾病之重时，杜甫将个人的体验融入儒家文化的思考与想象里，融入了对儒家文化的充实与建构里。这，也不能不说是杜诗清新悲凉、沉郁顿挫的一个渊源。

二、露从今夜白：落在陇右的亲情泪珠

有弟皆分散，无家问死生

造成杜诗沉郁顿挫诗风的根源中，自然还有他流离陇右期间骨肉分离的情感因素。

关于这一点，宋代的范晞文在《对床夜语》中说过“老杜所以为人称慕者，不独文章为工，盖其语默所生，君臣之外，非父子兄弟，即朋友黎庶也”。清代袁枚在《随园诗话》中说得更明白：“人必有芬芳悱恻之怀，而后有沉郁顿挫之作。人但知少陵每饭不忘君，而不知其于友朋、弟妹、夫妻、儿女间，何在不一往情深耶？观其冒不韪以救房公，感一宿而颂孙宰，要郑虔于泉路，招李白于匡山，此种风义，可以兴，可以观矣！”

汉朝时，我国的家庭观念已经完全成熟。社会组成基本上以家庭为单元。因此，对于家庭或家族式单元内的人员的和谐共处，以及维护社会安定，成为儒家和统治者普遍关注的重要问题，伦理文化建设亦由此得到空前的重视和发展。西汉的政治家贾谊在《新书》中说：”礼者，所以固国家，定社稷，使君无失其民者也。主主臣臣，礼之下也；威德在君，礼之分也；尊卑大小，强弱有位，礼之数也。礼，天子爱天下，诸侯爱境内，大夫爱官署，士庶各爱其家，失爱不仁，过爱不义。故礼者，所以守尊卑之经、强弱之称者也……君仁臣忠，父慈子孝，兄爱弟敬，夫和妻柔，姑慈、妇听，礼之至也。”（于智荣《贾谊新书译注》）。

作为儒家的继承者和开拓者，杜甫一生奉儒守官，自觉维护当时的社会伦理道德。这些不仅反映在他处理君臣关系上，还反映在诸多亲情关系上。陇右之前的《自京赴奉县咏怀五百字》《元日寄韦氏妹》《得舍弟消息二首》《忆幼子》等都有亲情

关系的反映。而到了陇右，因为妻小都在身边，背井离乡的他，对亲情的牵挂更多地放在了远方的弟妹身上。

兄弟姐妹间的关系是重要的家庭人际关系之一。儒家向来重视兄弟之情。要求做兄长的爱护弟弟，做弟弟的敬顺兄长。汉代的贾谊认为，兄弟之间的敬与爱是相互的。唯有相互敬爱，方能和睦相处，并说“兄爱则友，弟敬则顺”（《新语》）。杜甫诗中如“侧闻鲁公化，秉德崔瑗铭”（《桥陵诗三十韵因呈县内诸官》），如“余亦东蒙客，怜君如弟兄。醉眠秋共被，携手日同行”（《与李十二白同寻范十隐居》），如“历下辞姜被，关西得孟邻”（《寄张十二山人彪三十韵》）等诗中提到的鲁恭、崔瑗、姜肱之典，都是以兄弟之谊载入史册的。“孝悌也者，其为仁之本欤！”亲情是儒家仁义思想的根本，亲情维系了中国传统的家庭伦理，而杜甫也正是借由亲情诗发扬了儒家的仁义精神。

忽然记得20世纪30年代的鲁迅和周作人两兄弟。两个亲兄弟因种种原因失和，是当时中国有影响的兄弟失和之事。1936年，老大周树人（鲁迅）在上海去世，当天老二周作人在北京北大法学院礼堂参加纪念活动。第二天，周作人恰好有一堂六朝散文课，他挟着一本《颜氏家训》缓缓走进教室，在长达一个小时的时间里，他始终讲颜之推的《兄弟》篇。下课铃响了以后，周作人挟起书说，“对不起，下一堂课我不讲了，我要到鲁迅的老太太那里去”，当时课堂上的学生才看到周教授的脸色很幽暗，让人觉得他的悲痛和忧伤不是笔墨所能形容的，他不哭，所以没有泪，但眼圈却是红热的。

北齐颜之推的《兄弟》篇，仅仅700多字。周作人足足讲了一堂课，且是在那样的心境下，想起来十分感人，也足见他本质上难以分割的“分形连气之人”的“兄弟相顾，当如形之与影，声之与响”的亲情。

在唐朝，兄弟之情为人礼赞者，亦有白居易、白行简兄弟二人。公元817年后，白居易无论是在江州做司马，还是忠州任刺史，总是带着弟弟白行简，照顾着弟弟的生活。《旧唐书》这样评价“当时友悌，无以比焉”。兄弟二人亦以文称世。白居易诗名远播至今。白行简“文笔有兄风，辞赋尤称精密，文士皆师法之”（《旧唐书·白行简》），独辟蹊径，作《天地阴阳交欢大乐赋》，开中国色情文学之先河。而白居易、白行简之前的杜甫兄弟之情，在特殊情况下，亦为人称道。

杜甫兄妹六人。杜甫为兄长，其他四个弟弟一个妹妹均为同父异母所生。他们分别为杜颖、杜观、杜丰、杜占，韦氏妹。杜占比杜甫的小儿子大不了几岁。从华州入秦，自秦入蜀，小弟杜占一直跟随着杜甫。大弟弟杜颖比杜甫小不了几岁。在开元二十九年到天宝四年（745）期间的一些时日，杜颖在山东临邑县任主簿，典领文书，办理事务。仇兆鳌在注《临邑舍弟书至苦雨黄河泛滥堤防之患簿领所忧因寄此诗用宽其意》时说：“职司，治水之官。……领簿曹，颖为临邑主簿。”745年，杜甫陪李邕游历下亭后，即转道临邑，中途经鹊山湖亭，作《暂如临邑至鹊山湖亭奉怀李员外率尔成兴》一诗，之所以“暂如临邑”，就是因为杜颖在临邑任职，杜甫转道相见的原因。公元756年，“安史之乱”后，杜颖很可能不再做临邑主簿，而回乡受阻，到平阴（属济州）、恽州一带避乱。

虽然为同父异母的兄弟，杜甫作为老大却特别照顾和挂念弟妹。在来秦州前的早春，杜甫在河南洛阳时，不知老家陆浑庄的情况怎么样，更不知弟弟杜颖的情况，便写下《忆弟二首》。诗中抒写了“即今千种恨，惟共水东流”和“百战今谁在，三年望汝归”的兄弟情怀。后来杜甫终于得到杜颖的书信，欣喜若狂，写了下面的诗：

乱后谁归得，他乡胜故乡。
直为心厄苦，久念与存亡。
汝书犹在壁，汝妾已辞房。
旧犬知愁恨，垂头傍我床。

——《得舍弟消息》

诗后四句，杜甫把战乱后患、世态炎凉、人情反复，以及自己的孤独寂寞，家犬的通灵与忠诚生动形象地呈现出来，使人哀伤。

“安史之乱”前，杜甫的二弟杜观很可能一直在河南陆浑庄。“安史之乱”后，杜观到了一个叫“许州”的地方避难。这个许州，大抵是杜家可以依靠的一个较为偏远的地方。杜甫到秦州后写《月夜忆舍弟》，仇兆鳌引黄鹤注“二弟，一在许，一在齐”，而“在许”的弟弟便是杜观。

杜丰是杜甫的三弟。乾元元年季春，杜甫有一首诗如下：

风吹紫荆树，色与春庭暮。

花落辞故枝，风回返无处。
骨肉恩书重，漂泊难相遇。
犹有泪成河，经天复东注。
——《得舍弟消息》

“风吹紫荆树”是杜甫用典。《续齐谐记》记载：田广、田真、田庆兄弟三人，欲分财，其夜庭前荆树便枯，兄弟叹之，却合，树还荣茂。紫荆典故，涉及兄弟三人。杜甫是稔熟典故的高手，他在此用紫荆典故，当言说兄弟三人。杜颖当时在济州返乡受阻。只有年纪较小的杜观领着年纪更小的杜丰很可能在许州避难。因此，该诗以紫荆所喻的三兄弟，当指杜甫本人，杜观和杜丰。

杜甫的妹妹亦是一个苦命人。她出嫁生子以后，丈夫去世，自己孤苦抚育子女。至德二载（757），困居长安的杜甫得知妹妹远在钟离（今安徽凤阳西）后，写诗以倾“啼痕满面垂”的思念之情。

近闻韦氏妹，迎在汉钟离。
郎伯殊方镇，京华旧国移。
秦城回北斗，郢树发南枝。
不见朝正使，啼痕满面垂。
——《元日寄韦氏妹》

最小的弟弟杜占，跟随杜甫度过了陇右艰难的岁月。

弟妹悲歌里，乾坤醉眼中

杜甫到秦州不久，就将自己在秦州的情况写信分别寄予弟妹。等了一段时间，还未收到弟妹的来信，节气又到中秋，他对弟妹的感怀更加厉害：

戍鼓断人行，边秋一雁声。
露从今夜白，月是故乡明。
有弟皆分散，无家问死生。

寄书长不达，况乃未休兵。

——《月夜忆舍弟》

此时此地，月落秦州；此情此景，感秋托兴。张九龄有“海上生明月，天涯共此时”的千古之情，杜甫在秦州亦感叹出了“露从今夜白，月是故乡明”的千古绝唱。戍鼓，雁声，声从天降；白露，明月，色涂清辉。这幅塞上秋夜图，这些秦州的景象勾起了杜甫的思念之情。杜甫认为礼乐修而仁义行，万物齐而畅其性，方是太平之鸿休，人道之极盛。他的家应该是兄弟姊妹皆团聚的家，应该是大而和谐的家。而自己所带之家正在漂泊，尚未安定，兄弟四人，尽在三方，此家亦无家。乾元二年的秋天，他们是有弟皆分散啊！

成县飞龙峡杜少陵祠

杜甫的《月夜忆舍弟》对仗工整，巧而不纤；感情真挚，一气呵成。短短40字，融会贯通了秦州夜图、家庭遭际、国家命运。其意凄楚感人，其情哀感动人。脍炙人口不为其过。

秦州的戍鼓、雁声，秦州的寒露、明月使杜甫感物伤怀，使他对眼下的事进行深切的思考。

“安史之乱”的现实，使杜甫觉得弟妹之间的团聚已经成为梦想，成为一种难以实现的事情。正因为难以实现，杜甫对亲人团聚的那份欲望也就愈为强烈。这种膨胀的欲望在秦州弥漫时，首先遇到的是战争的代表：戍鼓。戍鼓声声，烽火绵绵时，路上很少有行人经过。两军交战，不斩使者。那些信使本该也能在驿道上来回奔走，传递信息。但“安史之乱”，中原大地，兵荒马乱，谁能保证信使不出事呢？信使怕出事，民间相互往来的书信也只能被搁置，只能被延误，只能少了又少。对于这些因战争所带来的人与人之间交往关系的阻隔，杜甫极有可能是意识到的。他不可能面对战乱频仍的局面而有太多的奢望，但他又不能放弃对亲人的担忧、挂念。于是，这种心理与现实之间的矛盾冲突，对于诗人来说，就有了一种倾诉，就有了诗。

杜甫写《月夜忆舍弟》的时候，大抵是在月亮如洗的晚上。如果抛开战争不说，临近中秋，唐时的明月照在秦州大地，肯定多的是清亮，多的是宁静，多的是人间岁月时令交替的欢愉。而偏偏有了战争，偏偏自己和家人流寓在外。这如洗明月的清辉，就宛若徐徐而至的霜露，凝结在了脚下，凝结在了秦州大地，凝结在了杜甫的心上：虽然有弟，但有弟皆分散他乡；本该团聚，但连弟妹们的生死都不知道，何问团聚啊？

“无家问死生”，杜甫知道造成这种情况的原因，是战争，是由安禄山挑起的战争。这场战争所带来的灾难对国家、对社会、对民众何其深重？杜甫内心的苦痛比什么人都敏感，比什么人都深重。他就像是战火纷飞、风雨摧残之中的一株竹子，面目憔悴，但不倒下，不枯死。他能开出并不俊美的竹花，他能孕育出茁壮成长的新芽。只可惜，在秦州，他这样的竹子太少了；当时的大唐，这样的竹子也太少了。竹子成林方成竹海。对于大地来说，绿色的竹海就意味着生机；对于民族来说，绿色的竹海就意味着未来的精神。杜甫对战争的体验是刻骨铭心的。在《月夜忆舍弟》一诗里，他将对至亲的惦念，置放于前后都是战争的诗境之中。这样的结果是，活生生的挂念被活生生的战争挟裹，让以后读到这首诗的人感觉如刺鲠喉。

如果说，杜甫在秦州对兄弟的思念还处在零碎状态下，那么，随着他在同谷走投无路状态的出现，他把自己的处境和对家人的思念，集中在《乾元中寓居同谷县作歌七首》里一并倾诉出来。

有客有客字子美，白头乱发垂过耳。
岁拾橡栗随狙公，天寒日暮山谷里。
中原无书归不得，手脚冻皴皮肉死。
呜呼一歌兮歌已哀，悲风为我从天来。

——《乾元中寓居同谷县作歌七首》其一

长镵长镵白木柄，我生托子以为命。
黄独无苗山雪盛，短衣数挽不掩胫。
此时与子空归来，男呻女吟四壁静。
呜呼二歌兮歌始放，闾里为我色惆怅。

——《乾元中寓居同谷县作歌七首》其二

有弟有弟在远方，三人各瘦何人强。
生别展转不相见，胡尘暗天道路长。
东飞駕鹅后鹙鸧，安得送我置汝旁。
呜呼三歌兮歌三发，汝归何处收兄骨。

——《乾元中寓居同谷县作歌七首》其三

有妹有妹在钟离，良人早殁诸孤痴。
长淮浪高蛟龙怒，十年不见来何时。
扁舟欲往箭满眼，杳杳南国多旌旗。
呜呼四歌兮歌四奏，林猿为我啼清昼。

——《乾元中寓居同谷县作歌七首》其四

四山多风溪水急，寒雨飒飒枯树湿。
黄蒿古城云不开，白狐跳梁黄狐立。
我生何为在穷谷，中夜起坐万感集。
呜呼五歌兮歌正长，魂招不来归故乡。

——《乾元中寓居同谷县作歌七首》其五

南有龙兮在山湫，古木茏苁枝相樛。
木叶黄落龙正蛰，蝮蛇东来水上游。
我行怪此安敢出，拔剑欲斩且复休。
呜呼六歌兮歌思迟，溪壑为我回春姿。

——《乾元中寓居同谷县作歌七首》其六

男儿生不成名身已老，三年饥走荒山道。
长安卿相多少年，富贵应须致身早。
山中儒生旧相识，但话宿昔伤怀抱。
呜呼七歌兮悄终曲，仰视皇天白日速。
——《乾元中寓居同谷县作歌七首》其七

可以说《乾元中寓居同谷县作歌七首》，是杜甫在陇右倾诉个体生命与自然环境抗争，亲情团聚与骨肉离散矛盾，个人欲望与社会压抑冲突的巅峰之作。我向来以为，读这“七歌”可一气之下而使悲情填胸，悲泪塞目。“七歌”是不可分割的整体。也许，“七歌”对后人的情感暗示影响因人而异。王嗣奭在《杜臆》中说：“读《骚》未必堕泪，而读此不能终篇，则节短而声促也。”林继中在《杜诗选评》中说：“《离骚》悲郁如茧抽丝，缠绵悱恻，往而复返不可排遣；‘七歌’则哀响琤琤，慷慨呜咽，催人泪下。”大千世界，不管他人如何，我读“七歌”，还会得到杜甫版的阮籍穷途末路的再现，还会听到杜甫版的嵇康《广陵散》的弹奏。

读“七歌”，也可以感受到杜甫作为一个社会环境下的被压制者的反抗之声。

就杜甫的一生而言，他基本上是在被压制的环境中生存的。政治仕途的压制、生存生计的压制、病魔疾苦的压制、至爱亲情的压制……更重要的是自由进取精神遭受到的种种现实的压制。就个体生存而言，杜甫在秦州、同谷所受到的压制是现今人们难以想象的。现在我们以为，他作为一个诗人孤零零地苦苦挣扎着，岂不知，他七情六欲上的孤苦，在当时只有通过诗来得到宣泄。当然，他是一个坚贞的“诗是吾家事”式的诗人，他诗中的孤苦是有着生气的孤苦，是孤苦缠绵，非绝望颓废。上世纪初西班牙诗人洛尔加在《一座雕像的渴望》中写道：

痛苦。
面对痛苦，神奇而充满生气。

杜甫就是面对痛苦，神奇而充满生气的诗人。若把杜甫“自画像”式的“七歌”分解开来，选取关于亲情的章节，我们会看到，亲情对杜甫至关重要。

首先，这个时候杜甫对弟妹的倾诉，是置于他到同谷穷途末路的情况下的倾诉。抱着极大希望，最后落到同谷时又是隆冬时节，杜甫的生活完全没有着落，前途又毫无希望。他只有顶风冒雪，出没于荒山野岭寻拾橡栗、寻挖黄独充饥。杜甫遭遇到空前的生存危机，精神又处于穷愁的顶峰，他的多种思绪感受相互激荡，交替丛生。而当遇到亲情关系，甚至于想到自己死后的尸骨时，杜甫在“七歌”其三、其四的哭诉尤为真诚、凄凉。三歌想念弟弟的哀苦，四歌忧虑妹妹的哀苦又无不与自己的处境关联在一起。三歌说弟在远方，三人各瘦何人强，均是将自己和弟弟联系在一起。胡尘暗天，使得道阻且长；战祸殃及，致使音讯杳然。这种情况下，纵有思念之情，终无团圆之望。更不用说天各一方，生命终结，孤魂野鬼，谁来祭扫。四歌写妹，侧重抒写对妹妹一家孤弱老小的忧念。丈夫早亡后还得拉扯几个孩子的妹妹的日子怎样过？如果说“良人早殁诸孤痴”一句已融入了诗人对妹妹深度的想念和怜惜，那么“扁舟欲往箭满眼，杳杳南国多旌旗”则包含着诗人更为深刻的悲酸、愧悔和无奈：在这离乱时世当中，当哥的竟对孤弱无助的妹妹毫无丁点帮助，甚至连当面表示宽慰也变得毫无可能。此情此恨，唯有宣泄给穷山恶水的同谷，唯有宣泄在诗句里得到绵绵不绝的传唱。

杜甫在陇右酝酿、阐发的这种兄妹浓情在日后亦得到了补充和完善。

在梓州时的秋天，他登梓州城时不禁感叹“弟妹悲歌里，乾坤醉眼中”（《九日登梓州城》)。弟妹遥远，家不忍言，故而悲歌浸入至爱亲朋里；兵戈阻于关塞，战乱祸于百姓，故而乾坤醉眼，国不忍看。

大历二年（767）的秋天，杜甫写《登高》七律，抒发“无边落木萧萧下，不尽长江滚滚来。万里悲秋常作客，百年多病独登台”的旷古情怀之后，又在《九日五首其一》一诗向天发问“弟妹萧条各何在，干戈衰谢两相催”。

杜甫在陇右的亲情诗，如同陇右之前后的亲情诗一样，大多数都是在叙述国家大的悲痛之事的同时，叙述自己与亲人的悲伤之事；叙写自己与亲人的独特情感之时，总与国运之悲戚丝丝相扣。亲情之声，亦是国家之声，其情思丰富曲折，其境界高远幽深。

三、告归遗恨多：炊烟随挑柴的路回家

杜甫在陇右对自己的思考

杜甫在陇右的最后时期，不断地在亦虚亦实的仕宦梦想、艰难生存的平民生活、脚踏实地的士人角色这三者之间转换，并最终走向士人生活，从而也最终确定了他的人生目标。当然，在这三者不断转换的过程中，他所留下的遗恨也有不少。要弄清楚这些，不能不回头来看他的《发秦州》《万丈潭》《凤凰台》《发同谷县》《成都府》这几首关键诗。其中，《发秦州》《发同谷县》为一类；《万丈潭》《凤凰台》为一类；《成都府》单独成一类。

从秦州出发时，杜甫从思想上还没有放弃他的仕宦幻想。虽然，最直接让他离开秦州的还是生存与过于信任他人的问题，但这并不足以使杜甫在同谷期间放下政治包袱，而专一解决生计问题。杜甫同他先前的真正文人一样，骨子里除了有自己生命意识的精髓以外，还时时积聚着百姓、民生、社会、国家的精髓。

有意思的是，作为杜甫思想标签的《万丈潭》《凤凰台》二诗均为在同谷所作。那么，这二首诗，想要告诉我们的是否还有以下两点呢？

第一，沉迷于对国家大事的思考之中。

第二，强烈的潜龙与凤凰意识。

应该说，对国家大事的思考是杜甫自长安以后的思考主题，然而他在陇右的思考却值得格外重视。因为，陇右时他刚从仕宦生涯走出来，身份地位上的落差，自然会带来思想上的落差——这就是从仕途天堂到仕途地狱。中国古代有许多曾经在仕宦生涯跌落下来的人，不是看破红尘遁入佛门，就是若陶渊明般归去来兮隐于田野。而杜甫不然。他在经过秦州短暂缓冲期以后，仍抱着一腔热血，关心起国家大事来。等到了同谷，他的政治上的主见不可避免地嵌入在《万丈潭》《凤凰台》诗里。

公元 759 年，唐朝与叛军的对峙虽然唐军稍占上风，但战乱所带来的各种危害却不断地被放大。国家仍然处在战争时期，杜甫基本上落难落在了同谷。同样，能“自天衔瑞图，飞下十二楼。图以奉至尊，凤以垂鸿猷”的贤才君子们，有许多陷入“安史之乱”的困厄之中，有许多还期待着一展才能，为国效力。这些贤才君子就像没有

凤凰母亲照料的凤凰小雏一样，嗷嗷待哺。而已经退出仕途的杜甫，这时只能像比干一样掏出自己的心血，“心以当竹实，炯然无外求。血以当醴泉”来“饮啄慰孤愁”。当然，这只表达了一种心愿或者态度而已。对于杜甫来说，他自身既无权力又无资力来哺育凤雏，掏出身体之心血也是不可能的。现实中他唯一能做到的是写诗，用诗来鼓励更多的人加入到哺育凤雏的行列，加入到为国献身的行列，也用诗来安慰那些嗷嗷待哺的凤雏。这是他的热望所在。写诗也成了他在陇右期间的一种寄托。

杜甫在公元 759 年的遭遇外人很难能体验得到。但仔细分析《万丈潭》，从“局步凌垠堮，侧身下烟霭。前临洪涛宽，却立苍石大。山危一径尽，岸绝两壁对”的环境来看，我们很容易联想到杜甫当时的处境。杜甫被人欺骗，从秦州来到同谷，几乎走到了绝路。他的政治理想也几乎被压制到了零的状态。“窟压万丈内”就是当时情况的诗的反映。然而，他不认为自己丧失了所有。当他艰难地来到“万丈潭”这个普通人，甚至一般诗人都难以起兴的地方，面对幽深的潭水，便会“造幽无人境，发兴自我辈”恢复他原先的激情，抒发他再次聚积的感情。这，也是杜甫最独特的地方：往往在最困顿的时候，能从自我开始寻找希望所在；往往在别人看不见什么的地方，能看见事物的一些本质所在；往往在他人认为面对最不值得写诗的事物的时候，他却能写出一些空前绝后的诗。

当然，在同谷的万丈潭，他认为潭内有潜龙。“青溪含冥寞，神物有显晦。龙依积水蟠，窟压万丈内”，这里的神物，大概指称有二。一是国家君王及辅佐君王的贤才君子。二是走出华州罢官阴影的杜甫自己。

杜甫作为潜龙，被一些外在的原因深压在最底层。就像面前的万丈潭水，既为巨石所碍，又受潭水自身重量的压迫，周围还有诸如“高萝成帷幄，寒木垒旌旆”这样阴森可怕的环境限制。他的处境几乎到了绝境。但是，正是因为这些，杜甫能从绝境中看到出路，能从绝望中看到希望。他的这种心底里的不凡气概，让他渴望或者能等到夏天的来临，等到神龙称心如意与风云际会，等到自己和其他许多人一样，饱受失意之苦后能够扬眉吐气、为国效力。

理想是理想，现实是现实。理想总是要建立在现实的基础之上。杜甫的理想，在他的心底，在他的精神世界，在他的诗作里都酣畅淋漓地抒发出来。这些抒发，有的依现实为基础，有的游离于现实之外，而纯粹的精神之花开放得格外醒目。

回到现实，杜甫在陇右后期过的是艰难的平民生活。然而，这艰难的平民生活仍然有他的独特性。《发秦州》《发同谷县》所体现的是他独特的士人式的平民思想。

《发秦州》是杜甫摆脱平民生活，向往士人生活的一种表现。

在这首诗里，杜甫对自己做了深刻分析。“我衰更懒拙，生事不自谋”，这是杜甫又一次强调的。从杜甫许多诗里，我们可以看出，他在这里并非自谦，而是他生活中的一种本性而已。按今天的话说，就是杜甫的谋生手段不多，自我动手能力与自我生存能力较差。这也多少反映了一直读书、求名、出游的杜甫努力向士人生活靠近的倾向。从秦州出发时，杜甫还没有从根本上摆脱自己试图重复士人生涯的这种念头。他离开秦州的动机，第一是温饱问题不能随心所欲地解决；第二是气候更加寒冷，全家人缺少冬天的衣物；第三是担心战事在秦州燃起；第四是秦州的人际关系处理得比较麻烦；第五是借机可以满足自己平生喜好旅游的心愿。纵观这五点，说明现实并没有给秦州的杜甫最严重的打击。杜甫希望在秦州之南得到别人的帮助，过相对悠闲的士人生活。

在秦州之南，杜甫遇到现实的沉重打击之后，他的渴望过纯粹士人生活的梦想暂时湮灭，而一下子陷入到生活的最底层，过起最艰难的平民生活。《乾元中寓居同谷县作歌七首》从生活层面上说，就是诗人最为悲惨的写照。白头乱发，衣不掩胫的杜甫拾橡栗挖黄独，尽管自己“手脚冻皴皮肉死”，所换来的仍然是“男呻女吟四壁静”。作为这时的他，所追问的是“我生何为在穷谷，中夜起坐万感集”。从秦州一路走来，他的后悔自过泥功山发出“寄语北来人，后来莫匆匆”的小调后，在同谷便变成了失声号啕。也许，他在心底里曾后悔过，他应该在秦州继续和赞公一道寻找向阳的地方居住下来，或者在东柯谷与阮昉为邻“采药吾将老”，或者在秦州城哪怕是再过凄风苦雨的生活。但后悔来不及了，时间匆匆而过，如同他再也回不到仕途一样，他也再不能回到秦州了！

杜甫在陇右对自己的再思考

乾元二年十二月一日，杜甫决定离开陇右。

贤有不黔突，圣有不暖席。
况我饥愚人，焉能尚安宅。
始来兹山中，休驾喜地僻。

奈何迫物累，一岁四行役。
忡忡去绝境，杳杳更远适。
停骖龙潭云，回首虎崖石。
临岐别数子，握手泪再滴。
交情无旧深，穷老多惨戚。
平生懒拙意，偶值栖遁迹。
去住与愿违，仰惭林间翮。
——《发同谷县》

这时候的杜甫，显示出了难得的淡定与自如。《发同谷县》解决了下面三个问题。

其一，对“况我饥愚人”的定位。

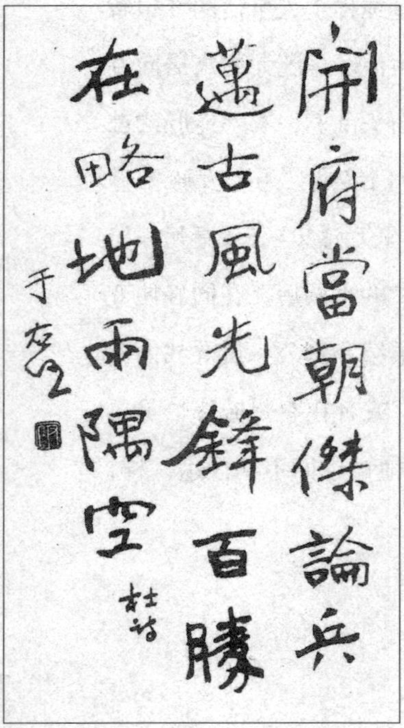

于右任书杜诗

杜甫到秦州，其实多少还有他当官时的一些派头。他也与官府里的人交往，探听朝廷的一些事件，当知道认识的人被封了官后还写诗给他们。他在秦州的前期活动也主要以交游为主，士人的架子也还十足。而当他坐吃山空后，一大家口人的生活问题，让他考虑接受汉源县令的邀请，动了到南边的念头。当他到汉源、栗亭，被县令作弄以后，生活陷入困境。他对这猝不及防的困境一点准备也没有，常常夜不能寐而“中夜起坐万感集”。随着时间的推移，他必须在邻里的帮助下面对接二连三的困难时，他才真正意识到自己原本也就是一介草民。古代的有些圣贤为了自己的理想，家里常常连烟囱都熏不黑，连席子都暖不热，像他这样的“饥愚人”还能乞求什么呢？

其二，对平民的感恩与感怀。

狙公也好，邻里也罢。同谷的人，具体说凤凰村人的是最善良淳朴的。他们面对落难的杜甫一家老小，伸出力所能及的援助之手。“闾里为我色惆怅”“临歧别数子，握手泪再滴。交情无旧深，穷老多惨戚”，这些感恩的诗句发自内心。今天想想，如果没有他们的帮助，杜甫在同谷的处境也许更狼狈。离开凤凰村翻越木皮岭时，杜甫不禁回望，“尚想凤凰村”。凤凰村的人在他心目中的感念正如仇兆鳌所言，是“交情惨戚，同谷之人不忍别”。

其三，对适宜于自己本性生活的追求。

同《发秦州》里“我衰更懒拙，生事不自谋”“虽伤旅寓远，庶遂平生游”一样，杜甫在《发同谷县》里亦有“平生懒拙意，偶值栖遁迹。去住与愿违，仰惭林间翮”的表述。与其说这是杜甫的自谦之词，还不如说这是杜甫对自己的真实审视。耕作田野，身体力行做一名普通的劳动者并不是杜甫的强项。从某种程度上说，自齐鲁之游以后，杜甫对游历的迷恋还是比较强烈的。他就是愿意在不断的游历中阅览不同的山水风光，接触不同的百姓人物，抒发不同的思想感悟。虽然说，发秦州、发同谷也是生活所迫，但这里边还存在着满足游历心愿、丰富游历生活的原因。当然，在这种思想指导下，杜甫从秦州到同谷，从同谷到成都，一路走来，那句在石柜阁所作的“吾衰未自由，谢尔性所适”道出了他的真情所在。正如台湾大学教授黄奕珍先生所说，他是“费心地描绘各种不同的风景民俗，也用变化万千的笔法呈现旅游的心得。”(《杜甫自秦入蜀诗歌析评》)。

杜甫最终走到成都，他的心得是过平民生活，但要有士人意识。

翳翳桑榆日，照我征衣裳。
我行山川异，忽在天一方。
但逢新人民，未卜见故乡。
大江东流去，游子日月长。
曾城填华屋，季冬树木苍。
喧然名都会。吹箫间笙簧。
信美无与适，侧身望川梁。
鸟雀夜各归，中原杳茫茫。
初月出不高，众星尚争光。
自古有羁旅，我何苦哀伤。

——《成都府》

在一个傍晚时分，疲惫的杜甫携带家人来到成都。有过太多的坎坷，经过太多的艰难，自然会有太多的认识与感想。走到成都的杜甫又真正意识到了对于人世来说，自己充其量只是一名游子而已。

“但逢新人民，未卜见故乡。大江东流去，游子日月长。”对这里的“游子日月长”，仇兆鳌曾有言“初见成都人物，而叹游子不归也。此以江水东流，兴己之栖泊”。依我来看，杜甫在这里，用“游子”指称自己，完全是对自己重新认识后的重新定位。

其一，由仕宦生涯过渡到游子生涯。

离开同谷县奔往成都的杜甫，沿途风餐露宿，历经艰险。但是，经过沿途种种困难的考验，特别是入蜀途中那些不同于中原，不同于江南的山川大河，给苦难的杜甫许多自然上的安慰。“始知五岳外，别有他山尊”，杜甫真诚地感叹山川的秀美，秀美的山川也给他格外的精神补偿，“迥然洗愁辛，多病一疏散”。而看着不同的自然风物，杜甫也产生了“浮生有定分，饥饱岂可逃”这样普通人的宿命观点。他接近成都，在“桔柏渡”“鹿头山”时，就已经开始将自己定位在“游子”的身份上，在成都最终认识到“自古有羁旅，我何苦哀伤”的道理。

其二，成都并不是游子最终栖泊的港湾。

基于以上的认识，杜甫一到成都就清醒地认识到，成都并不是他最终栖泊的港湾。尽管成都是名都会，成都的繁华与长安相比也差不到哪里去，尽管成都本身就有异于长安的许多风情，尽管成都天气比长安和暖，尽管成都远离战争之地，尽管成都天然的生存条件也很适合杜甫本人“平生懒拙意”的特性，但是杜甫侧身所望的依然是杳无音信的中原。这一点，他在赴成都路过五盘时就有所交代，这就是“成都万事好，岂若归吾庐”。

其三，随遇而安、淡定自如的游子生活的开始。

成都既然不是杜甫的“根”和“家”所在，既然不是他的灵魂的归宿地，那么，在经过“一岁四行役”后的他又会如何面对呢？首先，他从自然万象中去寻找结论。“初月出不高，众星尚争光”，茫茫宇宙，日月更替，星汉争辉；渺小之人，忙忙碌碌，本也没有什么。其次，他从人生境况考虑。“自古有羁旅，我何苦哀伤”，自古以来，许许多多的人，不管是平民百姓，还是天子皇帝，都会有不同的羁旅生涯，我何必在此伤叹！抬头望天，低头思己，一切都会想通，一切也都会想开。对于整个人生旅程来说，杜甫现在豁然明白了许多。

要说明的是，以上所说杜甫在陇右的思想与认识不断更迭、转换的过程，也是他心灵上不断实现自我救赎的过程，是他在心灵里不断抒发遗恨的过程。

告归遗恨多

杜甫在陇右的遗恨还表现在对儿女与妻子的身上，表现在对自己仕途生涯的遗恨之上。

从《乾元中寓居同谷县作歌七首》中我们可以看出，杜甫一家人的生活基本上是依靠杜甫一人的劳动来维持的。杜甫对儿女，特别是对儿子有过太多的期望。他也给妻子、给儿女有过太多的遗憾。“老妻寄异县，十口隔风雪。谁能久不顾，庶往共饥渴。入门闻号咷，幼子饿已卒。吾宁舍一哀，里巷亦呜咽。所愧为人父，无食致夭折。岂知秋禾登，贫窭有仓卒。”天宝十四载，杜甫在《自京赴奉先县咏怀五百字》里这段对家境的描述，至今令人呜咽。同样，从至德二载所作的《北征》里，我们还可以读到杜甫对妻子儿女的叙写：“经年至茅屋，妻子衣百结。恸哭松声回。悲泉共幽咽。平生所娇儿，颜色白胜雪。见耶背面啼，垢腻脚不袜。床前两小女，补缀才过膝。”这样的遗恨，到了陇右并没有减少多少。在秦州，他因生事不谋而没有让妻子、儿女丰衣足食。可他还要托人从南州带个小胡孙来，以便使得儿女们“童稚捧应癫”。在赶往同谷“山深苦多风，落日童稚饥”“白马为铁骊，小儿成老翁”的路上，杜甫实在难为妻子儿女了。到了同谷，尽管他“短衣数挽不掩胫”“手脚冻皴皮肉死”，在“天寒日暮山谷里”去拾橡栗挖黄独，终因无果而返，面对的又是“男呻女吟四壁静”“闾里为我色惆怅”的艰危局面。在“辛苦奔蜀门”的艰难途中，杜甫不禁面对妻子感慨：“叹息为妻子，我何随汝曹。”

在中国古代，没有哪一位诗人有过如杜甫一般的苦难，也没有哪一位诗人有如杜甫一样，在自己的诗里，对自己的妻子、儿女有过太多的描写。而在这些描写里，我们更多体悟到的是愧疚与辛酸，是怜爱与真情。

最后，不能不提杜甫在陇右的另一件事。

寒城朝烟淡，山谷落叶赤。
阴风千里来，吹汝江上宅。

鹍鸡号枉渚，日色傍阡陌。
借问持斧翁，几年长沙客。
哀哀失木狖，矫矫避弓翮。
亦知故乡乐，未敢思宿昔。
昔在凤翔都，共通金闺籍。
天子犹蒙尘，东郊暗长戟。
兵家忌间谍，此辈常接迹。
台中领举劾，君必慎剖析。
不忍杀无辜，所以分白黑。
上官权许与，失意见迁斥。
朝廷非不知，闭口休叹息。
仲尼甘旅人，向子识损益。
余时忝诤臣，丹陛实咫尺。
相看受狼狈，至死难塞责。
行迈心多违，出门无与适。
于公负明义，惆怅头更白。

——《两当县吴十侍御江上宅》

后人读这首诗，读出了一桩公案。

宋人蔡梦弼会笺的《草堂诗笺》言说吴侍御是谪居两当。对诗句“几年长沙客”的会笺为“长沙郡即潭州也。时吴侍御寓居江上譬若贾谊谪于长沙也”。同时，蔡梦弼还会笺“向子识损益”指出“以向子比侍御也”，并进一步说：“向长字子平，潜隐于家，读易至损益卦，喟然叹曰吾已知富不如贫，贵不如贱，但未知死何如生耳。”

清钱谦益引《方舆胜览》说“吴郁，两当人。为侍御史。以言事被谪。居家不仕。与杜子美交流”。又引陈浩然曰“此诗枉渚以斜曲为义，非武陵湘潭之枉渚”。

明末王嗣奭在《杜臆》中说“公作诗时，侍御尚谪长沙，此过其空宅而思及旧事也”。浦起龙与王嗣奭持同一观点，认为“侍御之谪长沙，讲义明了”。仇兆鳌注杜，也认为是《杜臆》说得对，是杜甫过其空宅。

当时吴郁是否在两当，仍然值得探究。我倾向的是蔡梦弼、钱谦益的观点。离杜甫时代最近的《方舆胜览》言“吴郁，两当人。为侍御史，以言事被谪，居家不仕，与杜子美交游”较为可信。至于以后一些方志所说，很可能是牵强附会。另外我要说的，一是杜甫之所以在诗题中用“江上宅”三字，恐怕是杜甫初到两当，为当时“枉渚”的景色所引，重在强调吴郁宅所在位置，与“空宅”并无因果关系。吴十侍御江上宅所在的枉渚，就在今陇南市两当县东南四十里的西坡镇琵琶洲。洲由现在的陈仓河与吴郁河交会后，再与嘉陵江会合而形成。洲渚迂回弯曲，前尖后圆，中间凹进，形状犹如平放的琵琶，故名琵琶洲。吴侍御的宅府原在洲中，还有城墙，只是近年这些才荡然无存。二是此诗写作时间，亦为从同谷赴成都，路经两当时所写。严耕望先生在《唐代交通图考》中有叙，此不赘述。

关键的问题是，杜甫在这首诗里所要诉求的是什么。

| 两当吴郁故宅琵琶洲（余伟供图）

寒城朝烟，山谷赤叶。江水滔滔，纵横阡陌。在这座枉渚之上，有失落者吴郁的行迹，有安慰失落者吴郁的家园。一切都处在安宁与美好中，一切都面向着宁静的未来。然而，所有这些，无论朝烟，还是阡陌，都飘散着杜甫式的忧郁。而忧郁的回声，在忧郁的两个主角杜甫与吴郁之间来回飘落。

这是曾经的故事，这是风雨飘摇中的唐朝遗落在几个人心间的故事。那时，叛贼安禄山也会使用间谍战。他的间谍常窜到凤翔行都打探事宜，制造恐怖。御史台抓间谍很可能是凡疑必抓，凡抓必究。大概是掌管监察、执法等事宜的吴侍御觉得被抓的人中有些是属于无辜。于是，在凤翔议事殿上，便有了激烈的争辩。

吴郁觉得应当审慎对待，认真剖析，分清黑白，以便不滥杀无辜。可是，争辩的结果是吴郁败了，并且惹怒了肃宗皇帝，下令革了吴郁的官职。

杜甫在对吴郁的敬畏与愧疚里给我们回忆了这一些。他回忆的痛，通过朴实的语言娓娓道来，给有幸读到的人一些矛盾而苦涩的痛的共振。

问题还远不在给人痛的共振的层面。杜甫刻意从记忆里捡取的这段历史中，吴郁这位主角的位置其实并不重要。重要的是杜甫不断通过回忆与吴郁共事，特别是在处理“间谍”案这个问题时，他以回忆自己的立场、态度，来不断地重复并加强自我表现：即他对仕途的态度。杜甫在诗中所反复强调的是在吴侍御被“迁斥”之际，作为拾遗官的自己，恰恰就在现场，恰恰就目睹了这一切。目睹却并没有去为吴郁辩解，没有“诤臣”般地去谏言、去做好谏官，这，则为杜甫在陇右，或者说在以后更长时间里刻骨铭心的遗恨。

主要参考文献

《杜诗赵次公先后解辑校》 林继中校辑 上海古籍出版社 1994 年版

《草堂诗笺》 蔡梦弼会笺 广文书局印行 1971 年版

《读杜诗愚得》 单复撰 明弘治十四年重修朱熊梅月轩刻本（影印）

《杜工部诗通》 张綖撰 明隆庆六年张守中刻本（影印）

《杜诗钞述注》 林兆珂撰 明万历二十五年张应泰、金士衡刻本（影印）

《杜臆》 王嗣奭撰 上海古籍出版社 1983 年版

《钱注杜诗》 钱谦益笺注 上海古籍出版社 1979 年版

《读书堂杜工部诗集注解》 张溍注 清康熙三十七年张氏读书堂刻本（影印）

《杜诗详注》 仇兆鳌辑注 中华书局 1979 年版

《读杜心解》 浦起龙著 中华书局 1961 年版

《杜诗偶评》 沈德潜撰 清乾隆十二年潘承松赋闲草堂刻本（影印）

《杜诗镜铨》 杨伦著 上海古籍出版社 1962 年版

《隋唐制度渊源略论稿》 陈寅恪著 中华书局 1963 年版

《李白与杜甫》 郭沫若著 人民文学出版社 1972 年版

《杜甫研究》（修订本） 萧涤非著 齐鲁书社 1980 年版

《杜甫传》 冯至著 人民文学出版社 1980 年版

《洪业论学集》 洪业著 中华书局 1981 年版

《历代诗话》 何文焕辑 中华书局 1981 年版

《杜甫叙论》 朱东润著 人民文学出版社 1981 年版

《杜甫陇右诗注析》 李济阻等著 甘肃人民出版社 1985 年版

《杜甫作品系年》 李辰冬著 东大图书公司印行 1990 年版

《杜诗纵横探》 张忠纲著 山东大学出版社 1990 年版

《杜甫评传》 莫砺锋著 南京大学出版社 1993 年版

《新唐书宰相世系表集校》 赵超编著 中华书局 1998 年版

《诗圣：忧患世界中的杜甫》 韩成武著 河北大学出版社 2000 年版

《杜甫评传》 陈贻焮著 北京大学出版社 2003 年版

《唐诗杂论》 闻一多著 中华书局 2003 年版

《杜甫诗学引论》 胡可先著 安徽大学出版社 2003 年版

《杜诗释地》 宋开玉著 上海古籍出版社 2004 年版

《杜诗选评》 林继中注评 三秦出版社 2004 年版

《清代杜诗学史》 孙微著 齐鲁书社 2004 年版

《杜甫研究论集》 刘明华著 重庆出版社 2005 年版

《杜甫自秦入蜀诗歌析评》 黄奕珍著 里仁书局 2005 年版

《制度与国家》 黄清连主编 中国大百科全书出版社 2005 年版

《唐代州郡制度研究》 陈志坚著 上海古籍出版社 2005 年版

《中古杜氏家族的变迁》 王力平著 商务印书馆 2006 年版

《原儒》 熊十力著 中国人民大学出版社 2006 年版

《唐代思潮》 龚鹏程著 商务印书馆 2007 年版

《杜甫诗歌讲演录》 莫砺锋著 广西师范大学出版社 2007 年版

《杜甫与儒家文化传统研究》 赵海菱著 齐鲁书社 2007 年版

后 记

这本书的出版，与我最初的计划大抵晚了近十年的时间。中间曲折，或许注定，不言也罢。

读涉及杜公的书，不算多亦不少。但一直以来，总觉那些典藏里，洋溢着浓郁的“诗圣”或“诗史”的馨香。这些，浸入肺腑，感觉旷世难觅。而我这般俗人，生活里滚打摸爬惯了，距“圣”远，离“史”亦远。心仪是首要的，但心仪之后总想知之更多，总想齐眉相望。

想太多了，也是枉然。但有一点，若要探究杜公一生本质的东西，我以为，从先生公元759年西行秦州起，是一个较佳的切入点。朱东润先生早就说过，对杜甫来说“乾元二年是一座大关”，而林继中先生也说过，秦州或陇右对杜甫来说，是一个枢纽。两位学者如是说，其中原委，概是先生仕途的变迁，人生的沉淀，诗风的渐变，以及一以贯之的诗史的延续等等，都汇聚在了这个时段。就杜公在陇右而言，窃以为：秦州、同谷的山山水水、风俗人情、边塞烽火佐以了杜公灵魂与心智的力量，杜公由此获得超出常人的感悟力和判断力；再加之，仕途遭变的杜公，经历现实的磨砺后，思想与情感的波澜，为其诗歌创作提供了独一无二的母本，由此才会有117首陇右诗。这些诗，与其它诗一样，诚如梁启超所言“因为他的情感的内容，是极丰富的，极真实的，极深刻的。他表情的方法又极熟练，能鞭辟到最深处，能将他全部完全反映不走样子”。这些诗同其它的诗一同构成了一个完整的杜诗世界，并以其博大精深，诠释了人类共有的苦难与仁爱，忠心与良知。

杜公终其一生，谱写了一部关于个人奋斗，关于个人与社会，关于个人荣誉与国家兴衰，关于个人博爱与人间苦难，关于个体与自然，关于真心真爱真性情的一部绚丽煊赫的诗歌乐章。在这部宏大的乐章里，任何一个节拍，都让人迷恋。何况是在对杜公来说具有划时代意义的乾元二年所弹奏的昆仑绝唱。

我还以为，时下或更长的时期内，研究杜公的理论书籍，与杜公、杜诗的丰富比，虽不说有沧海一粟之嫌，但还是偏少，特别是对杜公在陇右的历史、思想及诗作研究少了又少。再者，理论书籍那些固有的高高在上的规矩与习气，离众者远，离活生生的杜公亦远。杜公的精、气、神亦多飘零于天际之上。此情此恨，古已有之，至今绵绵。王安石有诗言“惟公之心古亦少，愿起公死从之游”。其实，我真想变成一只小小鸟，于天际之上，衔来一脉先生苦痛、真切、伟大、鲜活的魂魄。

曾说过“少陵为中国第一诗人”的国学大师陈寅恪先生在《柳如是别传》之《缘起》章言：“始知禀鲁钝之资，挟鄙陋之学，而欲尚论女侠名姝文宗国士于三百年之前，诚太不自量矣。”陈先生如此，况我小辈，只能一个“羞”字面对千二百五十年前的杜公了。

回头看，这本书，除承传一些必要的体统外，于史海里甄别所用，于“神圣”里寻觅其“俗”，自然遵从“真实”二字。由此，相信有人会读出其中的一些自由与宽松，自由之可爱来。倘若如此，我便能对得住这些读者，对得住为此书付出代价的我的家人、朋友，亦对得住杜公陇右之行了。

最后，值得一提的是，台湾大学黄奕珍教授用她的学者风范、天水日报社若冰兄台用他的渊博与厚爱为我作序，真诚赐教；同时，本书的出版亦得到了周彦珠、王翠花二位的帮助，在此一并特别致谢！

作　者

2010年7月18日.天水城南